Goethe gehörte nicht zu jenen Schriftstellern, denen der Umgang mit Frauen besondere Mühe bereitete. Sein Leben lang war er in seinem Element, wenn er Verwandten, Freundinnen, Geliebten schreiben, wenn er ihnen Geständnisse machen, von Reisen oder auch den kleinen Dingen seines amtlichen und privaten Alltags berichten konnte. Ausgewählt wurden Briefe an Frauen, die von besonderer Bedeutung für ihn waren, angefangen von Mutter und Schwester über Charlotte von Stein, Christiane Vulpius, Ulrike von Levetzow und Marianne von Willemer bis zu seinen Weggefährtinnen in Weimar.

Dieser Spaziergang durch Goethes formen- und themenreiche Korrespondenz, durch vertraut Klingendes und Unerwartetes, ist ein Lesevergnügen der besonderen Art.

insel taschenbuch 2150

Lieber Engel, ich bin ganz dein!

Lieber Engel, ich bin ganz dein!

Goethes schönste Briefe
an Frauen

Herausgegeben von
Angelika Maass

Insel Verlag

insel taschenbuch 2150
Erste Auflage 1999
Insel Verlag Frankfurt am Main und Leipzig

Hinweise zu dieser Ausgabe am Schluß des Bandes
Vertrieb durch den Suhrkamp Taschenbuch Verlag
Umschlag nach Entwürfen von Willy Fleckhaus
Satz: Hümmer GmbH, Waldbüttelbrunn
Druck: Nomos Verlagsgesellschaft, Baden-Baden
Printed in Germany

1 2 3 4 5 6 – 04 03 02 01 00 99

Inhalt

Anhang

An den Mond

Füllest wieder 's liebe Thal
Still mit Nebelglanz
Lösest endlich auch einmal
Meine Seele ganz

Breitest über mein Gefild
Lindernd deinen Blick
Wie der Liebsten Auge, mild
Über mein Geschick.

Das du so beweglich kennst
Dieses Herz im Brand
Haltet ihr wie ein Gespenst
An den Fluß gebannt

Wenn in öder Winternacht
Er vom Tode schwillt (a)
Und bey Frühlingslebens Pracht
An den Knospen quillt.

Selig wer sich vor der Welt
Ohne Haß verschließt
Einen Mann am Busen hält
Und mit dem genießt,

Was den Menschen unbewußt
Oder wohl veracht
Durch das Labyrinth der Brust
Wandelt in der Nacht.

Das sicherste Mittel ein freundschaftliches Verhältnis zu hegen und zu erhalten, finde ich darin, daß man sich wechselsweise mitteile, was man tut. Denn die Menschen treffen viel mehr zusammen in dem, was sie tun, als in dem, was sie denken.

Goethe an August, den zweitältesten Sohn von Gottfried und Caroline Herder, im Dezember 1798

Gestern habe ich deinen Brief erhalten, der mir viel Vergnügen macht. Fahre ja so fort, mir täglich zu schreiben, was dir begegnet, wir lesen alsdann zusammen das Tagebuch, und manches fällt dir dabei wieder ein.

An Christiane, 7. Juli 1803

Leben Sie wohl und sagen mir bald wieder etwas, daß nicht so lange Pausen entstehen. Man pausiert sich sonst einmal unversehens ins ewige Leben hinein.

An Zelter, 19. Juni 1805

Einen guten Gedanken den wir gelesen, etwas Auffallendes das wir gehört, tragen wir wohl in unser Tagebuch. Nähmen wir uns aber zugleich die Mühe, aus den Briefen unserer Freunde eigentümliche Bemerkungen, originelle Ansichten, flüchtige geistreiche Worte auszuzeichnen, so würden wir sehr reich werden. Briefe hebt man auf, um sie nie wieder zu lesen; man zerstört sie zuletzt einmal aus Diskretion, und so verschwindet der schönste unmittelbarste Lebenshauch unwiederbringlich für uns und andre. Ich nehme mir vor, dieses Versäumnis wieder gut zu machen.

Die Wahlverwandtschaften, 2. Teil, 9. Kapitel (1809): Aus Ottiliens Tagebuche

Cornelia Schlosser, geb. Goethe

»... wir waren in allem Betracht miteinander verschwistert«

»Mein Freund und künftiger Bruder Goethe hat Ihnen, glaub ich, schon geschrieben, daß ich bald mit seiner liebenswürdigen Schwester mich auf ewig verbinden werde«, teilt Johann Georg Schlosser (1739-1799) dem berühmten Zürcher Theologen Lavater in einem Brief vom 17. Oktober 1773 mit. Die »ewige Verbindung« sollte zwei Wochen später beginnen und keine vier Jahre dauern: am 8. Juni 1777 stirbt Goethes Schwester, kurz nach der Geburt ihrer zweiten Tochter. Das Jahr dieser Verbindung bedeutet für Bruder und Schwester das Jahr ihrer Trennung, einer wesentlich radikaleren, als es 1765 Goethes Weggang auf die Universität Leipzig gewesen war. Was in der Schwester an Unglücksvermögen angelegt war, gerät nun in Bewegung, bis zum verhängnisvollen Ende. – Cornelia Friederike Christiane Goethe wurde am 7. Dezember 1750 geboren, nur fünfzehn Monate nach ihrem Bruder; die vier nachgeborenen Geschwister sterben früh, und als 1759 auch der kleine Jakob stirbt, leben Bruder und Schwester zwillingshaft verschwistert. Beiden wird eine vielseitige Ausbildung zuteil; ab Herbst 1765 aber ist Cornelie, wie sie genannt wird, ganz dem Vater ausgesetzt, der seine Erziehungs- und Unterrichtsenergie nun einzig auf sie verwendet. Und Wolfgang genießt die Freiheit der Universität. Drei Jahre bleibt Goethe in Leipzig. Als er 1768 nach Frankfurt zurückkehrt, wird die frühere Gemeinschaft neu belebt. Mit dem Bruder wird für sie die Welt weiter, und trotz einer herben Liebesenttäuschung, die der knapp Achtzehnjährigen schweren Kummer bereitet, trotz der längeren Unterbrechungen ihres intensiven Miteinanderlebens – Goethes zwei Studiensemester 1770/71 in Straßburg, sein Aufenthalt in Wetzlar, 1772 – bedeuten die fünf Jahre bis zur Eheschließung für Cornelia mehrheitlich helle Zeit. Sie wird einbezogen in den belebten Freundeskreis des Bruders, vor allem aber ist sie die Vertraute seiner seelischen und schöpferischen Regungen. Da ist sie, die nicht nur musikalisch sehr begabt ist, sondern auch schriftstellerische Ambitionen hat und vor allem nicht auf oberflächlichen Konversationston gestimmt ist, in ihrem Element. Goethe weiß, was es für ihn bedeutet, wenn Cornelia aus der Vater- und Bruder-Welt in die Welt ihres Ehemannes hinüberwechselt: »... ich sehe einer fatalen Einsamkeit entgegen« (an Johanna Fahlmer, 18. Oktober 1773). Und Cornelia? Selbst in ihrer anfänglichen Ehe-Euphorie schreibt sie aus Karlsruhe, wo sie mit ihrem Mann Johann Georg Schlosser wohnt, der zuletzt Advokat in Frankfurt war und nun als Regierungs- und Hofrat in badischen Diensten steht: »Mein Bruder konnte uns nicht begleiten, ich hätt's gewünscht für ihn und für mich – wir waren in allem Betracht miteinander verschwistert – und seine Entfernung fühle ich am stärksten [...]« (an Caroline Herder, 13. Dezember 1773). Ein halbes Jahr später folgt der Umzug nach Emmendingen im Breisgau, wo der auch als politischer und philosophischer Schriftsteller tätige Schlosser die Stelle eines Oberamtmanns versieht. Die Ehe wird unglücklich, Cornelia krank. Sie fühlt sich unverstanden, vereinsamt. Und ihr fehlt die Unbefangenheit und proteische Leichtigkeit des Bruders, die ihm die Welt und die Menschen aufschließt. Ein halbes Menschenleben danach erinnert sich Goethe an sie als »dieses geliebte unbegreifliche Wesen« mit »einer merkwürdigen Persönlichkeit« als ein »Wesen, das weder mit sich einig war, noch werden konnte« (»Dichtung und Wahrheit«, Zweiter Teil, 6. Buch). Aus Cornelias schriftstellerischen Versuchen spricht etwas Quälerisches, Zersetzendes. Die Zeit und die äußeren Umstände und das, was sie wohl als Erbteil an Schwermut und Hang zu Depressionen in sich trug, versagten ihr das, was man heute Selbstverwirklichung nennen würde. Und mit der fernen Schwester, die sich selbst (und damit auch andere) quält, hält es Goethe wie immer in solchen Situationen: Dem Quälenden, das er nicht ändern kann, weicht er aus. Er schweigt. Er findet andere »Schwestern«, Auguste Gräfin zu Stolberg etwa, dann Charlotte von Stein. Beiden schlägt er vor, sich Cornelia zur Schwester zu machen. Einmal wünscht er: »O hätte meine Schwester einen Bruder irgend wie ich an dir eine Schwester habe« (an Frau von Stein, 23. Februar 1776). Im letzten Brief, der uns von Cornelia überliefert ist, auch er ein Einsamkeitsklagen, steht: »...und da schleiche ich denn ziemlich langsam durch die Welt, mit einem Körper der nirgend hin als ins Grab taugt« (an Auguste Gräfin zu Stolberg, 10. Dezember 1776). Auf die Nachricht vom Tod seiner Schwester schweigt Goethe erschüttert; dieser Tod wird ihm zum Maßstab von Schmerz, so daß er noch ein Jahrzehnt später aus Rom an Charlotte von Stein schreiben kann: »Seit dem Tode meiner Schwester hat mich nichts so betrübt, als die Schmerzen die ich dir durch mein Scheiden und Schweigen verursacht« (17. Januar 1787). Beide Kinder seiner Schwester wird Goethe um viele Jahre überleben.

Am 30. September 1765 war der sechzehnjährige Goethe von Frankfurt abgereist, seit dem 3. Oktober ist der künftige Rechtsstudent in Leipzig, wo er – es ist gerade Messezeit – gleich ein Geschenk (»eine Messe«) für Cornelia besorgt. Er wird zwar ausführlich, aber nicht oft schreiben, und es sind kaum mehr als ein Dutzend Briefe: mit Ausnahme eines im Vorjahr geschriebenen Briefes die einzigen, die sich aus der Geschwisterbeziehung erhalten haben. Mit der liebenswürdigen Überheblichkeit eines jungen Welteroberers schreibt Wolfgang nun seiner Schwester aus Leipzig, der aufgeklärten Universitäts- und Bücherstadt.

***

Leipzig, d. 12 Octbr 1765

Liebes Schwestergen

Es wäre unbillig wenn ich nicht auch an dich dencken wollte. id est es wäre die größte Ungerechtigkeit die jemahls ein Student, seit der Zeit da Adams Kinder auf Universität gehen, begangen hätte; wenn ich an dich zu schreiben unterließe.

Was würde der König von Holland sagen, wenn er mich in dieser Positur sehen sollte? Rief Hr. von Bramarbas aus. Und ich hätte fast Lust auszurufen: Was würdest du sagen Schwestergen; wenn du mich in meiner jetzigen Stube sehen solltest?

Du würdest astonishd ausrufen: So ordentlich! so ordentlich Bruder! – da! – thue die Augen auf, und sieh! – Hier steht mein Bett! da meine Bücher! dort ein Tisch aufgeputzt wie deine Toilette nimmermehr seyn kann. Und dann – Aber – ja das ist was anders. Eben besinne ich mich. Ihr andern kleinen Mädgen könnt nicht so weit sehen, wie wir Poeten. Du must mir also glauben daß bey mir alles recht ordentl. aussiehet, und zwar auf Dichter Parole. Genug! Hier schick ich dir eine Messe. – Ich bedancke mich schön. – Gehorsamer Diener, sie sprechen davon nicht. – Küsse Schmitelgen und Runckelgen von meinetwegen. Die lieben Kinder! denen 3 Madles von Stockūm mache das schönste Compliment von mir. Jfr. Rincklef magst du gleichfalls grüßen. Sollte Mademoisel Brevillier dich wieder kennen? So weit von Mädgen. Aber noch eins. Hier habe ich die Ehre keines zu kennen dem Himmel seye Danck! Cane pejus et angue turpius.

Mit jungen schönen W – doch was geht dich das an! Fort! fort fort! Gnug von Mädgen.

Denck eine Geschichte vom Hencker! – Ha! Ha! Ha! – lache! – Hr. Claus hat mir einen Brief an einen hiesigen Kaufmann mitgegeben! – Ich ging hin es zu bestellen. Ich fand den Mann und sein ganzes Haus ganz sittsam! – schwarz und weiß. die Weibs leute mit Stirnläppgen! so seitwärts schielerlich.

Ach Schwestergen ich hätte bersten mögen. Einige Worte in sanfter und demühtiger Stille gesprochen, fertichten mich ab. Ich ging zum Tempel hinaus. Leb wohl

Goethe

d. 13. October

Ha! Ha! Ha! – Schwestergen du bist erz närrisch. ich habe gelacht. Reinecke der Fuchs Ha! Ha! Ich habe über das ganze Heldengedicht nich so gelacht wie über deinen Rost der Fuchs und der Stallmeister sein Bruder. Warrl[ich] ich schreibe kein Trauerspiel. Wenn Voltaire gewust hätte daß er so sollte aufgeführet werden, wer weiß! – la! la! la! wenn Rostens Haar Feuer gefangen hätte! Ha! da wäre es gegangen wie dort da mann einst in der Provinz Zairen fürstellte. Es fiel ein Licht herab und Oroßmanns Turban fing an zubrennen. Die Comödiantin welcher das seidene Sacktuch gehörte wovon die Kopfbinde verfertiget war sprang herfür rupfte dem Sultan die Haube vom Kopfe und löschte! – Aber – Ha! Ha! ich kan für lachen nicht mehr Ha! Ha! –

Nach Schrift an den Vater.

[...]

Schwestergen.

Sage Jfr Tanten dass ich ehestens an sie schreiben werde. An die liebe Jfr Meixnern, mache das schönste Compliment das du in deinem Köpfgen gedencken kanst. »Mein Bruder läßt sie grüßen« das ist nichts. Ube deine Erfindungskraft du hast ja sonst gute Einfälle. Schreibe mir bald Engelgen. Aber nichts mehr von Füchsen und stallmeistern sonst verplatz ich. Und was wäre das Schade wenn der am lachen stürbe der sich noch jezo ganz ernsthaft nennen kann

Deinen Lieben Bruder Goethe

Leipzig d. 6 Dec. 1765

la veille du jour de ta naissance

Mädgen,

Ich habe eben jetzo Lust mich mit dir zu unterreden; und eben diese Lust bewegt mich an dich zu schreiben. Sey stoltz darauf Schwester, daß ich dir ein Stück der Zeit schencke die ich so nohtwendig brauche. Neige dich für diese Ehre die ich dir anthue, tief, noch tiefer, ich sehe gern wenn du artig bist, noch ein wenig! Genug! Gehorsamer Diener. Lachst du etwann Närrgen, daß ich in einem so hohen Tone spreche. Lache nur. Wir Gelehrten, achten – was! Meinst du etwa 10 rh. nicht. Nein wir gelehrten achten euch andern Mädgen so – so wie Monaden. Warrlich seitdem ich gelernt habe daß mann ein Sonnenstäubgen in einige 1000 teilgen teilen könne, seitdem sage ich, schäm ich mich daß ich jemahls einem Mädgen zugefallen gegangen binn, die vieleicht nicht gewußt hat, daß es thiergen giebt, die auf einer Nadelspitze einen Menuet tanzen können. Transeat. Doch daß du siehst wie brüderlich ich handle; so will ich dir auf deine närrischen Briefe antworten. Eure kleine Gesellschaft mag ganz gut sein; grüß mir die lieben Mädgen – O zum Henker! Da wiedersprech ich mir ja selbst. Du siehst schwester daß es mir mit den Monaden kein Ernst ist. Grüße Hrn. Bißmannen und Hrn. Tymen. Sage Jfr. Tanten daß ich auf einen Brief von ihr hoffe. Du bist eine Närrin mit deinem Grandison. Ich kann nicht finden was Marty H. gesagt hat. Aber mercke dirs, du sollst keine Romanen mehr lesen, als die ich erlaube. Ich habe der Sache nachgedacht und halte es für meine Schuldigkeit dir zu sagen was ich davon dencke. Ich will euch ehestens eine kleine Abhandlung schicken die ich davon schreiben werde. Aber laß dirs nicht Angst seyn Grandison Clarissa und Pamela sollen vielleicht ausgenommen werden. An guter Unterhaltung im Lesen soll dirs aber nicht fehlen ich will deßwegen an den Papa schreiben. – Was! mit deinem schönschreiben! Danck dem Himmel daß du einen Buchstaben von mir zu sehen bekommst. Du hast nichts zu thun, da kannst du dich hinsetzen und zircklen, ich aber muß alles in Eile thun. Du willst daß ich meine Tisch Gesellschaft beschreiben soll. Ich will anfangen, aber ganz nun wohl nicht. Dr. Ludwig unser Wirth. Ein Mann dem 50 Jahre, vieles ausgestandene Elend, und die große Menge seiner Geschäfte, nichts von der Munterkeit die er im 20 Jahre gehabt wegnehmen können. Er ist ohne Facon, schwätzt schröcklich viel von Mädgen, und ist ein auserordentlich Leutseeliger und wohltätiger Mann. Seine Liebe zur Geselschaft hat ihn bewogen ein ziemlich groses Hauß zu mieten, wo er eine Menge Magisters und andere Leutgen beherbergt. Eben dieß ist auch die Ursache seines Tisches den er hält. Magister Morus. Ein Teolog. Ein sehr artiger und geschickter Junger Mann: er redet wenig allein sieht immer freundlich aus. Magister Herrmann Ein Mediciner sein Nachbaar ist gleichfalls keiner der beredesten aber macht immer ein verdrißliches Gesicht. Aber sonst ist es ein sehr schöner Mann, ich will dir ihn freyen. Hier hast du sein Portrait, es schmeichelt gewiß nicht. Ohngefähr 41/2 Fuß hoch. Vom Gesichte zu reden. Es besteht wie das Gesicht anderer Menschen aus Augen, Nase pp aber die Zusammensetzung davon, ach die entzückt. Finstere schwarze Augen, die von den herabhangenden Augenbrauen beschattet werden, keine sonderlich schöne Nase, die durch das eingedrückte der Wangen sehr erhöht wird, ein aufgeworfener Mund, der so wie das Kinn mit einem schwarzen stacheligen Barte besetzt ist, sonst ist eine ziemlich starcke Röhte über sein ganzes Antliz verbreitet. Seine Reisen haben ihn nicht klüger gemacht. Er flieht die Welt, weil sie sich nicht nach ihm richten will. Die andern auf ein andermahl.

Schwester schicke zu Schweitzern, er hat den Graf P. noch. Erkundige dich ob die Heurath des Hrn. Löper gewiß ist. Nachb. Max. hat an mich geschrieben. Großen Dank für deine Ermahnungen.

Schreibe nur oft denn du hast Zeit, alles was merckwürdiges in der Stadt vorgehet.

Antwort auf den Brief vom 21 Nov.

Was willst du von mir lernen? Wilst du etwan wissen daß die fallenden Cörper in ungleichen Zahlen geschwinder werden. Oder daß die Quadratwurzel von 16, 4 ist. Was machtest du mit denen Sachen? Nein ich will dich was bessers lehren. So wollen wir es machen Schwester. Schreib deine Briefe auf ein gebrochenes Blat und ich will dir die Antwort und die Critick darneben schreiben. Aber lasse dir vom Vater nicht helfen. Das ist nichts. Ich will sehen wie du schreibst. Jetzo werde ich den Anfang machen. Mercke diß: schreibe nur wie du reden würdest, und so wirst du einen guten Brief schreiben.

Critick über deinen Brief.

Du wirst doch eine Abschrift davon haben.

denn ich sehe. dieses hängt nicht mit dem nachfolgenden *so* zusammen. *Abzwecken* ist kein Briefwort. Sagst du es im gemeinen Leben? *Weil du an viel hohe Dinge denckst* wäre natürl[ich]. weitläufiger *werdenden* das Participium ist nicht gut angebracht. Setze lieber, die bald weitläufiger werden wird. *Zu Ohren bringen* wenn der Ausdruck auch gebraüchlich wäre; so wär der Gedancke doch nicht richtig. *Indem* ist nicht gut. *Verlauten will* ist Curial. *Als* ist nicht besser. *Durchleben* ist poetisch. *Und giebt man sich Mühe* es wäre besser: Man giebt sich Mühe. *subsistiren* ist nicht deutsch. *Herbst* setze lieber Weinlese. *Exequien* deutschgeschrieben! Castr[um] dol[oris] besser Trauer Gerüste. *beschauen* ist nicht gewöhnl[ich]. *Dass dir bald p.* warum lässest du die Verba auxiliaria aus, *hätte, mit der Zeit hinwissen*, besser, weil ihnen die Zeit lange wird. *Alschon* ist curial. *Veran*staltung ist nicht gut. *gesonnen ist*, besser: will. *zu Ende* gebracht, besser: geendigt. *angewandelt*, setze: angekommen.

Jetzt will ich antworten d. 7 Dec.

[...]
Ich schreibe jetzt von meinem Belsazer.
Fast ist der letzte Aufzug auch so weit,
Als wie die andern sind. Doch wiß du das:
In Versen, wie hier die, verfertigt ich,
Die fünfte Handlung. Dieses Schwester ist
Das Versmas das der Britte braucht, wenn er
Auf dem Coturn im Trauerspiele geht.
Jetzt steh ich still, und denck den Fehlern nach,
Den Fehlern die so häufig sind, wie hier
Studenten sind. Da denck ich nach, und die
Verbessr' ich. Dir schick ich vielleicht einmahl
Etwas davon, Wie auch von dem was ich
Sonst noch in Versen schrieb. Jetzt Lebe wohl.
Grüß mir die Mutter, sprich, sie soll verzeihn,
Daß ich sie niemals grüsen ließ, sag ihr
Das was sie weiß, – daß ich sie ehre. Sags,
Daß nie mein kindlich Hertz von Liebe voll,
Die Schuldigkeit vergist. Und ehe soll,
Die Liebe nicht erkalten eh ich selbst
Erkalte.
[...]

Es ist heute dein Geburtstag, ich sollte dir poetisch glückwünschen. Aber ich habe keine Zeit mehr, auch keinen Platz mehr. Werde klüger so wie du älter wirst. Leb wohl.

Antwort auf den Brief vom 6 Xbr.

Du sagsts! – – – – – – –

Erzähle mir doch ausführlicher von dem jungfraülichen Concerte. Auch von dem Teater, dem Trauerspiele, das sie gespielet haben pp. Ich gehe manchmahl in die Comödie. Ich wünschte daß ich dich mitnehmen könte. Dein Leibstück den Kaufmann von London habe ich spielen sehen. Beym grösten Teil des Stücks gegähnt, aber beym Ende geweint. Ferner Miß Saara, Zayre, Cenie, die Poeten nach der Mode, die Verschwörung wieder Venedig pp. Sie haben hier einen Acteur, der Brückner heist, sogut wie Bersac und eine Actrice Starcken, so gut wie Madam de Rosne. Neulich sah ich Tartüffen. Top! da fiel mir ein Kerl ein der eben so aussieht. Rähtst du ihn, er macht so kleine Augen! Ha! Ha! ha! Ein Schurcke wie der andre. Ich will jetzo von was anders reden, nehmlich von dem was ich dir am nohtwendigsten glaube, das ist von deiner jetzigen Unterhaltung im Lesen. Du bist über die Kinderjahre, du mußt also nicht nur zum Vergnügen, sondern zur Besserung deines Verstandes und deines Willens lesen. Bitte dir vom Papa Zeit dazu aus, er wird dir sie geben. Zuerst sollst du den Zuschauer lesen laß dir ihn durch Hrn Ohme Textor von der Stadt Bibliotheck schaffen. Dieses Buch ließ mit Aufmercksamkeit. Du wirst viel gutes darinn finden. Allein ich muß dich auch lesen lernen. Nichtwahr, das kommt dir wunderlich für, daß ich so rede. Ich kenne dich ich weiß wie und warum du liesest. Siehe so must du es machen. Nimm ein Stück nach dem andern, in der Reihe, ließ es aufmercksam durch, und wenn es dir auch nicht gefällt, ließ es doch. Du must dir Gewalt antuhn |: Ich sag es noch einmahl: wenn du haben willst daß ich für dich sorgen soll; so must du mir folgen, und nicht nur Vergnügen beym Lesen suchen. :| Wenn du es gelesen hast; so mach das Buch zu und stelle Betrachtungen darüber an. Im Anfange wird es dir schweer fallen, aber bald wird es leichter gehen wie mit dem Schreiben. Fange damit an aber balde. Schreibe wie er dir gefällt, deine Gedancken über einzelne Stücke. Manchmahl werde ich Stücke aussuchen, und dein Urteil darüber erforschen. Dieses ist besser und dir nützlicher als wenn du 20 Romanen gelesen hättest. Diese verbiete ich dir hiermit völlig, den einzigen Grandison ausgenommen den du noch etlichemahl lesen kannst, aber nicht obenhin, sondern bedächtig. Sonnst kannst du auch die beyden Magazinen der Fr. v. Beaumont lesen sie sind sehr gut|: das dritte: Magasin pour les jeunes Dames :| lese nicht. Die Briefe der Fr. von Montier von eben der Fr. von Beaumont sind auch lesenswert. Die Lett[-res] de Md. Montague gleichfalls. Im Ital[ienischen] den Pastor fido doch der ist manchmahl schweer, laß dir ihn vom Vater erklären. Ferner Epistole di Cicerone. Der Papa hat sie. Wenn du Tassos Gerusaleme lib[erata] verstehst, lese sie auch. Sonst kanst du das Buch J studii delle donne stückweise für dich nehmen, das ganze möchte für dich zu lang seyn. bey jedem auf die Sprache, die Sachen und die Wendungen womit die Sachen gesagt sind gesehen. Nur das mercke bey Ciceros briefen du must sie aussuchen. sonst ließ italienisch was du willst, nur den Decameron vom Boccacio nicht. Französch nim Les Lettres de Pline. Von den Comödien des Moliere will ich dir einen Auszug machen. So weit für dießmahl. Der Papa wird mit meinen Anstalten zufrieden seyn. Du siehst ich studiere doppelt für mich und für dich. Die Stunden die mir frey bleiben, sorg ich für dich, belohne mich, und folge. Noch eins. Laß das Liebe Mädgen die Runckel von dem was du ließt, auch genießen. Es ist mit für sie, daß ich arbeite. Nimm die Stücke des Zuschauers ließ sie ihr vor, frag ihre Gedancken und schreibe mir es. Auch das was sie sonsten denckt, alle ihre Gesinnungen, ich will für sie sorgen. Ich habe euch gar zu lieb. siehe ich schreibe bey Nacht für euch. Aber ich höre keine Hippine. Es ist schon 12. Noch was. Ich will auser dem Briefwechsel mit dir, noch einen mit euch beyden anfangen, und euch so viel ich kann zu nutzen suchen. Du hast zeit dazu. Ihr sollt mich auch lieb haben, und alle Tage wünschen: o wär er doch bald bey uns. Leb wohl. G.

Ein beträchtlicher Teil seiner Korrespondenz mit der Schwester findet auf französisch statt, der Sprache, die im 18. Jahrhundert allgegenwärtig und verbindlich war und in der die Kinder schon früh unterrichtet worden waren. Daneben fehlten auch Englisch und Italienisch nicht. Und das Gelernte wird angewendet, spielerisch zwar, aber nicht ohne Anspruch; Cornelias geheimes Tagebuch für ihre Freundin Katharina Fabricius (Oktober 1768 bis August 1769), das sie ihrem Bruder vorenthalten wird, zeigt es deutlich genug. Beiden ist die fremde Sprache nicht eigentlich fremd, und so ist der Ton dieser fremdsprachigen Briefe nicht weniger vertraut-vertraulich, als wenn sich die Geschwister in ihrer Muttersprache unterhalten. »Tu es une bonne enfant, je vois que tu apprens a parler«, weiß Goethe am 31. Dezember 1765 zu loben, um sich im gleichen Atemzug zu erkundigen, ob seine Lektüreanweisungen von Anfang Dezember auch befolgt werden: »mais je voudrois aussi scavoir, si tu apprens a lire des livres serieux, je n'ai tout a fait rien entendu, de la lecture que j'ai proposee, ie serois curieux d'en entendre quelque chose.« Ja, der Lehrer in Goethe will ernst genommen werden und gibt, nachdem Cornelia wohl nicht gerade in seinem Sinn geantwortet hat, scheinbar auf – nicht ohne den Hinweis, daß er Grund habe, viel von ihr zu erwarten: »Je suis à plaindre, de ce que mes prieres ne produisent point d'effet sur toi, en matiere de la lecture; cependant ne crains pas d'entendre alavenir des reproches de moi, car je vais bannir cet article, comme inutile, des mes lettres« (März 1766). Manchmal jedoch scheint der »große« Bruder mit der »kleinen« Schwester zufrieden zu sein; da hat sie ihm ein Stück Prosa geliefert, das einer Schriftstellerin wie Marguerite de Lussan (1682-1758) würdig wäre:

Leipzig ce 27 du 7bre. 1766
Bon jour ma petite savante.
Vraiment tu merites ce nom, a l'egard de ta lettre admirable. Je n'en sus que dire. Une lettre d'une demidouzaine de feuilles, remplie de tant de bons sentiments, de tant de reflections, de tant de saillies, que je l'aurois attribuée a Mdlle Lussan, si je ne te savois pas trop bonne chretienne, pour te croire capable d'un plagiat. J'espere que par ce temoignage donnè sincerement a ton savoir et a ton genie, ta colére exitee par mon jugement trop promt, s'appaisera. Au fond je n'avois pas toutafait tort, mais tu m'entendis mal, et ce n'est pas ma faute. Je voulois dire seulement que tes lettres sentoit en plusieurs endroits, un naturel comode, [...].

Noch höher in Wolfgangs Achtung steigt Cornelia im Frühling 1767; eine wahre Riccoboni (Marie Jeanne de Riccoboni, 1714-1792, ebenfalls eine französische Schriftstellerin) sei sie:

Je suis exedé de ta lettre, de tes ecrits, de ta maniere de penser. Je n'y vois plus la petite fille, la Corneille, ma soeur, non ecoliere, j'y vois un esprit mur, une Riccoboni, une etrangere, un Auteur du quel je puis apprendre a mon tour. Oh ma soeur, point de ces lettres a la venir, ou je me tais. Ne crois pas que je parle en flateur; le ton d' entousiaste, qu'il me falut prendre, apres avoir lu cet entretien en forme de lettre, part de vrais sentiments de mon coeur, qui n'a de longtemps senti tant de vraie joie qu'en voiant sa soeur si proche de la perfection.

Etwas weniger gewandt, aber ebenso charmant unbekümmert sind die englischen Passagen in den Briefen aus der Leipziger Zeit – einer Zeit übrigens, in die auch Goethes erste Begegnung mit Shakespeare fällt:

French enough! Let us write english! I shall become haughthy sister, if thou doest praise me in like a manner. Truely, my english knowledge is very little, but i'll gather all my forces, to perfection it. Visiting my lettres, ye shall have found many faults, ye may pardon. The few you have marked, have been caused, by lack of attention. I've found that Adieu in many english lettres, and I did then adopt it.

So heißt es da unter »the 12, of Octbr.« 1766; und am 11. Mai des gleichen Jahres:

Any words of my self. Sister I am a foolish boy. Thou knowst it; why should I say it? My soul is changed a little. I am no more a thunderer as I was at Francfort. I make no more: J'enrage. I am as meek! as meek! Hah thou believest it not! Many time I become a melancholical one. I know not whence it comes. Then I look on every man with a starring owl like countenance. Then I go in woods, to streams, I look on the pyed daisies on the blue violets, I hear the nightingales, the larks, the rooks and daws, the chuckow; And then a darkness comes down my soul; a darkness as thik as fogs in the October are.

Als »foolish boy« ist der junge Goethe damals auch anderen erschienen. Im Herbst 1767, als er der Schwester schreibt, ist er schon seit anderthalb Jahren in Käthchen Schönkopf verliebt, von der die Schwester aber nur dies und das erfährt – schließlich liest ja auch der Vater Goethes Briefe an Cornelia. Dabei ist es gerade die Zeit, in der ihn seine Liebe zu Käthchen besonders heftig umtreibt. Fast ein Jahr noch wird Goethe in Leipzig bleiben. All die Monate des Jahres 1768, bis zu seinem Geburtstag und Abreisetag von Leipzig nach Frankfurt (wo er am 1. September eintrifft), wird Wolfgang seiner Schwester nicht mehr schreiben. Dieser Brief nun, schon ganz mit Blick auf seine Rückkehr geschrieben, wie um Cornelia das Jahr zu verkürzen, ist eine Art verhaltener Rechenschaftsbericht und zugleich Werkstattbericht des jungen Dichters.

***

Leipzig, 12.-14. Oktober 1767

Meine Schwester,

Es ist heute schon Montag in der Zahlwoche und ich habe noch keinen Brief an dich angefangen. Das elendeste Octoberwetter das wir diese Messe über gehabt haben, wäre sehr geschickt gewesen, Briefe, Gedichte und andre unglückliche Geburten auszubrüten; hätte uns nicht der Hof immer hübsch auf den Beinen, selbst im größten Kohte, erhalten. Bald läßt er sich etwas auf der Akademiebibliotheck vorlesen, und das muß man doch auch hören, bald besucht er die Mahlerakademie, und da muß man als ein ehrwürdiges Mitglied zugegen seyn, so geht ein Morgen, ein Nachmittag nach dem andern, ohne daß man weiß wohin. Hätte ich nicht die meisten Arbeiten für den lieben Vater vor der Messe performirt, müsste ich auch sehr in der Schuld bleiben.

Gewiß Schwester, du verdienst einen recht langen Brief. Ich habe heute frühe alles durchgelesen, was du mir dieses Jahr über geschrieben hast, und finde, daß ich Ursache habe sehr beschämt zu seyn. Ich will auch die heutigen Vorlesungen versäumen, und mich mit dir unterhalten, obgleich Gellert dieses Amt heute mit verrichten wird. Zuförderst muß ich von deinen Ausarbeitungen reden, von denen ich bißher, auf eine etwas unhöfliche Weise sehr stille geschwiegen habe. Ich muß dich nohtwendig loben, und glaube daß du viel Gutes dencken und schreiben würdest, wenn deine Einbildungs Kraft, deine Art eine Geschichte zu betrachten und deine Erzählungs Art in eine andre, aber doch nicht sehr veränderte Richtung gebracht würden. Ich kann mich hierüber nicht deutlicher erklären, ohne äuserst weitläufig zu werden, habe Geduld biß ich zu euch komme, da will ich dir hierinn wie in verschiednen andern Wissenschafften Unterricht geben, die ich nur für dich, und wenige Mädgen gesammelt habe. Dieses nur kann ich dir einstweilen sagen; ich finde daß deine Ideen über die meisten Gegenstände noch sehr brouillirt sind. Du hast zwar feine Empfindungen, wie jedes Frauenzimmer das dir ähnlich ist, aber sie sind zu leicht gefült und zu wenig überlegt. Ferner sagst du manchmal Dinge, die ich mit aller meiner Mädgenkänntniß nicht debrouilliren kann, wie sie ein Mädgen sagen kann. Ferner mercke ich daß verschiedne Lecktüren deinen Geschmack in verschiednen Dingen mercklich verdorben haben, der denn wie der meisten Frauenzimmer Geschmack bigarrirt wie ein Harlekinskleid ist, deßwegen wollte ich dich bitten, das Jahr über das wir noch von einander seyn werden, so wenig als möglich zu lesen, viel zu schreiben; allein nichts als Briefe, und das wenn es seyn könnte, wahre Briefe an mich, die Sprachen immer fort zu treiben und die Haushaltung, wie nicht weniger die Kochkunst zu studiren, auch dich zum Zeitvertreibe auf dem Claviere wohl zu üben, denn dieses sind alles Dinge, die ein Mädgen, die meine Schülerinn werden soll nohtwendig besitzen muß|: die Sprachen ausgenommen, die du als einen besondern Vorzug besitzest:| Ferner verlange ich daß du dich im Tanzen perfecktionirst, die gewöhnlichsten Kartenspiele lernst, und den Putz mit Geschmack wohl verstehest. Diese letzten Erforderniße werden dir von so einem strengen Moralisten wie ich bin, äuserst seltsam vorkommen zumal da mir alle dreye fehlen; allein sey ohne Sorgen, und lerne sie nur, den Gebrauch und den Nutzen davon sollst du schon erfahren; doch dieses muß ich dir nur gleich sagen, ich verlange nicht nur daß du,|: besonders die beyden ersten:|, im geringsten nicht lieben, sondern vielmehr fliehen sollst, demohngeachtet aber mußt du sie wohl wissen. Wirst du nun dieses alles nach meiner Vorschrifft getahn haben, wenn ich nach Hause komme; so garantire ich meinen Kopf, du sollst in einem kleinen Jahre das vernünftigste, artigste, angenehmste, liebenswürdigste Mädgen, nicht nur in Franckfurt, sondern im ganzen Reiche seyn. Denn unter uns, draussen bei euch residirt die Dummheit ganz feste noch. Ist das nicht ein herrliches Versprechen! Ja, Schwester, und ein Versprechen das ich halten kann und will. Und sage, wenn ich bey meinem hiesigen Aufenthalt auch nichts gelernt hätte, als so ein groses Werck auszuführen, würde ich nicht ein großer Man seyn. Mittlerweile hofmeistre ich hier an meinen Mädgen, und mache allerhand Versuche, manchmal gerähts manchmal nicht. Die Mdll. Breitkopf habe ich fast ganz aufgegeben, sie hat zu viel gelesen und da ist Hopfen und Malz verlohren. Lache nicht über diese närrisch scheinende Philosophie, die Sätze die so paradox scheinen, sind die herrlichsten Wahrheiten, und die Verderbniß der heutigen Welt liegt nur darinne daß man sie nicht achtet. Sie gründen sich auf die verehrungswürdigste Wahrheit: Plus que les moeurs se raffinent, plus les hommes se depravent. Kannst du, wie ich wohl glaube, diese Dinge nicht ganz einsehen, so nimm sie als Wahrheiten an die dir einmal aufgeklärt werden sollen, ich werde mich darüber mit dir in keinen Briefwechsel einlassen, es sind Dinge die sich schweer schreiben. Du wirst dencken ich sey ein eigensinniger Mensch, der sich nicht gern widersprechen läßt! Das ist wohl war, ich binn es oft, wenn ich dencke recht zu haben. Doch fürn Hencker, wie viel hab ich schon ausgeschweift. Zurück also zu deinen Ausarbeitungen. Ich bin mit der Geschichte des Mr. Ruse lange nicht so zufrieden, als mit dem ersten. Warum? Ja! das weiß ich wohl, weil es eine nackte Erzählung ohne Empfindung ist, die ich, ohngeachtet die Triebfedern sehr deutlich auseinandergesetzt scheinen, dennoch nicht recht begreifen kann.

Zuletzt kann ich einen Wunsch nicht verbergen, daß der liebe Vater deine kleinen Stücke, die du mir schicken willst, nicht eher zu sehen bekomme biß sie abgeschrieben und bereit sind an mich abzu[ge]hen; dann mußt du ihn bitten, dir seine Meinung darüber zu sagen, die du mir in einem Anhange überschicken mußt, mit der Uberschrift Sentimens et corrections de mon cher pere. Denn jetzo kriege ich niemals etwas das ganz von dir wäre, und ich sehe manchmal mit Lachen, wie ein gutes, einfältiges Mädgen Reflecktionen macht, die niemand als ein einsehender erfahrener Mann machen konnte. Dieses wäre also Ein Punckt, etwas weitläufig abgehandelt. Wir wollen diesen Nachmittag zu den übrigen schreiten.

Um 2 Uhr

Ich komme von Tische, und bringe ein Compliment, eine Dancksagung und die Marlimuster für dich, von meiner kleinen Wirtin mit, sie hat sie zum letzten und zum längsten gehabt und einen ahnsehnlichen Gebrauch davon gemacht. Ich habe ihr insinuirt, sie könnte mir immer zur Danckbaarkeit ein paar Manschetten nehen. Wir wollen sehn was sie tuhn wird. Sie ist ein recht gutes Mädgen, das ich sehr liebe, sie hat die Hauptqualität daß sie ein gutes Herz hat, das durch keine allzugrose Lecktüre verwirrt ist, und läßt sich ziehen. Ich werde Ehre mit ihr einlegen, sie hat schon ganz erträgliche, auch manchmal artige Briefe schreiben lernen, aber mit der Orthographie wills nicht fort. Uberhaupt muß man die beym sächsischen Frauenzimmer nicht suchen. Da lob ich mir meine Schwester. Ich schicke dir also die Muster zurück, mit dem besten Dancke, daß du mir Gelegenheit geben wollen meine Mädgen zu obligieren. Sie bewundern alle die Ordnung deiner Muster.

Nun von meinen bißher verfertigten Dingen. Das Schäferspiel scheint dich zu interessiren, es freut mich sehr, daß es sowohl dir als meinen Critickern gefallen hat, ob ihr gleich alle die darinn überfließende Fehler bemerckt habt. In dem Briefe vom 26 Juni schreibst du deine Meinung darüber die deiner Empfindung viel Ehre macht. Das Lob das du mir giebst, hält, ohne daß du es wustest, die Critick von dem Hauptfehler des Stücks das ich dir damals sandte. Du sagst indem du von Aminen redest: et en verité mon frere tu la fais trop tendre. Fürtrefflich! Es war der Hauptfehler in dem Charackter der Amine der das ganze Ding verunstaltete. Sie war zu zärtlich, zu gütig, oder es besser auszudrücken, zu einfältig, debonnaire, und machte das Stück schläffrig. Dem habe ich abgeholfen, da ich ihr bey ihrer Zärtlichkeit, ein gewisses Feuer, eine Liebe zur Lust gab, die sie interessanter macht, und doch nicht mit Eglens Charackter vermischt, denn zwischen beyden bleibt noch eine merckliche Nüance.

Ich arbeite nun schon acht Monate daran, aber es will noch nicht pariren, ich lasse mich nicht dauern ganze Situationen zwey, dreymahl zu bearbeiten, weil ich hoffen kann daß es ein gutes Stückgen mit der Zeit werden kann, da es sorgfältig nach der Natur copirt ist, eine Sache die ein dramatischer Schrifftsteller als die erste seiner Pflichten erkennen muß. Es hat in allem neun od[er] zehen Auftritte und ist noch zweymal so starck geworden, als das Stück das du hattest. Wenn man denckt fertig zu seyn, gehts erst recht an. – Sonst habe ich aber gar nichts dieses halbe Jahr gemacht, eine Ruhe die man allen jungen Dichtern rahten sollte. Einige Kleinigkeiten, einige Oden damit ich dich nicht belästigen will sind alles was ich aufweisen kann. Manchmal mach' ich Madrigals und das sind meistenteils Naivetäten von meinem Mädgen und Freunden.

Z. E.

Le veritable Ami
Va te sevrer des baisers de ta belle,
Me dit un jour l'ami; par son air sedouisant,
Ses yieux perçans, par son teint eclatant,
Sa taille mince, son language amusant,
Elle te pourroit bien deranger la cervelle;
Fuis de cette beaute le dangereux amour!
Mais pour te faire voir a quel degré je t'aime,
Je veux t'oter tout espoir du retour,
En m'en faisant aimer moi meme.

Solltest du Brevillieren sehen, so sag ihm doch, er würde mir das größte Vergnügen machen, wenn er mein Schäferspiel ins Feuer schmisse, oder es dir gäbe, da du denn das nehmliche damit machen kannst, er sollte auch dafür sobald mein itziges fertig wäre, eine recht schöne Abschrifft davon bekommen, das könnte er hernach spielen wie er wollte. Einer von den klügsten Streichen den ich gemacht habe war, [daß ich] so viel als möglich von meinen Dingen die mich jetzt prostituiren würden, mit aus Franckfurt genommen habe. Und doch ist nicht alles weg, die Amine, und die Höllenfahrt, sind zurückgeblieben und haben mir schon manchen Aerger gemacht.

Die eine spielen die guten Leute, und machen sich und mich lächerlich, die andre drucken sie mir in eine vermaledeyte Wochenschrifft, und noch dazu mit dem J. W. G. Ich hätte mögen toll darüber werden.

Ich schickte euch gern die Annette wenn ich nicht befürchten müßte daß ihr sie abschriebt. Denn auch sogar das Büchelgen das ich sosehr ausgeputzt und verbessert habe, wollte ich niemanden communicirt haben. Bißhierher hat es zwölf Leser und zwo Leserinnen gehabt, und nun ist mein Publicum aus. Ich liebe gar den Lärm nicht.

Belsazer, Isabel, Ruth, Selima, ppppp haben ihre Jugendsünden nicht anders als durch Feuer büsen können. Dahin denn auch Joseph wegen der vielen Gebete die er Zeitlebens getahn hat verdammt worden ist. Ich war lange willens ihn aufs Waysenhaus an Bogatzkyen zu schencken, der hätte ihn herausgeben können. Es ist ein erbauliches Buch, und der Joseph hat nichts zu tuhn als zu beten. Wir haben hier manchmal über die Einfalt des Kindes gelacht das so ein frommes Werk schreiben konnte. Doch ich darf nicht viel von Kind reden, es ist noch nicht vier Jahre daß er zur Welt kam.

Dienstags um 8 Uhr. früh

Wenn ich heute so viel schreibe als gestern, so werde ich morgen ziemlich mit dem Briefe nichts mehr zu tuhn haben; aber ich dencke es wird heute so starck nicht gehen. Im Vertrauen zu reden ich bin diesen Morgen sehr lustig, ob gleich Behrisch diesen Abend fortgeht. Er ist endlich seine dumme Stelle loß geworden, und hat sich bey dem regierenden Fürsten von Dessau, als Hofmeister seines natürlichen Sohnes engagirt. Ich wünsche ihm viel Glück dazu.

Mittewochs frühe

Ich will heute diesen Brief zu endigen suchen, ich habe schon viel geschrieben, aber noch nicht so viel als ich mir vorgesetzt hatte. Jetzo will ich dir ein wenig von meiner jtzigen Lebensart Nachricht geben. Sie ist sehr philosophisch, ich habe dem Concerte, der Commödie, dem Reiten und Fahren gänzlich entsagt, und alle Gesellschaften von jungen Leuten verlassen die mich zu einem oder dem andern bringen könnten. Es wird dieses von grosem Nutzen für meinen Beutel seyn. Die Woche gehe ich von Hause zu Tische und von Tische nach Hause, und das wird im Winter und schlechten Wetter so fortgehen. Sonntags gehe ich um 4 Uhr zu Breitkopfs und bleibe biß 8 daselbst. Die ganze Famielie sieht mich gern, das weiß ich, und deßwegen komme ich auch, und dann wieder nach Hause und das so in infinitum. Manchmal besuche ich Hermannen, der mich auch ganz lieb hat, so weit es ihm sein Amt zuläßt, und bey gutem Wetter laufe ich eine gute Meile von der Stadt auf ein Jagdhauß esse Milch und Brodt und komme noch vor Abends wieder. Dieses ist das ganze Diarium meines Lebens, wie es hoffentlich noch ein ganzes Jahr aussehen soll, denn ich habe mich mit aller Mühe dahingebracht daß meine Umstände von mir abhängen. Meine Gesundheit hängt nicht so sehr von mir ab. Ich lebe sehr diät, das ist wohl eins, aber Docktor Quiet und Docktor Merrymän haben hier eine so starcke Praxin daß ich bißhierher noch nicht unter ihre Cur habe kommen können. Ich binn nur aus Laune heiter wie ein Aprilltag, und kann immer 10 gegen 1 wetten daß morgen ein dummer Abendwind Regenwolcken heraufbringen wird. Die guten Studia die ich studiere machen mich auch manchmal dumm. Die Pandeckten haben mein Gedächtniß dieses halbe Jahr her geplagt und ich habe warrlich nichts sonderlichs behalten. Unser Docente hat's auch sauber gemacht und ist biß ins 21 Buch gekommen. Das ist noch weit: denn ein andrer war an Michael im 13ten. Das übrige mögen die Herren sehen wo sie es herkriegen. So ist mirs auch mit den Instituten mit der Hist[oria] Juris gegangen, die Narren schwätzen im ersten Buche einem zum Eckel die Ohren voll und die letzten da wissen sie nichts, das macht weil die Herren vornherein ihren Autorem etwas ausgearbeitet haben, aber nicht sonderlich weitgekommen sind. Zum Exempel in der Hist[oria] Jur[is] Sind wir biß auf die Zeiten des zweeten Punischen Kriegs gekommen. Da kannst du dir eine Vorstellung von einem Studioso Juris machen, was der vollständiges Wissen kann. Ich lasse mich hängen ich weiß nichts. Wenn du auch dieses Stück meines Briefs nicht verstehst, so laß es den Vater lesen, es wird ihm so unangenehm seyn wie mir. Meine zwey Bogen wären nun voll, ich habe dir aber noch manches zu sagen. Vielleicht wenn ich Zeit habe mache ich einen kleinen Appendicem.

Leipzig d. 14 Octbr. 1767

Käthchen Schönkopf

»Freimütigkeit ohne Koketterie«

»Er liebt ein Mädchen das unter seinem Stand ist, aber ein Mädchen das – ich glaube nicht zu viel zu sagen – das Du selbst lieben würdest, wenn Du es sähest: Ich bin kein Liebhaber und also werde ich ganz ohne Leidenschaft schreiben. Denke Dir ein Frauenzimmer, wohlgewachsen, obgleich nicht sehr groß, ein rundes freundliches, obgleich nicht außerordentlich schönes Gesicht, eine offene sanfte einnehmende Miene, viele Freimütigkeit ohne Koketterie, einen sehr artigen Verstand ohne die größte Erziehung gehabt zu haben. Er liebt sie sehr zärtlich, mit den vollkommen redlichen Absichten eines tugendhaften Menschen, ob er gleich weiß, daß sie nie seine Frau werden kann. Ob sie ihn wieder liebt, weiß ich nicht. [...] Ich bedaure ihn und sein gutes Herz, das würklich in einem sehr mißlichen Zustande sich befinden muß, da er das tugendhafteste und vollkommenste Mädchen ohne Hoffnung liebt. Und wenn wir annehmen, daß sie ihn wieder liebt, wie elend muß er da erst da sein?« Dieses Bild von Goethes »fürtrefflichem Mädgen« entwirft sein Jugendgefährte Johann Adam Horn in einem Brief (vom 3. Oktober 1766) an den gemeinsamen Freund Karl Ludwig Moors. Lange hatte Goethe ein Geheimnis aus seiner Liebe gemacht, nun werden Horn und Moors ins Vertrauen gezogen: »... und jezo füle ich zum aller erstenmahle das Glück, das eine wahre Liebe macht.« Ein »gutes Mädgen« sei sie, »ein verwünschtes Mädgen« – und: »Sie ist ein Engel und ich binn ein Narr.« Der Engel: Käthchen – Anna Katharina – Schönkopf, geboren am 22. August 1746 in Leipzig, dort gestorben am 21. Mai 1810. Ihr Vater war Zinngießer, ihre Mutter unterhielt einen Mittagstisch für Studenten und ältere Akademiker. Als ein solcher Mittagsgast lernt Goethe Käthchen im Frühjahr 1766 kennen und verliebt sich in seine »kleine Wirtin«. Eine von tiefen Gefühlen erfüllte Beziehung beginnt; Goethes Eifersucht gefährdet diese Beziehung, die sich nach verschiedenen Höhe- und Tiefpunkten zuletzt in Freundschaft auflöst. 1770 heiratet Käthchen den Juristen, späteren Ratsherrn und Vizebürgermeister in Leipzig, Christian Karl Kanne. Als Goethe zehn Jahre nach der ersten Begegnung einmal nach Leipzig gelangt, sieht er auch Käthchen wieder – »mein erstes Mädgen«.

Der junge Goethe ist nun wieder in Frankfurt, die aufregende, aufreibende Zeit in Leipzig erst einmal vorbei. Goethe ist nicht gesund. Bereits im Sommer 1768 hatte er einen sehr gefährlichen Blutsturz erlitten, in Frankfurt wird er im kommenden Winter noch zweimal heftig in eine Krankheit zurückgeworfen, deren Ursachen nicht ganz klar sind. In einem früheren Brief, an die ganze Familie Schönkopf adressiert, hatte er sich »für alle Liebe und Freundschafft, die Sie mir so beständig erwiesen haben, und der ich nie vergessen werde«, bedankt, sich auch entschuldigt, daß er nicht das Herz gehabt hatte, sich von den Freunden – der Freundin – persönlich zu verabschieden. »Käthgen, wenn Sie mir nicht schreiben so sollen Sie sehen«, droht Goethe am Ende seines Briefes. Die Drohung scheint gewirkt zu haben.

***

Francckfurt am 1. Nov. 68

Meine geliebteste Freundin,

Noch immer so munter, noch immer so boshafft. So geschickt das gute von einer falschen Seite zu zeigen, so unbarmhertzig einen Leidenden auszulachen, einen Klagenden zu verspotten, alle diese liebenswürdige Grausamkeiten, enthält Ihr Brief; und konnte die Landsmännin der Minna anders schreiben.

Ich dancke Ihnen für eine so unerwartet schnelle Antwort, und bitte Sie auch inskünftige, in angenehmen muntern Stunden an mich zu dencken, und wenn es seyn kann an mich zu schreiben; Ihre Lebhafftigkeit, Ihre Munterkeit, Ihren Witz zu sehen, ist mir eine der grössten Freuden, er mag so leichtfertig, so bitter seyn als er will.

Was ich für eine Figur gespielt habe, das weiss ich am besten, und was meine Briefe für eine spielen, das kann ich mir vorstellen. Wenn man sich erinnert, wie's andern gegangen ist, so kann man ohne Wahrsager Geist rahten, wie's Einem gehn wird; Ich binn's zufrieden, es ist das gewöhnliche Schicksal der Verstorbenen, dass Überbliebene und Nachkommende auf ihrem Grabe tanzen.

[...]

Sie haben Recht, meine Freundinn, dass ich jetzt für das gestraft werde, was ich gegen Leipzig gesündigt habe, mein hiesiger Aufenthalt, ist so unangenehm, als mein Leipziger angenehm hätte seyn können, wenn gewissen Leuten gelegen gewesen wäre, mir ihn angenehm zu machen. Wenn Sie mich schelten wollen, so müssen Sie billig seyn, Sie wissen was mich unzufrieden, launisch, und verdrüsslich machte, das Dach war gut, aber die Betten hätten besser seyn können, sagt Franziska.

Apropos was macht unsre Franziska, verträgt sie sich bald mit Justen? Ich dencke's. So lang der Wachtmeister noch da war, nun da dachte sie an ihr Versprechen, jetzt da er nach Persien ist, eh nun, aus den Augen aus dem Sinn, da nimmt sie lieber einen Diener, den sie sonst nicht mochte, als gar keinen. Grüssen Sie mir das gute Mädgen. Sie formalisiren Sich über das ganz besondere Compliment an Ihre Nachbarinn. Was für Sie übrig bleibt? Was das für eine Frage ist. Sie haben meine ganze Liebe, meine ganze Freundschafft, und das allerbesonderste Compliment, ist doch noch lange nicht der tausendste Teil davon, das wissen Sie auch, ob Sie gleich zur Plage, oder Unterhaltung, Ihres Freundes|: denn beydes heisst bey Ihnen einerley: | tuhn als ob Sie es nicht wüssten, wie Sie es in mehr Stellen Ihres Briefes getahn haben, Z. E. in der Stelle vom Abschied pp. das ich übergehe.

Zeigen sie diesen Brief, und wenn ich bitten darf alle meine Briefe, Ihren Eltern, und wenn Sie wollen, Ihren besten Freunden, aber niemand weiter; Ich schreibe, wie ich geredet habe, aufrichtig, und dabey wünschte ich, dass es niemand, wer es falsch auslegen könnte zu sehen kriegte. Ich binn wie immer, unaufhörlich ganz der Ihrige

JWGoethe

Franckf. am 30. Dec. 68

Meine beste, ängstliche Freundinn

Sie werden ohne Zweifel zum neuen Jahre, durch Hornen die Nachricht von meiner Genesung erhalten haben; und ich eile es zu bestättigen. Ja meine Liebe, es ist wieder vorbey, und inskünftige müssen Sie sich beruhigen wenn es ja heissen sollte: Er liegt wieder! Sie wissen meine Constitution macht manchmal einen Fehltritt, und in acht Tagen hat sie sich wieder zurechte geholfen; diesmal war's arg, und sah noch ärger aus als es war, und war mit schröcklichen Schmerzen verbunden. Unglück ist auch gut. Ich habe viel in der Kranckheit gelernt, das ich nirgends in meinem Leben hätte lernen können. Es ist vorbey, und ich binn wieder ganz munter, ob ich gleich drey volle Wochen nicht aus der Stube gekommen binn, und mich fast niemand besucht, als mein Docktor, der, Gott sey danck, ein liebenswürdiger Mann ist. Ein närrisch Ding um uns Menschen, wie ich in muntrer Gesellschaft war, war ich verdrüsslich, jetzt binn ich von aller Welt verlassen, und binn lustig; denn selbst meine Kranckheit über, hat meine Munterkeit meine Famielie getröstet, die gar nicht in einem Zustande war, sich, geschweige mich zu trösten. Das Neujahrslied, das sie auch werden empfangen haben, habe ich in einem Anfall von groser Narrheit gemacht, und zum Zeitvertreibe drucken lassen. Uebrigens zeichne ich sehr viel, schreibe Mährgen, und binn mit mir selbst zufrieden. Gott gebe mir das neue Jahr was mir gut ist, das geb er uns allen, und wenn wir nichts mehr bitten als das; so können wir gewiß hoffen dass er's uns giebt. Wenn ich nur biss in Aprill komme, ich will mich gern hinein schicken lassen. Da wird's besser werden hoffe ich, besonders kann meine Gesundheit täglich zu nehmen, weil man nun eigentlich weiss was mir fehlt. Meine Lunge ist so gesund als möglich, aber am Magen sitzt was. Und im Vertrauen man hat mir zu einer angenehmen vergnüglichen Lebensart Hoffnung gemacht, so dass meine Seele sehr munter und ruhig ist. Sobald ich wieder besser binn, werde ich ausgehen in fremde Lande, und es soll nur auf Sie und noch jemand ankommen, wie bald ich Leipzig wiedersehen soll; Inzwischen dencke ich nach Franckreich zu gehen, und zu sehen wie sich das französche Leben lebt, und um französch zu lernen. Da können Sie Sich vorstellen was ich ein artiger Mensch seyn werde, wenn ich wieder zu Ihnen komme. Manchmal fällt mir's ein, dass es doch ein närrscher Streich wäre, wenn ich trutz meiner schönen Projeckten vor Ostern stürbe. da verordnete ich mir einen Grabstein, auf dem Leipziger Kirchhof, dass ihr doch wenigstens alle Jahr am Johannes, als meinem Nahmens Tag, das Johannismänngen, und mein Denkmal besuchen möget. Wie meynen Sie?

Empfelen Sie mich Ihren Eltern zu beständiger Freundschafft; Küssen Sie Ihre liebe Freundinn, und dancken Sie ihr für den Anteil den Sie an mir nimmt; ich werde bald an sie schreiben.

[...]

Leben Sie wohl meine Liebe, ich binn, kranck wie Gesund ganz der Ihrige

Goethe

In einer »stillen unthätigen Ruhe« sei er: »aber das heisst glücklich seyn.« Abschied klingt aus diesem Brief; Ende Januar 1770 (und nicht erst in einem Vierteljahr, wie es in den unten folgenden Zeilen heißt) schreibt Goethe wieder an Käthchen, »lustig« diesmal und in einem »munteren Tone«, und sagt, was er tun wird, um aus der untätigen Ruhe zu kommen: »Aber alles wohl betrachtet, Franckfurt binn ich nun endlich satt und zu Ende des Merzens geh ich von hier weg« – nach Straßburg.

***

Franckfurt am 12 Dec. 1769

Meine liebe, meine theure Freundinn,

Ein Traum hat mich diese Nacht erinnert, daß ich Ihnen eine Antwort schuldig binn. Nicht als wenn ich es so ganz vergessen hätte, nicht, als wenn ich nie an Sie dächte, nein meine Freundinn, ieder Tag sagt mir was von Ihnen und von meinen Schulden. Aber es ist seltsam, und es ist eine Empfindung die Sie vielleicht auch kennen werden, die Erinnerung an Abwesende, wird durch die Zeit, nicht ausgelöscht, aber doch verdeckt. Die Zerstreuungen unsers Lebens, die Bekanntschafft mit neuen Gegenständen, kurz jede Veränderung unsers Zustandes, thun unserm Herzen das was Staub und Rauch einem Gemählde thun, sie machen die feinen Züge ganz unkenntlich, und die starcken weniger sichtbaar, und das so unmercklich, dass man nicht weiss wie es zu geht. Tausend Dinge erinnern mich an Sie, ich sehe tausendmal Ihr Bild, aber so schwach, und offt mit so wenig Empfindung, als wenn ich an iemand fremdes gedächte, es fällt mir offt ein, dass ich Ihnen eine Antwort schuldig binn, ohne dass ich den geringsten Zug empfinde Ihnen zu schreiben. Wenn ich nun Ihren gütigen Brief lese, der schon etliche Monate alt ist, und Ihre Freundschafft sehe, und Ihre Sorge für einen Unwürdigen da erschröcke ich vor mir selbst, und empfinde erst, was für eine traurige Veränderung in meinem Herzen vorgegangen seyn muss, dass ich ohne Freude dabey seyn kann, was mich sonst in den Himmel gehoben haben würde. Verzeihen Sie mir das! Kann man einem Unglücklichen verdencken dass er sich nicht freuen kann. Mein Elend hat mich auch gegen das Gute stumpf gemacht, was mir noch übrig bleibt. Mein Körper ist wieder hergestellt, aber meine Seele ist noch nicht geheilt, ich binn in einer stillen unthätigen Ruhe, aber das heisst nicht glücklich seyn. Und in dieser Gelassenheit, ist meine Einbildungskrafft so stille, dass ich mir auch keine Vorstellung von dem machen kann was mir sonst das liebste war. Nur im Traum erscheint mir manchmal mein Herz wie es ist, nur ein Traum vermag mir die süssen Bilder zurückzurufen, so zurückzurufen dass meine Empfindung lebendig wird, ich habe es Ihnen schon gesagt, diesen Brief sind Sie einem Traume schuldig. Ich habe Sie gesehen, ich war bey Ihnen, wie es war, das ist zu sonderbaar als dass ich es Ihnen erzählen möchte. Alles mit einem Wort, Sie waren verheurahtet. Sollte das wahr seyn? Ich nahm Ihren lieben Brief, und es stimmt mit der Zeit überein; wenn es wahr ist, o so möge das der Anfang Ihres Glückes seyn.

Wenn ich uneigennützig darüber dencke, wie freut das mich, Sie, meine beste Freundinn, Sie, noch vor jeder Andern, die Sie beneidete, die Sich mehr dünckte als Sie, in den Armen eines liebenswürdigen Gatten zu wissen, Sie vergnügt zu wissen, und befreyt von jeder Unbequemlichkeit, der ein lediger Stand, und besonders Ihr lediger Stand ausgesetzt war. Ich dancke meinem Traum dass er mir Ihr Glück recht lebhafft geschildert hat, und das Glück Ihres Gatten, und seine Belohnung dafür dass er Sie glücklich gemacht hat. Erhalten Sie mir seine Freundschafft, dadurch dass Sie meine Freundinn bleiben, denn auch biss auf die Freunde müssen Sie jetzt alles gemein haben. Wenn ich meinem

Traum glauben darf, so sehen wir einander wieder, aber ich hoffe noch sobald nicht, und was an mir liegt will ich seine Erfüllung hinauszuschieben suchen. Wenn anders ein Mensch etwas wider das Schicksal unternehmen kann. Ehmals schrieb ich Ihnen etwas räthselhafft, von dem was mit mir werden würde. ietzt läßt sich's deutlicher sagen, ich werde den Ort meines Aufenthalts verändern, und weiter von Ihnen wegrücken. Nichts soll mich mehr an Leipzig erinnern, als ein ungestümmer Traum, kein Freund der daher kömmt, kein Brief. Und doch mercke ich, dass mich es nichts helfen wird: Geduld, Zeit und Entfernung, werden das thun was sonst nichts zu thun vermag, sie werden ieden unangenehmen Eindruck auslöschen, und unserer Freundschafft, mit dem Vergnügen, das Leben wiedergeben, dass wir uns nach einer Reihe von Jahren, mit ganz andern Augen, aber mit eben dem Herzen wiedersehen werden. Biss dahin leben Sie wohl. Doch, nicht ganz biss dahin. Binnen Einem viertel Jahre, sollen Sie noch einen Brief von mir haben, der Ihnen den Ort meiner Bestimmung, die Zeit meiner Abreise melden wird, und Ihnen das zum Ueberfluss noch einmal sagen kann was ich Ihnen schon tausendmal gesagt habe. Ich bitte Sie mir nicht mehr zu antworten, lassen Sie mir's durch meinen Freund sagen, wenn Sie noch was an mich haben sollten. Es ist das eine traurige Bitte, meine beste, meine Einzige von Ihrem ganzen Geschlechte, die ich nicht Freundinn nennen mag, denn das ist ein nichts bedeudtender Tittul gegen das was ich fühle. Ich mag Ihre Hand nicht mehr sehen, so wenig als ich Ihre Stimme hören mögte, es ist mir leid genug dass meine Träume so geschäfftig sind. Sie sollen noch Einen Brief haben; das will ich heilig halten, und von meinen Schulden will ich einen Theil abtragen, den andern müssen Sie mir noch nachsehen. Dencken Sie, wir kämen ja aus aller Konnexion wenn ich diesen letzten Punckt noch richtig machte. Das grosse Buch das Sie verlangen sollen Sie haben. Es freut mich dass Sie dieses von mir verlangt haben, es ist das herrlichste Geschenck das Ihnen geben könnte, ein Geschenck das mein Andencken am längsten, und am würdigsten bey Ihnen erhalten wird. Kein Hochzeitgedicht kann ich Ihnen schicken, ich habe etliche für Sie gemacht, aber entweder, druckten Sie meine Empfindungen zu viel oder zu wenig aus. Und wie konnten Sie von mir zu einem freudigen Feste ein würdiges Lied begehren. Seit – ia seit langer Zeit, sind meine Lieder so verdrüsslich, so übel gestellt als mein Kopf, wie Sie an den meisten sehen können, die schon gedruckt sind, und an den übrigen auch sehen werden, wenn sie gedruckt werden sollten.

Hagedornen und einige andere Bücher werde ich Ihnen ehstens schicken, möchten Sie ein Gefallen an diesem liebenswürdigen Dichter finden wie er es verdient. Uebrigens empfelen Sie mich Ihrer lieben Mutter, dem nunmehr nicht mehr kleinen Bruder, der ohnezweifel ein starcker Musickus geworden seyn wird. Grüßen Sie mir alle lieben Freunde, und erneuern Sie mein Andencken, einigermassen um Sich her.

Leben Sie wohl, geliebteste Freundinn, nehmen Sie diesen Brief, mit Liebe und Gütigkeit auf, mein Herz musste doch noch einmal reden, zu einer Zeit, wo ich nur durch einen Traum von der Begebenheit benachrichtiget war, die mir es hätte verbieten können. Leben Sie tausendmal wohl, und denken Sie manchmal an die zärtlichste Ergebenheit Ihres

Goethe

Friederike Oeser

Friederike (links) mit ihrer Schwester Wilhelmine

»An Einsicht, und an Witz Dir keine einz'ge gleich«

Friederike Oeser gehörte zu jenen Mädchen, die der nach Frankfurt zurückgekehrte Dichter und Student im Sinn hatte, wenn er im Freundeskreis, gegenüber seiner Schwester und in den Briefen an Leipziger Bekannte darüber klagte, daß die »hiesigen Mädchen« dem Vergleich mit den »sächsischen Mädchen« nicht standhielten. Die nämlich besäßen »eine gewisse Anmut, einen gewissen bezaubernden Anstand«, begleitet von einem »unendlichen Liebreiz« (wie Cornelia Goethe den Bruder unter dem Datum des 27. Oktober 1768 zitiert). »Du lieber Gott! an Munterkeit ist hie / An Einsicht, und an Witz Dir keine einz'ge gleich«, schreibt er der Freundin und Vertrauten seiner Leipziger Tage in einem Briefgedicht (vom 6. November 1768), spielerisch-scherzhaft zwar, aber durchaus ernst gemeint. Wunderbare Gespräche müssen sie zusammen geführt haben, »so aufgeweckt, und doch so klug«, Goethe und die Tochter eines Mannes, dem der Jüngere zutiefst dankbar war, so daß wohl auch Friederike in diesen Dank miteingeschlossen wurde. Fast wie ein Echo auf sein Mädchenlob liest sich der Satz, mit dem er den Vater Friederikes Jahre später charakterisiert: »Ein Mann voll Geschmack und Geist und stiller Künstler und Weltmanns Klugheit« (Brief vom 21. November 1782). Der Maler, Radierer und Bildhauer Adam Friedrich Oeser (1717-1799) war seit 1764 Direktor der neugegründeten Kunstakademie in Leipzig; Goethe wurde im Dezember 1765 sein Schüler. Oesers Lehre, von Winckelmann auf die prägnante Formel gebracht, zeigte Goethe »den Weeg zum Wahren und Schönen« und machte sein »Herz gegen den Reitz fühlbaar« (an Oeser, 9. November 1768): »Sein Unterricht wird auf mein ganzes Leben Folgen haben. Er lehrte mich, das Ideal der Schönheit sey Einfalt und Stille« (Brief vom 20. Februar). Friederike ist die älteste Tochter dieses Lehrers, zu dessen Familie Goethe seit dem Herbst 1766 in freundschaftlichem Verhältnis stand. 1748 in Leipzig geboren, am 13. Juni 1829 in Leipzig gestorben, unverheiratet. Sie führte ihrem Vater die Geschäfte und Korrespondenzen. Gerade in Goethes erstem Weimarer Jahrzehnt wird es immer wieder zu Begegnungen mit Friederikes Vater kommen, der wiederholt in Weimar zu tun hatte.

***

Mademoiselle,

Sie ist lang ausgeblieben, die Antwort! soll ich Sie wohl um Vergebung bitten? Nein gewiss, wenn ich das dürfte; Wenn ich sagen dürffte: Mamsell, verzeihen Sie, ich hatte viel, viel Geschäffte, daran sich Herckules den Arm aus der Pfanne hätte heben mögen, ich konnte ohnmöglich, die Tage waren kurz, mein Gehirn, wegen der Einstrahlung des Steinbocks und Wassermanns, etwas kalt und feucht, und noch die ganze Reihe von alletags Entschuldigungen, um nicht auf sich kommen zu lassen, man sey faul, dazugerechnet; Sehen Sie, wenn ich in Umständen wäre, so was zu sagen, ich schrieb lieber in meinem Leben nicht. O Mamsell, es war eine impertinente Composition von Laune meiner Natur, die mich vier Wochen an den Bettfus, und vier Wochen an den Sessel anschraubte, dass ich eben so gerne die Zeit über, hätte in einen gespaltnen Baum wollen eingezaubert seyn. Und doch sind sie herum, und ich habe das Capitel von Genügsamkeit, Geduld, und was übrigens für Materien ins Buch des Schicksaals gehören, wohl und gründlich studiert, binn auch dabey etwas kluger geworden; Sie werden mir also verzeihen wenn dieser Brief, mehr ein Commentar zu dem Ihrigen, als eine Antwort darauf wird; [...]

Sie wissen von Alters her, – wenigstens ist es meine Schuld

nicht, wenn Sie es nicht wissen – Sie wissen, daß ich Sie für ein sehr gutes Mädgen halte, die schon, wenn Ihr dran gelegen wäre, einen ehrlichen Menschen mit dem weiblichen Geschlecht wieder versöhnen könnte, und wenn er aufgebracht wäre wie Wieland. Wenn ich mich irre, so ist das wieder meine Schuld nicht. Zwey Jahre beynahe, binn ich in Ihrem Hause herumgegangen, und ich habe Sie fast so selten gesehen, als ein Nachtforschender Magus einen Alraun pfeifen hört.

Von dem also zu reden was ich gesehen habe – die Kirche urtheilt nicht übers Verborgne, sagt Paris – So versichre ich Sie, dass ich davon bezaubert binn; aber wahrhafftig die Philosophen von meiner Art, haben meist Ulysses Kräuterbüschel, unter den andern Galanterien, in einem Sachet bey sich, dass Ihnen die stärckste Bezauberung nicht mehr schadet als ein starcker Rausch, Kopfweh den andern Morgen, aber die Augen sind doch wieder helle. Dieses wohl begriffen, damit wir uns nicht missverstehen.

Sie sind glücklich, sehr glücklich; wenn mein Herz nicht jetzt für alle Empfindung todt wäre, ich wollte es Ihnen vorerzählen, vorsingen wollt' ich's Ihnen. Das möglichste von Geßners Welten; wenigstens bild ich's mir so ein. Und Ihre Seele hat sich sehr nach dem Glück gebildet, Sie sind zärtlich, fühlbaar, Kennerinn des Reitzes, gut für Sie, gut für Ihre Gespielen; aber nicht gut für mich; und Sie müssen doch auch gut für mich seyn, wenn Sie ein ganzrechtgutes Mädgen seyn wollen. [...] Glauben Sie mir, Sie sind alleine Schuld, dass ich Leipzig ohne sonderliche Schmerzen verlassen habe. Freudigkeit der Seele, und Heroismus ist so communicabel wie die Elecktricität, und Sie haben soviel davon, als die Elecktrische Maschine Feuerfuncken in sich enthält. Morgen seh ich sie wieder! ein Abschiedsgruss zu dem, den man auf die Galeeren schmieden will, ist wahrhafftig nicht der zärtlichste. Es sey! Mich hat er starck gemacht;

und doch war ich nicht mit zufrieden. Die Grösse der Seele, ist meist unempfindlichkeit, unter uns gesagt. Wenn ich's wohl betrachte, so handelten Sie ganz natürlich, mein Abschied musste Ihnen gleichgültig seyn, mir war er's warrlich nicht. Ich hätte gewiss geweint, wenn ich nicht gefurcht hätte, Ihre weissen Handschuhe zu verderben; eine überflüssige Vorsicht, ich sah erst am Ende, dass sie gestrickt und von Seide waren, da hätte ich immer weinen können, doch da war's zu spät. Dass ich ein Ende mache. Ich ging aus Leipzig und Ihr Geist begleitete mich, mit der ganzen Munterkeit seines Wesens. Ich kam hier an, und fing an Betrachtungen zu machen, dazu ich bissher nicht Zeit gehabt hatte. Und sah mich hier nach Freunden um, und fand keine; nach Mädgen, die waren nicht so specificirt wie ich's liebe, und war im Jammer, und klage Ihnen das, in wunderschönen Reimen, und dencke, ob Sie denn wohl dich bedauern wird, und den unglücklichen Schwanen durch ein Briefgen trösten wird! Da kam ein Brieflein! Nun das ist wohl wahr, erquickt war ich; denn Sie stellen sich die Trockenheit nicht vor, in der man hier, von Seiten einer angenehmen Unterhaltung lechzt; aber getröst war ich nicht; Ich sah dass Sie meynten, Poesie und Lügen wären nun Geschwister, und der Hr. Briefsteller könnte wohl ein sehr ehrlicher Mensch, aber auch ein starcker Poete seyn, der aus Vorurteil für das Clair obscür, offt die Farben etwas stärcker, und die Schatten etwas schwärzer aufstriche, als es die Natur thut. Bon, Sie sollen recht haben, wo Sie's haben. Nur, das ist doch zu arg, Sachen bey mir zu supponiren, die ich doch so wenig besitze, als den Stein der Weisen. Einen gesunden Kopf, ein gutes Herz, nun dazu liess ich mich noch wohl bereden, zu glauben dass ich das hätte; aber gelehrige Schülerinnen, Freunde, wie sich's gehört, darauf wart ich noch; wenn ich sie erwischt habe, die Paradiesvögel, da will ich's Ihnen schreiben. [...] Nun genug von dieser Materie, von der ich so viel geschrieben habe, weil ich nie wieder davon zuschreiben hoffe. Möchte ich doch einem Unglücklichen gedient haben, den etwa das Schicksal künftig in Ihre Hände übergiebt, die ie niedlicher sie sind, desto grausamer peinigen können. Ich hoffe künftig Ihnen mit keinen Klagen, mit keinem Jammer beschweerlich zu fallen, ich hoffe das Mitleid nicht nötig zu haben, wo zu ich Sie ermahne. [...]

Es lebe Ihre Connexion in der Sie mit dem Schicksaale stehn, ich werde mich auch auf den Fus mit ihm setzen; und Ihr Wahlspruch, möchte auch noch hingehn, und gut und artig seyn, wenn er nur nicht eben vom Rhingulff, oder Gott weis wie er heisst, genommen wäre, zwanzig Dichter haben es eben so gut, und besser gesagt, warum muss nun eben der Mensch mit dem Barbarischen Namen, die Ehre haben; Denn unter uns gesagt ich binn keiner von seinen Freunden. [...] Ich dencke so vom Rhingulff wie von allen Gesängen dieser Art. Gott sey Danck, dass wir Friede haben, zu was das Kriegsgeschrey. Ja wenns eine Dichtungsart wäre, wo viel Reichthum an Bildern, Sentiments oder sonst was läge. Ey gut da fischt immer! Aber nichts, als ein ewig Gedonnere der Schlacht, die Glut die im Muth aus den Augen blitzt, der goldne Huf mit Blut bespritzt, der Helm mit dem Federbusch, der Speer, ein paar Duzend ungeheure Hyperbeln, ein ewiges Ha! Ah! wenn der Vers nicht voll werden will, und wenns lang währt, die Monotonie des Sylbenmaases, das ist zusammen nicht auszustehn. Gleim, und Weisse und Gessner in Einem Liedgen, und was drüber ist hat man satt. Es ist ein Ding das gar nicht interessirt, ein Gewäsche das nichts taugt als die Zeit zu verderben. Forcirte Gemälde weil der Herr Verf[asser] die Natur nicht gesehen hat, ewige egale Wendungen; denn Schlacht ist Schlacht, und die Situationen die es etwa reicht sind sehr genützt. Und was geht mich der Sieg der Teutschen an, dass ich das Frohlocken mit anhören soll, eh! das kann ich selbst. Macht mich was empfinden, was ich nicht gefühlt, was dencken was ich nicht gedacht habe, und ich will euch loben. Aber Lärm und Geschrey statt dem Pathos, das thuts nicht. Flittergold, und das ist alles. Hernach sind im R[ingulff] Gemälde ländlicher Unschuld; sie möchten gut seyn, in Arckadien angebracht zu werden; unter Deutschlands Eichen, wurden keine Nymphen gebohren wie unter den Myrthen, im Tempe. Und was an einem Gemälde am unerträglichsten ist, ist Unwahrheit. Ein Mährgen hat seine Wahrheit, und muss sie haben, sonst wär es kein Mährgen. Und wenn man nun das Süjet so chiffonirt sieht, so wird's einem bang. Da meynen die Herren das fremde Costume sollte was thun! Wenn's Stück schlecht ist, was sind des Ackteurs schöne Kleider! Wenn Ossian im Geiste seiner Zeit singt, so brauche ich gerne Commentars, sein Costume zu erklären, ich kann mir viele Mühe darum geben; nur wenn neuere Dichter sich den Kopf zerbrechen, ihre Gedichte im alten Gusto zu machen, dass ich mir den Kopf zerbrechen soll, es in die neue Sprache zu übersetzen, das will mir meine Laune nicht erlauben. Gerstenbergs Skalden hätt ich lange gern gelesen, wenn nur das Wörterverzeichniss nicht wäre. Er ist ein groser Geist, und hat aparte Prinzipia. Von seinem Ugolino soll mann gar nicht urteilen. Ich sage nur bey der Gelegenheit; Grazie und das hohe Pathos sind heterogen; und niemand wird sie vereinigen dass sie ein würdig Süjet einer edlen Kunst werden, da nicht einmal das hohe Pathos ein Süjet für die Mahlerey dem Probierstein der Grazie; und die Poesie hat gar nicht eben Ursache ihre Gränzen so auszudehnen, wie ihr Advocat meynt. Er ist ein erfahrner Sachwalter; lieber ein wenig zu viel als zu wenig; ist seine Art zu dencken. Ich kann, ich darf mich nicht weiter erklären, Sie werden mich schon verstehen; Wenn man anders als grosse Geister denckt, so ist es gemeiniglich das Zeichen eines kleinen Geists. Ich mag nicht gerne, eins und das andre seyn. Ein grosser Geist irrt sich so gut wie ein kleiner, jener weil er keine Schrancken kennt, und dieser weil er seinen Horizont, für die Welt nimmt. O, meine Freundinn, das Licht ist die Wahrheit, doch die Sonne ist nicht die Wahrheit, von der doch das Licht quillt. Die Nacht ist Unwahrheit. Und was ist Schönheit? Sie ist nicht Licht und nicht Nacht. Dämmerung; eine Gebuhrt von Wahrheit und Unwahrheit. Ein Mittelding. In ihrem Reiche liegt ein Scheideweg so zweydeutig, so schielend, ein Herkules unter den Philosophen könnte sich vergreiffen. Ich will abbrechen; wenn ich in diese Materie komme, da werd' ich zu ausschweifend, und doch ist sie meine Lieblings Materie. Wie möchte ich ein Paar hübsche Abende, bei Ihrem lieben Vater seyn; ich hätte ihm gar so viel zu sagen. Meine Gegenwärtige Lebensart ist der Philosophie gewiedmet. Eingesperrt, allein, Circkel, Papier, Feder und Dinte, und zwey Bücher, mein ganzes Rüstzeug. Und auf diesem einfachen Weege, komme ich in Erkenntniss der Wahrheit, offt so weit, und weiter, als andre mit ihrer Bibliothekarwissenschafft. Ein grosser Gelehrter, ist selten ein grosser Philosoph, und wer mit Mühe viel Bücher durchblättert hat, verachtet das leichte einfältige Buch der Natur; und es ist doch nichts wahr als was einfältig ist; freylich eine schlechte Rekommendation für die wahre Weisheit. Wer den einfältigen Weeg geht, der geh ihn, und schweige still, Demuth und Bedächtlichkeit, sind die nothwendigsten Eigenschafften unsrer Schritte darauf, deren jeder endlich belohnt wird. Ich dancke es Ihrem lieben Vater; Er hat meine Seele zuerst zu dieser Form bereitet, die Zeit wird meinen Fleis seegnen, dass er ausführen kann was angefangen ist. [...]

Noch einige Kleinigkeiten eh ich schliesse. Meine Lieder, davon ein Teil das Unglück gehabt hat, Ihnen zu missfallen, werden mit Melodien auf Ostern gedruckt ich würde mich vielleicht unterstanden haben, Ihnen ein unterschriebnes

Exemplar zu wiedmen, wenn ich nicht wüsste, dass man Sie durch einige Kleinigkeiten, leicht zum schimpfen bewegen könnte, wie Sie selbst zu Anfange Ihres Briefs sagen; den ich wohl glaube verstanden zu haben. Es ist mein Unglück dass ich so leichtsinnig binn, und alles von der guten Seite ansehe. Dass Sie meine Lieder von der bösen angesehen haben; Ist das meine Schuld. Werfen Sie sie ins Feuer, und sehen Sie die gedruckten gar nicht an; nur bleiben Sie mir gewogen. Unter uns, ich binn einer von den gedultigen Poeten, gefällt euch das Gedicht nicht, so machen wir ein anders. [...]

Wie gern käm ich auf Ostern zu Ihnen, wenn ich könnte; wissen Sie was kommen Sie zu mir, oder schicken Sie mir den Papa. Wir haben Plaz für Sie alle wenn Sie kommen wollen. Es ist mein ganzer Ernst. Fragen Sie nur den Meister Junge, der wird Ihnen sagen dass das wahr ist. Und unser Tisch lässt sich so gut anstossen, wenn Gäste kommen, wie der Ihrige. Sie werden freylich diese Invitation nicht annehmen, die sächsischen Mädgen sind etwas delicat. Gut, zwingen will ich Sie nicht. Aber wenn Sie mich böse machen, so komm ich selbst, und invitire Sie in eigner Person. Wollen Sie es hernach auch nicht annehmen?

Ich binn Ihr ergebenster Freund und Diener,

Franckfurt, am 13. Febr. 1769 Goethe

Susanna Catharina v. Klettenberg

»... heitere, gefühlvolle, schwesterliche Seele«

Mit Goethes Mutter war sie weitläufig verwandt, vor allem aber: eng befreundet. Als sie tot ist, schreibt Goethes Mutter an Lavater, der in ihr eine »heitere, gefühlvolle, schwesterliche Seele« (an Goethe, 14. Mai 1774) gesehen hat, daß sie nun die »Rahtgeberin, in deren Schooss ich alles ausschütten konnte«, verloren habe. Und mit Blick auf ihren Sohn, der an diesem Tag, dem Todestag, gerade nicht in Frankfurt war, habe die Sterbende die jüngere Freundin gebeten: »Sag ihm Adieu, ich hab ihn sehr lieb gehabt« (Brief vom 26. Dezember 1774). Diese Liebe hatte Goethe zu spüren bekommen, als er von seinem Leipziger Studienaufenthalt krank ins Elternhaus zurückgekehrt war. Susanna Catharina von Klettenberg wurde 1723 als Tochter eines Frankfurter Arztes geboren; sie starb am 13. Dezember 1774. 1747 hatte sie ein Offenbarungserlebnis und lebte künftig als überzeugte Christin, getragen von pietistischer Frömmigkeit, in der Nähe zu den Herrnhutern, ohne allerdings ein Mitglied der Brüdergemeine zu werden. Intoleranz und Bekehrungseifer waren ihr fremd; »ein Christlicher Frey-Geist« war sie, wie sie in den späteren Jahren von sich selbst sagte. Sie wirkte stark auf ihre Mitmenschen, und Goethe, der vor allem in dieser Übergangszeit zwischen Leipzig und Straßburg für wegweisende Anregungen, auch religiöser Art, sehr offen war, fand in ihr eine verständnisvolle, treue Freundin. Als 1795 das 6. Buch von »Wilhelm Meisters Lehrjahre« erschien, in dem Goethe die »Bekenntnisse einer schönen Seele« darlegt, erkannten so manche gleich das Urbild der »schönen Seele«, so frei und poetisch verklärt der Autor auch die Lebensdaten der Freundin verwendet. Mitte Dezember 1795 schreibt Goethes Mutter nach Weimar: »Habe Danck, dass du der unvergesslichen K. noch nach so vielen Jahren ein so schönes Denckmahl gestifftet hast Sie kan dadurch nach Ihrem Tod noch gutes stifften.«

»Ich binn wieder Studiosus«, heißt es Anfang April 1770, und am 18. April immatrikuliert sich Goethe an der Universität Straßburg, in einer Stadt und Umgebung, wo so vieles neu auf ihn einwirken wird. Der »Studiosus« hält es in Straßburg nicht anders als in Leipzig: er besucht zwar juristische Vorlesungen, gibt sich aber fast noch mehr mit anderen Dingen ab, zu denen auch medizinische, chirurgische und staatswissenschaftliche Vorlesungen gehören. Und es wird viel gelesen.

***

Straßburg, d. 26. Aug. 1770

Gnädge Fräulen.

Ich binn heute mit der kristlichen Gemeine hingegangen, mich an des Herren Leiden und Todt zu erinnern, und Sie können rathen, warum ich mich diesen Nachmittag unterhalten, und einen so saumseeligen Brief, endlich im Ernste treiben will. Es geht unsern besten Freunden mit uns, wie es Gott selbst zu gehen pflegt; zu ieder Liebe gehört eine Sammlung, und ich wollte ausgeworffne Schaupfennige ehe wieder gesammelt haben, als zerstreute Gedancken, und besonders hier, unter denen Umständen worinn ich mich ietzo befinde.

Und doch scheinen sie nicht wenig zu versprechen. Die viele Menschen die ich sehe die vielen Zufälle die mir queerüber kommen geben mir Erfahrungen und Kenntnisse von denen ich mir nichts habe träumen lassen. Ubrigens ist mein Körper iust so gesund um eine mäßige, und nötige Arbeit zu tragen, und um mich bey Gelegenheit zu erinnern daß ich weder an Leib noch an Seele ein Riese binn.

Mein Umgang mit denen frommen Leuten hier ist nicht gar starck, ich hatte mich im Anfange sehr starck an sie gewendet; aber es ist als wenn es nicht seyn sollte. Sie sind so von Herzen langweilig wenn sie anfangen, daß es meine Lebhafftigkeit nicht aushalten konnte. Lauter Leute von mäsigem Verstande, die mit der ersten Religionsempfindung, auch den ersten vernünftigen Gedanken dachten, und nun meynen das wäre alles, weil sie sonst von nichts wissen; dabey so hällisch und meinem Graffen so feind, und so kirchlich und püncktlich, daß – ich Ihnen eben nichts weiter zu sagen brauche.

Es kömmt noch was dazu. Die Vorliebe für unsre eigenen Empfindungen und Meynungen, die Eitelkeit eines ieden Nase dahin drehen zu wollen wohin unsre gewachsen ist; Fehler denen solche Leute die eine gute Sache haben mit der größten Sicherheit nachhängen.

Wie offt habe ich ** die Sache seiner Grillen und die Sache Gottes vermischen hören wenn er meinen Vetter ausschalt. Ich habe den Mann gern wir sind gute Freunde; aber schon als Hausvater ist er zu streng, und Sie können sich dencken was herauskommt wenn er die feinern Pflichten der Religion von seinen iungen rohen Leuten beobachtet haben will.

Eine andre Bekandtschafft, grad das Widerspiel von dieser, hat mir bisher nicht wenig genutzt. Ich soll durch alle Klassen gehn, so scheints gnädge Fräulen.

Herr ** ein Ideal für Mosheimen oder Jerusalemen, ein Mann, der durch viel Erfahrung mit viel Verstand gegangen ist; der bey der Kälte des Bluts womit er von ieher die Welt betrachtet hat, gefunden zu haben glaubt: daß wir auf diese Welt gesetzt sind besonders um ihr nützlich zu seyn, daß wir uns dazu fähig machen können, wozu denn auch die Religion etwas hilfft; und daß der Brauchbaarste der beste ist. Und alles was draus folgt.

Uebermorgen ist mein Geburtstag; schweerlich wird

eine neue Epoque von ihm angehen; dem sey wie ihm wolle so betet mit mir, für mich, daß alles werde, wie's werden soll.

Die Jurisprudenz fangt an mir sehr zu gefallen. So ists doch mit allem wie mit dem Merseburger Biere, das erstemal schauert man, und hat mans eine Woche getruncken, so kann mans nicht mehr laßen. Und die Chymie ist noch immer meine heimlich Geliebte.

Es ist doch immer noch der alte Geck! der

Friederike Brion

»Aus deinen Blicken sprach dein Herz«

Die Straßburger Zeit, von April 1770 bis August 1771: so viel Aufbruch von Eigenem, nie Dagewesenem, zu unerhörten Tönen; nichts von Tändeleien mehr. Straßburg, das heißt Johann Gottfried Herder, Straßburger Münster, Friederike Brion. Von ihr haben wir kein verbürgtes Bild, aber von dem, was sie in Goethe bewegte, besitzen wir (in der Natur- und Liebeslyrik der Sesenheimer Lieder) unverwechselbare Erlebnisspuren, in denen wir noch heute nachlesen können, wie es ist, in der Welt ein Gegenüber zu haben und in der Welt aufgehoben zu sein. Der erste Besuch in Sesenheim findet Anfang Oktober 1770 statt. Die Familie Brion – das sind der Vater, Pfarrer von Beruf, die Mutter und die drei Töchter (die vierte und älteste ist bereits verheiratet); Friederike, 1752 geboren, ist die mittlere der drei. »Eine strahlende und beglückte« Liebe (Erich Trunz) ist es gewesen, in der Goethe »zum ersten Male der ganzen Fülle seiner Existenz inne« wurde (Bernhard Gajek). Und gerade diese drängende Fülle ist es – von äußeren Umständen ganz abgesehen –, die Goethe davon abhält, sich in dieser Liebe zu binden. Die Besuche wiederholen sich, einmal verbringt er sogar mehrere Wochen (vom 18. Mai bis zum 23. Juni 1771) in dem nicht weit von Straßburg gelegenen Ort. In jenen Tagen heißt es in einem Brief (an den wesentlich älteren Johann Daniel Salzmann, geschrieben vermutlich am 19. Juni 1771): »Der Zustand meines Herzens ist sonderbaar [...]. Die angenehmste Gegend, Leute die mich lieben, ein Zirckel von Freuden! Sind nicht die Träume deiner Kindheit alle erfüllt? frag ich mich manchmal, wenn sich mein Aug in diesem Horizont von Glückseeligkeiten herumweidet; Sind das nicht die Feengärten nach denen du dich sehntest? – Sie sinds, sie sinds! Ich fühl es lieber Freund, und fühle dass man um kein Haar glücklicher ist wenn man erlangt was man wünschte. Die Zugabe! die Zugabe! die uns das Schicksal zu ieder Glückseeligkeit drein wiegt!« Wünschen liegt immer in der Zukunft, und die Zukunft, die auch in der anmutig heiteren Gegenwart Friederikes begründet liegt, heißt: Unbedingtheit des Gefühls, heißt Originalgenie und Sturm und Drang. Am 6. August 1771 wurde Goethe zum Lizenziaten der Rechte promoviert, am 8. schreibt er an einen Freund, er »gehe morgen von hier«. Zwischen diesen beiden Tagen war er wohl in Sesenheim, um sich zu verabschieden; daß der Abschied endgültig ist, verschweigt er. Ein Jahr später ist er in eine andere verliebt, Lotte Buff. Am 25. September 1779 wird Goethe Friederike noch einmal sehen. »Die Zweite Tochter vom Hause hatte mich ehemals geliebt schöner als ichs verdiente, und mehr als andre an die ich viel Leidenschafft und Treue verwendet habe, ich musste sie in einem Augenblick verlassen, wo es ihr fast das Leben kostete«, heißt es in einem Brief an Frau von Stein. So viel wird klar aus dem Bericht über die spätere Begegnung und aus den wenigen Erinnerungen anderer, die als authentisch gelten dürfen: Friederike Brion – ein grundgütiger Mensch, »in Liebe für andre sich selbst vergessend« (B.R. Abeken an J.D. Gries, Oktober 1825). Friederike stirbt am 3. April 1813; sie war unverheiratet geblieben.

***

Str[assburg,] am 15. Ocbr. *1770*

Liebe neue Freundinn,

Ich zweifle nicht Sie so zu nennen; denn wenn ich mich anders nur ein klein wenig auf die Augen verstehe; so fand mein Aug, im ersten Blick, die Hoffnung zu dieser Freundschafft in Ihrem, und für unsre Herzen wollt ich schwören; Sie, zärtlich und gut wie ich Sie kenne, sollten

Sie mir, da ich Sie so lieb habe, nicht wieder ein Bissgen günstig seyn?

Liebe liebe Freundinn,

Ob ich Ihnen was zu sagen habe, ist wohl keine Frage; ob ich aber iust weiß warum ich eben ietzo schreiben will, und was ich schreiben mögte, das ist ein anders; soviel merck ich an einer gewißen innerlichen Unruhe, daß ich gerne bey Ihnen seyn mögte; und in dem Falle ist ein Stückgen Papier so ein wahrer Trost, so ein geflügeltes Pferd, für mich, hier, mitten in dem lärmenden Strasb[urg], als es Ihnen, in Ihrer Ruhe nur seyn kann, wenn Sie die Entfernung von Ihren Freunden recht lebhafft fühlen.

Die Umstände unserer Rückreise können Sie Sich ohngefähr vorstellen, wenn Sie mir beym Abschiede ansehen konnten, wie leid er mir that; und wenn Sie beobachteten, wie sehr Weyland nach Hause eilte, so gern er auch unter andern Umständen bey Ihnen geblieben wäre. Seine Gedanken gingen vorwärts, meine zurück, und so ist natürlich daß der Diskurs weder weitläuffig noch interessant werden konnte.

Zu Ende der Wanzenau machten wir Spekulation den Weeg abzukürzen, und verirrten uns glücklich zwischen den Morästen, die Nacht brach herein, und es fehlte nichts, als daß der Regen, der einige Zeit nachher ziemlich freygebig erschien, sich um etwas übereilt hätte; so würden wir alle Ursache gefunden haben, von der Liebe und Treue unsrer Prinzessinnen vollkommen überzeugt zu seyn.

Unterdessen war mir die Rolle, die ich, aus Furcht sie zu verliehren, beständig in der Hand trug, ein rechter Talisman der mir die Beschweerlichkeiten der Reise alle hinwegzauberte. Und noch? O, ich mag nichts sagen, entweder Sie können's rathen, oder Sie glaubens nicht.

Endlich langten wir an, und der erste Gedancke, den wir hatten, der auch schon auf dem Weeg unsre Freude gewesen war, endigte sich in ein Projeckt, Sie balde wieder zusehen.

Es ist ein gar zu herziges Ding um die Hoffnung, wieder zusehen. Und wir andern mit denen verwöhnten Herzgen, wenn uns ein Bissgen was leid thut, gleich sind wir mit der Arzeney da, und sagen: Liebes Herzgen, sey ruhig, du wirst nicht lange von Ihnen entfernt bleiben, von denen Leuten, die du liebst; sey ruhig liebes Herzgen! Und dann geben wir ihm inzwischen ein Schattenbild, daß es doch was hat, und dann ist es geschickt und still wie ein kleines Kind, dem die Mama eine Puppe statt des Apfels giebt, wovon es nicht essen sollte.

Genung, wir sind hier, und sehen Sie daß Sie Unrecht hatten! Sie wollten nicht glauben daß mir der Stadtlärm, auf Ihre süße Landfreuden mißfallen würde.

Gewiß Mamsell, Strasburg ist mir noch nie so leer vorgekommen als ietzo. Zwar hoff ich es soll besser werden, wenn die Zeit das Andencken unsrer niedlichen und Muthwilligen Lustbaarkeiten ein wenig ausgelöscht haben wird, wenn ich nicht mehr so lebhafft fühlen werde, wie gut, wie angenehm meine Freundinn ist. Doch sollte ich das vergessen können oder wollen? Nein, ich will lieber das Wenig Herzwehe behalten, und offt an Sie schreiben.

Und nun noch vielen Dank, noch viele aufrichtige Empfelungen Ihren Teuern Eltern; Ihrer lieben Schwester, viel hundert – was ich Ihnen gerne wieder gäbe.

Sophie von La Roche

»– meine Seele ist heiter und mein Herz immer gefühlvoll«

Ihr erster Romanversuch machte sie gleich berühmt und zur angesehensten Schriftstellerin im damaligen Deutschland: »Die Geschichte des Fräuleins von Sternheim« – 1770 geschrieben, 1771 herausgegeben von ihrem Cousin, einstigem Jugendgeliebten und kurzzeitigem Verlobten Christoph Martin Wieland. Goethe, selbst angetan von diesem Werk, lernte die empfindsame Seele auf der Höhe ihres Ruhmes kennen, da sie als Frau des Kurtrierischen geheimen Rats und späteren Staatskanzlers Georg Michael Frank von La Roche in Thal-Ehrenbreitstein bei Koblenz einen Salon führte, in dem es literarisch-enthusiastisch und empfindsam gefühlvoll zu- und herging – man war unter Seelenverwandten. Goethes erste Begegnung mit Sophie von La Roche fällt in den Monat April des Jahres 1772, und ihre menschliche Ausstrahlung zeigt auch bei ihm Wirkung. Als Sophie Gutermann am 6. Dezember 1731 in Kaufbeuren geboren, seit 1754 verheiratet und schließlich Mutter von fünf Kindern, ist sie nur ein knappes Jahr jünger als Goethes Mutter; für Goethe ist sie die »liebe Mama«. Daß sie zudem die Mutter der gerade sechzehnjährigen Maximiliane (»Max«, »die Maxe«) ist, in deren schwarze Augen Goethe sich nach seiner Rückkehr aus Wetzlar verguckt, macht den Umgang mit der mütterlichen Freundin doppelt interessant und wünschenswert. Die gebildete, sehr belesene Frau, die in ihrer glanzvollen Zeit mit bedeutenden Köpfen aus ganz Deutschland in Verbindung stand und noch an ihrem späteren Lebensort Speyer junge und arrivierte Dichter um sich versammelte, geriet als ältere Frau allmählich in den Schatten. An ihren späteren Werken, die immer mehr zu reinen Erziehungsschriften für

Frauen verflachten, nahm auch Goethe nur noch gelegentlich Anteil, ebenso wie an ihren Reisebeschreibungen. Den Briefwechsel mit ihm hatte bereits seine Übersiedelung nach Weimar versiegen lassen. Ihre letzten Jahre verbringt die einst so berühmte Verfasserin des ersten deutschen Frauenromans in Offenbach. Dort stirbt die »liebevolle Großmutter der romantischen Geschwister Clemens und Bettina Brentano« (Wolfgang Pehnt) am 18. Februar 1807.

1771/72: Aufsätze, die erste Niederschrift des späteren »Götz von Berlichingen«, die ersten großen Hymnen, daneben erste Berufserfahrungen als Jurist, im Sommer 1772 dann, während der vier Monate in Wetzlar, die Sache mit Lotte, noch folgenreicher aber die freundschaftliche Beziehung mit Johann Heinrich Merck (1741-1791), dem vielseitigen Literaturkritiker, Kunstschriftsteller und Naturforscher, und seinem Kreis der »Empfindsamen« in Darmstadt; Merck hatte seit Anfang 1772 die Leitung der »Frankfurter Gelehrten Anzeigen« inne und war an dem, was der junge Goethe schuf, tätig interessiert. Im September 1772 war Goethe, direkt aus Wetzlar kommend, einige Tage bei Sophie von La Roche in Thal-Ehrenbreitstein gewesen – ein wohltuender Zwischenhalt nach seinem abrupten Aufbruch von Wetzlar.

***

Darmstadt, etwa 20. November 1772

Warum auch nur ein Wort darüber, dass Ihr Brief nicht gleich auf den meinigen folgte, kenn ich nicht Ihr Herz, und weis ich nicht, dass es in Neigung und Freundschafft unveränderlich bleibt.

Seit den ersten unschätzbaren Augenblicken, die mich zu Ihnen brachten, seit ienen Scenen der innigsten Empfindung, wie offt ist meine ganze Seele bey Ihnen gewesen. Und drauf in der Glorie von häuslicher mütterlicher Glückseeligkeit, umbetet von solchen Engeln Sie zu schauen, was mehr ist mit Ihnen zu leben! Meine Armuth an Worten, meine Unfähigkeit mich laut zu freuen, haben mir allein ausdrucken können was ich fühlte, und Sie – Sie wissen am besten was Ihr Herz für mich spricht.

Sie klagen über Einsamkeit! Ach dass das Schicksaal der edelsten Seelen ist, nach einem Spiegel ihres selbst vergebens zu seufzen. Sie werden es nicht immer, und schon ietzt, mit welchem ganzen Gefühl sehen Sie zween Töchter unter Ihren Augen werden, die, wenn sie Ihnen nicht alles sind, doch alles sind was die liebe Gottheit Sterblichen von Glückseeligkeit zu schencken vermag. Dass aber auch das Menschen Schicksaal ist, dass der Reiche nicht lebendig fühlt seinen Reichtum! Glauben Sie Ihren Freunden, wie überwohl der Austeiler des ganzen es mit Ihnen gemeint hat; wir nur wissen was Sie haben, denn wir empfinden nicht was Ihnen fehlt. Hundertmal freuen wir uns im Geiste nach über die Augenblicke die wir in Gegenwart der schönsten Natur in dem seeligsten Zirkel genossen. [...]

Merck sagt mir dass Sie von Jerusalems Todte, einige Umstände zu wissen verlangen. Die vier Monate in Wetzlar sind wir nebeneinander herumgestrichen, und ietzo acht Tage nach seinem Todte war ich dort. Baron Kielmansegg, einer der wenigen denen er sich genähert, sagte mir: »das was mir wenige glauben werden, was ich Ihnen wohl sagen kann, das ängstliche Bestreben nach Wahrheit und moralischer Güte, hat sein Herz so untergraben, dass misslungne Versuche des Lebens und Leidenschafft, ihn zu dem traurigen Entschlusse hindrängten.«

Ein edles Herz und ein durchdringender Kopf, wie leicht von auserordentlichen Empfindungen, gehen sie zu solchen Entschliessungen über, und das Leben – was brauch, was kann ich Ihnen davon sagen. Mir ist's Freude genug, dem abgeschiednen Unglücklichen, dessen Taht von der Welt so unfühlbaar zerrissen wird, ein Ehrenmaal in Ihrem Herzen errichtet zu haben.

Ich hoffe Mlle. Max wird erlauben dass ich manchmal schreibe, ich will ihre Güte nicht missbrauchen.

Leben Sie wohl, und wenn Sie fühlen könnten, wie sehr ich an allem Anteil nehme was von Ihnen kömmt, Sie würden manchen Augenblick Beruf zu einem Briefe an mich empfinden und Mlle. Max würde länger bey ihren köstlichen Nachschrifften verweilen. Goethe

---

Es sei nicht ruhig um ihn, sagt Goethe. Das mag sich auf seine Arbeiten beziehen, die Umarbeitung des »Götz« etwa, mit der er zu Anfang des Jahres begonnen hatte, die nun – im Selbstverlag von Merck und Goethe – im Druck war und Mitte Juni 1773 erscheint. Doch es ist wohl noch mehr die Unruhe des Herzens, die ihn bewegt – seine Schwester wird in diesem Jahr heiraten; auf Merck, den kritischen Freund, der von Mai bis Dezember auf Reisen unterwegs ist, muß er verzichten; und am 4. April hatten Lotte Buff und Johann Christian Kestner, am 2. Mai Johann Gottfried Herder und Caroline Flachsland geheiratet. Immerhin hofft er auf einen Besuch der Frau von La Roche im Sommer, die ihm dann auch, als Gast seiner Mutter, zusammen mit ihrer Tochter Maximiliane »acht glückliche Tage« machen wird – »es ist ein Ergötzen mit solchen Geschöpfen zu leben« (an Kestner, August 1773).

***

Ich schreibe Ihnen diesmal nur in Handlungs Speditions Sachen, Merck und Comp. Hier sind zwölf Exempl. Ossian. Das eine der geheffteten bittet er Sie anzunehmen.

Leysering wird Ihnen wunderbaare Geschichten erzählen, und auch ich habe Ihnen viel zu sagen; sobald's ruhig um mich ist, wird mir's aller Trost seyn Ihnen schreiben zu können, wie ich mich auch mit der Hoffnung nähre Sie noch diesen Sommer zu sehn. Denn ich binn allein, allein, und werd es täglich mehr. Und doch wollt ichs tragen, dass Seelen die für einander geschaffen sind, sich so selten finden, und meist getrennt werden. Aber dass sie in den Augenblicken der glücklichsten Vereinigung sich eben am meisten verkennen! das ist ein trauriges Rätzel. Erneuern Sie mein Andenken unter den Ihrigen, mit denen Sie so glücklich leben, und in dem Herzen Ihres teuern Abwesenden.

Geschr[ieben] Frfurt. am 12. May 1773 Goethe

Frankfurt, Ende Mai 1774

Liebe Mama ich begreiffe die Menschen nicht, ich muss mich noch so offt über sie wundern, und daran spür ich dass ich iung binn.

Sonst wenn ich von einem grosen Geiste hörte, so gab meine Einbildungskrafft dem Mann eine Stärcke, eine hohe Vorstellungsart, und übrige Apartinenzien, und nun wie ich sie kennen lerne die Herrn, ists mit ihnen nicht besser, als einem eingeschränckten Mädgen deren Seele überall anstöst, und deren Eitelkeit mit einem Winckgen zu beleidigen ist. Ich dachte Wieland sollte sich so albern nicht gebärden. Denn was ist an der ganzen Sache? Ich hab ihm ein Gartenhäusgen seines papiernen Ruhms abgebranndt, ihm ein wächsern Desert Parterrgen verheert, kommt er darüber auser sich, was wird er erst gegen das Schicksaal toben, das mit unerhörter Impertinenz den Seschianischen Pallast, mit soviel Kunstwerken und Kostbaarkeiten, die Arbeit sovieler Hundert Menschenseelen, in Vierundzwanzig Stunden in die Asche legt.

Meinen Werther musst ich eilend zum Drucke schicken, auch dacht ich nicht dass Sie in der Lage seyen, meiner Empfindung, Immagination, und Grillen zu folgen.

Meine Schwester trägt gegenwärtig die Unbequemlichkeiten guter Hoffnung, ich habe wohl in zwey Monaten keinen Brief von ihr.

Die liebe Max seh ich selten, doch wenn sie mir begegnet ists immer eine Erscheinung vom Himmel.

Meine Mutter grüsst Sie herzlich.

Wann werden Sie kommen, und sich wieder überzeugen dass Sie wohl bessere Söhne und Freunde haben, treuer aber keinen als Ihren Goethe

---

Am 9. Januar 1774 war Maximiliane von La Roche die zweite Frau von Peter Anton Brentano geworden (der nach ihr noch eine dritte Frau heiraten und Vater von zwanzig Kindern werden wird). Der reiche Frankfurter Kaufherr, den man für die wesentlich jüngere Lieblingstochter der Frau von La Roche ausgesucht hat, war ein spröder Mann, der alles vom kaufmännischen Gesichtspunkt aus betrachtete. Goethe hätte die hübsche Max gern öfter gesehen, doch die Eifersucht ihres Ehemannes verbot das. Sophie von La Roche hatte Goethe am 17. Oktober geschrieben und ihren Kummer über die unglückliche Verbindung zwischen diesem »Haustyrannen« und ihrer ältesten Tochter »über der Hand eines Freundes« ausgeweint.

***

Wie werth ist mir Ihr leztes herzliches, wie werth alles was Sie mir seyn können. Ich lag zeither, stumm in mich gekehrt und ahndete in meiner Seele auf und nieder, ob eine Krafft in mir läge, all das zu tragen, was das ehrene Schicksaal künftig noch mir und den meinigen zugedacht hat; ob ich einen Fels fände drauf eine Burg zu bauen, wohin ich im lezten Nothfall mich mit meiner Haabe flüchtete. – Liebe Mama, ich gönn Ihnen die Stunden des Unmuths und Jammers, es ist Erleichterung wie die Ergiessung im Gebet, aber wenn Sie dann auch aufstehn davon, erlauben Sie Ihrem Herzen eine freye Aussicht über all das Glück, das Ihnen in Ihren übrigen bereitet ist, und das vielleicht noch über den unglücklichen Engel waltet. Leben Sie wohl, und dencken mein in Freud u. Leid. Frankfurt, am 21. Okt. 1774 G.

1775 wird zum Jahr des großen Aufbruchs. Die über drei Monate dauernde Abwesenheit von zu Hause, von Mitte Mai bis in die zweite Hälfte Juli, sollte vor allem Abstand zu Lili Schönemann schaffen, mit der sich Goethe verlobt hatte. Die erste Reise in die Schweiz macht dem nun schon berühmten Autor klar, daß er auch künftig neue Horizonte braucht.

***

Liebe Mama, ich bin wieder da seit einigen Tagen, habe Herdern in Darmstadt angetroffen, und bin mit ihm und seinem Weibgen herüber. Sie kommen bald, und wenn Sie auch nicht kämen, müsst ich doch verspaaren biss auf mündlich, was unterweegs an Abentheuern bestanden worden. In Speyer fand ich Hrn. v. Hohenfeld nicht. Mir ist's wohl dass ich ein Land kenne wie die Schweiz ist, nun geh mir's wie's wolle, hab ich doch immer da einen Zufluchtsort. Die Max mit ihrem lieben Jungen hab ich gesehen, mit meiner Mutter hatte sie viel Verkehr in meiner Abwesenheit. Wies nun gehn wird, weis Gott. Brentano ist nicht eifersüchtig, sagt er. Hat sich Crespel als ein treuer Ritter bezeugt? Lassen Sie sich's nicht ausfallen noch zu uns zu kommen. d. 26.

Noch einen guten Morgen heute *Frankfurt*, d. 27. Juli 1775 G.

Charlotte Kestner, geb. Buff

»Und doch ist sie gewissermassen mein.«

Freilich, *die* Geschichte kennen wir: Goethe und Lotte und wohin das geführt hat. Am 26. April 1774, noch bevor sein erster Roman in den Druck geht, schreibt Goethe an Lavater: »Du wirst grosen Teil nehmen an den Leiden des lieben Jungen den ich darstelle. [...] Und nun hab ich seiner Geschichte meine Empfindungen geliehen und so machts ein wunderbaares Ganze.« In diesem wunderbaren Ganzen der »Leiden des jungen Werthers« gestalten sich das subjektiv-genialische Lebensgefühl und die ins Unendliche zielende Weltschau eines jungen und doch schon so reifen Dichters, der Dasein und Sosein einer ganzen Generation epochal zum Ausdruck bringt. Natürlich hat die wirkliche Lotte an der erdichteten erheblichen Anteil, aber das Verhältnis zu ihr und ihrem späteren Mann war doch einfacher als im Roman, ganz offen nämlich und im Grunde immer herzlich. Am 9. Juni 1772 lernt Goethe Charlotte Sophie Henriette Buff auf einem Ball auf dem Land kennen. Seit Ende Mai hält er sich in Wetzlar auf, um am Reichskammergericht seine juristische Praxis zu erweitern. Als er Lotte begegnet, weiß er nicht, daß sie schon lange mit Johann Christian Kestner (1741-1800) verlobt ist, der als hannoverscher Gesandtschaftssekretär am Reichskammergericht tätig ist; Goethe hat ihn kurz zuvor kennengelernt. Lotte, am 11. Januar 1753 geboren, ist die zweitälteste Tochter der elf noch lebenden Kinder des verwitweten Amtsmanns im Deutschordenshaus, Ersatzmutter den Geschwistern, dem Vater Hausfrau. »Ihr Blick ist wie ein heitrer Frühlings-Morgen« (Kestner über seine Verlobte im Herbst 1772), und Goethe ist sofort verliebt. »... er lernte sie auch in ihrer häuslichen Situation kennen, und ward, mit einem Wort, ihr Verehrer.

Es konnte ihm nicht lange unbekannt bleiben, dass sie ihm nichts als Freundschaft geben konnte, und ihr Betragen gegen ihn gab wiederum ein Muster ab. [...] Indessen, ob er gleich in Ansehung Lottchens alle Hoffnung aufgeben musste, und auch aufgab, so konnte er, mit aller seiner Philosophie und seinem natürlichen Stolze, so viel nicht über sich erhalten, dass er seine Neigung ganz bezwungen hätte. [...] Allein Lottchen wusste ihn so kurz zu halten und auf eine solche Art zu behandeln, dass keine Hoffnung bei ihm aufkeimen konnte, und er sie, in ihrer Art zu verfahren, noch selbst bewundern musste. Seine Ruhe litt sehr dabei ...« (Kestner an einen Freund, 18. November 1772). Die Folge ist, daß Goethe am 11. September sein Heil in der Flucht sucht und Wetzlar, ohne Abschied zu nehmen, verläßt. Die freundschaftliche Verbindung zu Kestner und Lotte bleibt, auch wenn seine Liebe noch lange nicht abgetan ist und Goethe ein Wiedersehen mit der verheirateten Lotte vermeidet. Im Mai 1774, wenige Wochen nach der Hochzeit, zieht das Ehepaar Kestner nach Hannover. Als »Werthers Lotte«, inzwischen längst verwitwet, ihren einstigen Freund 1816 in Weimar besucht, ist die Beziehung allerdings nicht mehr lebendig. Nach Lottes Tod (am 16. Januar 1828) wird der Name Kestner für Goethe noch einmal Bedeutung erlangen: sein einziger Sohn wird in der Nacht vom 26. zum 27. Oktober 1830 im Haus von August Kestner in Rom sterben; dieser, Lottes vierter Sohn, wird die Todesnachricht nach Weimar übermitteln.

Am frühen Morgen des 11. September 1772 bricht Goethe auf, dem noch wind und weh ist von dem Gespräch, das Lotte, Kestner und er an seinem letzten Abend in Wetzlar geführt haben und das ihm den (unausgesprochenen) Abschied nun so schwermacht: »... ein merkwürdiges Gespräch, von dem Zustande nach diesem Leben; vom Weggehen und Wiederkommen p.; welches nicht er, sondern Lottchen anfing; wir machten miteinander aus, wer zuerst von uns stürbe, sollte, wenn er könnte, den Lebenden Nachricht von dem Zustande jenes Lebens geben; Goethe wurde ganz niedergeschlagen«, notiert Kestner in sein Tagebuch. Noch am gleichen Abend schreibt Goethe dem Freund ein Briefchen, mit der Bitte, »Lottchen innliegenden Zettel«, nämlich den folgenden Brief, zu geben.

***

Wetzlar, 10. September 1772

Wohl hoff ich wiederzukommen, aber Gott weis wann. Lotte wie war mirs bey deinen reden ums Herz, das ich wusste es ist das letztemal dass ich Sie sehe. Nicht das letztemal, und doch geh ich morgen fort. Fort ist er. Welcher Geist brachte euch auf den Diskurs. Da ich alles sagen durfte was ich fühlte, ach mir wars um hienieden zu thun, um Ihre Hand die ich zum leztenmal küsste. Das Zimmer in das ich nicht wiederkehren werde, und der liebe Vater der mich zum letztenmal begleitete. Ich binn nun allein, und darf weinen, ich lasse euch glücklich, und gehe nicht aus euern Herzen. Und sehe euch wieder, aber nicht morgen ist nimmer. Sagen Sie meinen Buben er ist fort. Ich mag nicht weiter.

Wetzlar, 11. September 1772

Gepackt ists Lotte, und der Tag bricht an, noch eine Viertelstunde so binn ich weg. Die Bilder die ich vergessen habe und die Sie den Kindern austeilen werden, mögen entschuldigung seyn, dass ich schreibe, Lotte da ich nichts zu schreiben habe. Denn Sie wissen alles, wissen wie glücklich ich diese Tage war. und ich gehe, zu den liebsten besten Menschen, aber warum von Ihnen. Das ist nun so, und mein Schicksal, dass ich zu heute, morgen und übermorgen nicht hinzusetzen kann – was ich wohl offt im Scherz dazusetzte. Immer fröliges Muths liebe Lotte, Sie sind glücklicher als hundert, nur nicht gleichgültig, und ich, liebe Lotte, binn glücklich dass ich in Ihren Augen lese, Sie glauben ich werde mich nie verändern. Adieu tausendmal adieu! Goethe

Frankfurt, 8. Oktober 1772

Danck Ihrem guten Geist goldne Lotte, der Sie trieb mir eine unerwartete Freude zu machen, und wenn er so schwarz wäre wie das Schicksaal, danck ihm. heut eh ich zu Tisch ging grüsst ich ihr bild herzlich, und bey Tisch – ich wunderte mich über den seltsamen Brief, brach ihn auf und steckt ihn weg. O liebe Lotte seit ich Sie das erstemal sah, wie ist das alles so anders, es ist noch eben diese Blütenfarbe am Band, doch verschossner kommt mirs vor, als im Wagen, ist auch natürlich. Danck Ihrem Herzen dass Sie mir noch so ein Geschenck machen können, ich wollt aber auch in die finstersten Hölen meines Verdrusses – Nein Lotte Sie bleiben mir, dafür geb Ihnen der reiche im Himmel seine schönsten Früchte, und wem er sie auf Erden versagt dem lass er droben im Paradiese wo kühle Bäche fliessen zwischen Palmbäumen und Früchte drüber hängen wie Gold – indessen wollt ich wäre auf eine Stunde bey Ihnen.

Noch was, eh ich zu Bette gehe, unsre beyden Verliebten, sind auf dem Gipfel der Glückseeligkeit. Der Vater ist unter höchst billigen Bedingungen zufrieden, und es hängt nun von Nebenbestimmungen ab. Gleichfalls liebe Lotte! Gute Nacht.

Frankfurt und Langen, 26.-31. August 1774

Wer geht den Augenblick aus meiner Stube? Lotte, liebe Lotte, das räthst du nicht. Räthst ehr von berühmten u. unberühmten Leuten eine Reihe als die Frau Catrin Lisbet, meine alte Wetzl[arer] Strumpfwaschern, die Schwäzzern die du kennst die dich lieb hat wie alle die um dich waren dein Lebenlang, sich nicht mehr in Wetzlar halten kann, der meine Mutter einen Dienst zu schaffen hofft. Ich hab sie mit herauf genommen in meine Stube, sie sah deine Silhouette, und rief: ach das herzelieb Lottgen, in all ihrer Zahnlosigkeit voll waren Ausdrucks. Mir hat sie zum Willkomm in voller Freude Rock und Hand geküsst. und mir erzählt von dir wie du so garstig warst, und ein gut Kind hernach und nicht verschwäzt hättest, wie sie um dich hätte Schläge gekriegt da sie dich zum Lieut[enant] Meyer führte der in deine Mutter verliebt war, und dich sehn und dir was schencken wollte, das sie aber nicht litt pp. alles alles. Du kannst dencken wie werth mir die Frau war, und dass ich für sie sorgen will. Wenn Beine der Heiligen, und leblose lappen die der Heiligen Leib berührten, Anbetung und Bewahrung und Sorge verdienen, warum nicht das Menschengeschöpf das dich berührte, dich als Kind aufm Arm trug, dich an der Hand führte, das Geschöpf das du vielleicht um manches gebeten hast. Du Lotte gebeten. Und das Geschöpf sollte von mir bitten! Engel vom Himmel. Liebe Lotte noch eins. Das machte mich lachen. Wie du sie offt geärgert hast mit denen schlocker Händgen, die du so machst, auch wohl noch, sie machte mir sie vor, und mir wars als wenn dein Geist umschwebte. Und von Carlinen, Lehngen allen, und was ich nicht gesehn u. gesehn habe, und am Endlichen Ende war doch Lotte u. Lotte u. Lotte u. Lotte, u. Lotte, ohne Lotte nichts und Mangel und Trauer u. der Todt. Adieu Lotte. kein Wort heut mehr. 26. Aug.

Ich habe gestern den 26. einen Brief an dich angefangen, hier sitz ich nun in Langen zwischen Frfurt und Darmst[adt], erwarte Mercken, den ich hierher beschieden habe, und mir ist im Sinn an dich zu schreiben. Heut vor zwey Jahren sas ich bey dir fast den ganzen Tag da wurden Bohnen geschnitten biss um Mitternacht, und der 28te feyerlich mit Thee u. freundlichen Gesichtern begonnen o Lotte, u. du versicherst mich mit all der Offenheit u. Leichtigkeit der Seele, die mir so werth immer war an dir, dass ihr mich noch liebt, denn sieh es wäre gar traurig wenn auch über uns der Zeiten Lauf das Uebergewicht nehmen sollte. Ich werde dir ehstens ein Gebetbuch, Schazkästgen oder wie du's nennen magst schicken, um dich Morgends und Abends zu stärcken in guten Erinnerungen der Freundsch. u. Liebe. Morgen denckt Ihr gewiss an mich. Morgen bin ich bey euch, und die liebe Meyern hat versprochen mir ihr Geistgen zu schicken mich abzuholen. Ein herrlicher Morgen ists, der erste lang ersehnte Regen nach einer Dürre über vier Wochen, der mich erquickt wie das Land, und dass ich ihn auch eben auf dem Land geniesse! Vorgestern war Gotter da, er geht mit zwey Schwestern nach Lyon, dort eine Schwester zu besuchen, ist immer gut, u. sehr kranck, doch munter, es ward unser altes Leben rekapitulirt, er grüste herzlich dein Schattenbild, ich schwäzt ihm allerley vor pp. und so ging er wieder. Darinn hab ich's gut, wenn meine Freunde halbweg reisen so müssen sie zu mir, bey mir vorbey und zollen.

d. 31. Aug. Hier herein gehört meine Liebe, beyliegendes Blättgen das ich in Langen schrieb lezten Samstag eh Merck kam. Wir verbrachten einen glücklichen Tag, der Sonntag war leider sehr trocken. Doch die Nacht träumt ich von dir wie ich wäre wieder zu dir gekommen und du mir einen herzlichen Kuss geben hättest. Solang ich von dir weg binn hab ich weder wachend noch träumend, dich so deutlich vor mir gesehn. Adieu. von den Silhouetten hierbey ist eine für euch, für Meyers, für Zimmermann. Kestner soll mir doch auch wieder einmal schreiben. Adieu Lotte ich dancke dir dass du wohl lesen magst was ich schreibe u. drucken lasse, hab ich dich doch auch lieb. Küss mir den Buben. und wenn ich kommen kann, ohne viel zu reden, u. schreiben, steh ich wieder vor dir, wie ich einst von dir verschwand, darüber du dann nicht erschröcken, noch mich ein garstig Gesicht schelten magst. Grüs Meyers. Ich mögte dich doch sehen den Buben aufm Arm. Adieu Adieu.

»Werther« geht nun hinaus in die Öffentlichkeit, zuerst zu den »Betroffenen«, Lotte und Kestner. Und die sind wirklich betroffen, Kestner gar verletzt, wie er in seinem Antwortbrief an Goethe von Anfang Oktober zeigt; denn in Albert, wie Lottes Verlobter, dann Ehemann im »Werther« heißt, muß er sich, gleichzeitig aber ein »elendes Geschöpf«, einen »Klotz« erkennen. (In der zweiten Fassung der »Leiden des jungen Werthers« von 1787, die wir heute lesen, wurde, neben anderen Änderungen, auch Albert sympathischer gestaltet.) In einem Liebe und Freundschaft, aber auch die Notwendigkeit des »Werther« beschwörenden Brief vom 21. November 1774 spricht Goethe aus, was für alle – großen – Werke gilt, in denen faktisches Leben und Gegenwart erkennbar sind: »Werther muss – muss seyn! – Ihr fühlt ihn nicht, ihr fühlt nur mich und euch, und was ihr angeklebt heisst – [...].«

***

Frankfurt, 23. September 1774

Lotte wie lieb mir das Büchelgen ist magst du im Lesen fühlen, und auch dieses Exemplar ist mir so werth als wär's das einzige in der Welt. Du sollst[s] haben Lotte, ich hab es hundertmal geküsst, habs weggeschlossen, dass es niemand berühre. O Lotte! – Und ich bitte dich lass es ausser Meyers niemand iezzo sehn, es kommt erst die Leipziger Messe in's Publikum. Ich wünschte iedes läs' es alleine vor sich, du allein, Kestner allein, und iedes schriebe mir ein Wörtgen.

Lotte Adieu Lotte.

An Johann Christian und Charlotte Kestner

Frankfurt, Oktober 1774

Ich muß euch gleich schreiben meine Lieben, meine Erzürnten, dass mirs vom Herzen komme. Es ist gethan, es ist ausgegeben, verzeiht mir wenn ihr könnt. – Ich will nichts, ich bitte euch, ich will nichts von euch hören, biss der Ausgang bestätigt haben wird dass eure Besorgnisse zu hoch gespannt waren, biss ihr dann auch im Buche selbst das unschuldige Gemisch von Wahrheit und Lüge reiner an euerm Herzen gefühlt haben werdet. Du hast Kestner, ein liebevoller Advokat, alles erschöpft, alles mir weggeschnitten, was ich zu meiner Entschuldigung sagen könnte; aber ich weis nicht, mein Herz hat noch mehr zu sagen, ob sichs gleich nicht ausdrükken kann.

Ich schweige, nur die frohe Ahndung muss ich euch hinhalten, ich mag gern wähnen, und ich hoffe, dass das ewige Schicksaal mir das zugelassen hat, um uns fester an einander zu knüpfen. Ja, meine besten, ich der ich so durch Lieb an euch gebunden bin, muss noch euch und euern Kindern ein Schuldner werden für die böse Stunden, die euch meine – nennts wie ihr wollt gemacht hat. Haltet, ich bitt euch haltet Stand. Und wie ich in deinem letzten Briefe dich ganz erkenne Kestner, dich ganz erkenne Lotte, so bitt ich bleibt! bleibt in der ganzen Sache, es entstehe was wolle. – Gott im Himmel man sagt von dir: du kehrest alles zum besten.

Und meine Lieben wenn euch der Unmuth übermannt, denckt nur denckt, dass der alte euer Goethe, immer neuer und neuer, und ietzt mehr als jemals der eurige ist.

Tief in der Schweiz am Orte wo Tell seinem Knaben den Apfel vom Kopf schoss, warum iust von da ein paar Worte an Sie da ich so lang schwieg?

Gut liebe Lotte, einen Blick auf Sie und Ihre kleinen, und das liebe Männgen, aus all der herrlichen Natur heraus, mitten unten dem edlen Geschlecht das seiner Väter nicht ganz unwerth seyn darf, obs gleich auch Menschen sind hüben und drüben.

Ich kann nichts erzählen nichts beschreiben. Vielleicht erzähl ich mehr wenn mirs abwesend ist, wie mirs wohl eh mit lieben Sachen gangen ist.

Nicht wahr Sie haben mich noch ein bisgen lieb und so halten Sie's und küssen Ihren Mann auch von mir u. Ihre Kleinen. Adieu. grüsen Sie Meyers recht viel. Altdorf drey stunden vom Gotthard den ich morgen besteige.

Altdorf, Kanton Uri, d. 19. Jun. 1775

An Johann Christian Kestner

Euer Brief lieber Kestner hat mich vergebens in ienen Gegenden gesucht, ich bin dem Hofe nicht gefolgt, und sas, da Ihr ihn schriebet, ziemlich weit von Euch ab, in Carlsbad.

Wieviel Freude wäre es mir gewesen Euch wiederzusehen, Theil an Eurer Freude und Eurem Kummer zu nehmen und die alten Zeiten wieder herbey zu rufen. Der Todt eures Mädgens schmerzt mich sehr. Ich sehe was in Herders Familie so ein kleines Weibgen unter den vielen Knaben wohlthut. Da Ihr immer fruchttragende Bäume seyd; so müsst ihr den Verlust zu ersezen suchen. Grüset Lotten herzlich, ich dencke sie ist mir noch gut und ich werde so lang ich lebe meine Gesinnungen gegen sie nicht verändern.

Adieu. Alles liegt voll um mich von Papieren, deswegen nicht mehr.

Weimar, d. 1. Sept. 85 G.

Am 22. September 1816 trifft Charlotte Kestner in Begleitung ihrer dreiundzwanzigjährigen Tochter Clara in Weimar ein, wo sie eine ihrer jüngeren Schwestern besucht, die dort verheiratet ist. Bis Ende Oktober wird Werthers Lotte, als die sie sogleich etikettiert wird, in Weimar bleiben. Lotte in Weimar – Thomas Mann hat dazu in geistreicher, hinreißend-boshafter Art den Roman geschrieben (1939). Seit sechzehn Jahren ist Kestner tot, Goethe ist noch keine vier Monate verwitwet. Als angenehme, gebildete, interessierte Frau und Mutter einer Schar gutgeratener Kinder wird Lotte in Weimar wahrgenommen, als »sehr hübsche Frau« (Charlotte von Schiller, Brief vom 9. Oktober 1816). Der 25. September ist der Tag des ersten Wiedersehens mit Goethe; zu einer Wiederbelebung von Vergangenem oder einer Neubegegnung kommt es nicht. Später aber lobt Clara Kestner (in einem Brief an ihren Bruder August, 25. Oktober 1816), Goethe sei »wenigstens unter vier Augen gegen Mutter liebenswürdig«; immerhin stellt er ihr, damit sie ohne Mühe das Theater besuchen kann, seine Loge zur Verfügung, »wo er sehr freundlich sein soll«.

***

Mögen Sie sich, verehrte Freundin, heute abend meiner Loge bedienen, so holt mein Wagen Sie ab. Es bedarf keiner Billette. Mein Bedienter zeigt den Weg durchs Parterre. Verzeihen Sie, wenn ich mich nicht selbst einfinde, auch mich bisher nicht sehen lassen, ob ich gleich oft in Gedanken bei Ihnen gewesen. Herzlich das Beste wünschend

W. d. 9. Oktober 1816 Goethe

Johanna Fahlmer, verh. Schlosser

»... der Mama nichts davon«

Als er im September 1772 ihre Bekanntschaft machte, konnte er nicht ahnen, daß aus der »lieben Tante« wenige Jahre später die Nachfolgerin seiner Schwester Cornelia werden sollte. Johanna Catharina Sibylla Fahlmer, 1744 in Düsseldorf geboren, war die Stieftante der Brüder Jacobi; der jüngere, Friedrich Heinrich (»Fritz«), wird bald in eine für beider Leben wichtige Beziehung zu Goethe treten. 1772 war Johanna Fahlmer nach Frankfurt übergesiedelt und verkehrte bald freundschaftlich mit Goethes Mutter und seiner Schwester und deren Kreis. Und obwohl jünger als ihre Stiefneffen und wenig älter als Goethe, wurde sie in Kürze sein »Tantchen«: Freundin und Vertraute seiner Liebe zu Lili Schönemann, Vermittlerin zwischen Goethe und Fritz Jacobi, den sie selbst geliebt, der aber eine andere geheiratet hatte. Mit Goethes Wegzug nach Weimar wird auch die Freundschaft locker, und als sich Tante Fahlmer im Herbst 1777, wenige Monate nach Cornelias Tod, mit Johann Georg Schlosser verlobt, rückt sie vollends in die Ferne. Zu einer letzten persönlichen Begegnung kommt es genau ein Jahr nach der Hochzeit (die fand am 27. September 1778 statt), während Goethes zweiter Schweizer Reise. Nicht einmal auf Schlossers Tod im Oktober 1799 reagiert er; der hatte längst schon »für ihn etwas Unverträgliches, weswegen er sich vor ihm scheue« (Jacobi an Johanna Schlosser, 10. Dezember 1792). Dank seiner Mutter, dieser freundschaftsbegabten Frau, die freilich in der »Hanchgen« die gute Mutter von nun vier Kindern und zudem eine Freundin sieht, die sie »so gantz begreift und versteht«, dank seiner Mutter also bleibt Goethe immer auf dem laufenden. Johanna Schlosser, zuletzt wieder in Düsseldorf lebend, stirbt am 31. Oktober 1821.

Ihr Stillschweigen liebe Tante wissen wir ohngefähr zu berechnen, da wir uns wohl eher gleicher Sünden schuldig gemacht haben. Sünde bleibts aber immer und soll Ihnen in Rücksicht künftiger Besserung verziehen werden. Ich hoffte die Ankunft des neuen Mädgens zu vernehmen, es nimmt sich Zeit wie ich merke.

Das merkwürdigste das ich Ihnen melden kann, ist Schlossers Ankunft. Das iunge Paar ist schon aufgeboten, wird in 14 Tagen Hochzeit machen und dann gleich nach Carlsruh gehen. Meine Schwester Braut grüßt Sie. Sie ist ietzt im Packen ganz, und ich sehe einer fatalen Einsamkeit entgegen. Sie wissen was ich an meiner Schwester hatte – doch was thuts, ein rechter Kerl muß sich an alles gewöhnen. Die Zeit sind einige sehr brave Menschen aus der Weiten Welt, besonders einer, zu mir kommen die mir viel gute Tage gemacht haben. Um unsern kleinen Zirkel siehts etwas scheu aus. Meine schwester macht einen großen Riss, und ich – Betty versteht mich. Ich möchts wohl einmal so weit bringen mit Ihnen einen Ritt vom Gallenthor durch die Terminey bis zum Allerheiligen zu thun. Indeß will den Winter meiner Schlittschue mich freuen.

Daß Sie Jungen lieben müßten, sagt ich Ihnen zum voraus, nur wollt ich dass Sie auch Leute lieben könnten die nicht sind wie er.

Grüßen Sie mir die liebe Frau hundertmal. Lotte wird meinen Brief haben.

Mit meiner Autorschaft stehts windig. Gearbeitet hab ich, aber nichts zu Stande gebracht. Den Jahrmarckt sollen Sie haben, aufs Wort ihn nicht aus der Hand zu geben, noch – Ich brauche keine Conditionen mit Ihnen. Der Musenalmanach von Göttingen ist recht sehr gut dies Jahr. Sie werden viel wahres und warmes finden. Auch einige Dinge wo nicht von mir, doch die ich Ihnen gelesen habe.

Was Sie vom Merkur schreiben scheint mich auf ein ungünstig Urtheil vorbereiten zu wollen. Hat nichts zu sagen, ich bin dergleichen gewohnt. Mir kommts darauf an ob der Rez[ensent] ein rechter Kerl ist, er mag mich loben oder tadlen, und was ich von ihm halte will ich Ihnen wohl sagen. Noch haben wir Ihn nicht. Sie kennen die geflügelte Expedition des Götterboten.

Ein schöner neuer Plan hat sich in meiner Seele aufgewikkelt zu einem grosen Drama. Ich will nur erst zu sehn, ob ich aus dem Lob und Tadel des Publikums was lernen kann.

Und mein gewonnen Drama, und Wielands Ausspruch. Daß nicht der so lange hangt als in Wezlar ein Spruch. Ich hab gewonnen liebe Tante, ohne Umstände gewonnen ergeben Sie Sich nur eh Sie durch Urteil und Exekution angehalten werden. Lesen Sie die Stellen aber und abermal, und verdancken Sie Ihre Sinnesänderung wenigstens Ihren eignen Augen.

Adieu liebe Tante, und lassen Sie uns manchmal ein sichtbares Zeichen Ihrer Erinnerungen sehn. Sie wissen wir sind sinnliche Menschen. Fr[ankfur]t am 18. O. 1773

Goethe

Frankfurt, Ostermesse 1775?

Liebste Tante ich komme von Offenbach! – kann Ihnen weder Blick noch Zug geben von der Wirthschafft. Mein Herz immer wie ein Strumpf, das äussere zu innerst, das innere zu äuserst gekehrt. Bitte! Bitte! – Sehen Sie sich in der Messe um, nach was – für Lili!!!! Galanterie Bijouterie, das neuste, eleganteste! – Sie fühlens allein, und meine Liebe dazu! Aber heilig unter uns, der Mama nichts davon. Den Gerocks nichts. Ich bitte. Und schreiben Sie Was es kostet!!!! –

»... endlich hab ich's über's Herz bracht und ziehe von Frft.«, schreibt Goethe an die liebe Mama La Roche am 13. Mai 1775. Am nächsten Tag bricht er, zusammen mit den beiden Grafen Stolberg und dem Baron von Haugwitz, zu seiner ersten Schweizer Reise auf. Alle vier tragen Werther-Tracht: blauen Frack, gelbe Weste und gelbe Hosen, runde graue Hüte. Die Reise ist der Versuch, Abstand zu Lili Schönemann zu bekommen, mit der Goethe seit kurzem verlobt ist. Darmstadt, Mannheim, Heidelberg, Karlsruhe, Straßburg und Emmendingen sind die Stationen der Hinreise.

***

Straßburg, 24. und 26. Mai 1775

Liebe Tante. In freyer Lufft! einem Uralten Spaziergang hoher vielreih kreuzender Linden, Wiese dazwischen, das Münster dort! dort die Ill. Und Lenz lauft den Augenblik nach der Stadt. Ich hab schon ein Mittagessen bestellt hier nah bey u. s. w. er kommt wieder pp. Dancke für den Brief, hoffe weiter! – Hoffe von der Vorstellung Erwins –, kein Wort als Autor! – – – Sie sind gut l. Tante und der Himmel auch! – Diese alte Gegend, iezt wieder so neu! – Das Vergangne und die Zukunft. – Gut denn. – Unterweegs nichts unerwartet, aber lieber, voller, ganzer als in der Hoffnung, die guten und die schlechten Menschen in ihrer Art wahr. – Louise ist ein Engel, der blinckende Stern konnte mich nicht abhalten einige Blumen aufzuheben, die ihr vom Busen fielen und die ich in der Brieftasche bewahre. Der Herz[og] v. Weymar kam auch, und ist mir gut. – Von dem übrigen mündlich! – Alles ist besser als ich dachte. Vielleicht weil ich liebe find ich alles lieb und gut.

Soviel diesmal vom durchgebrochnen Bären, von der entlaufenen Kazze! – – Ich habe viel, viel gesehen. Ein herrlich Buch die Welt um gescheuter daraus zu werden, wenns nur was hülfe. Grüsen Sie Friz tausendmal! Mama la Roche die wohl bey Ihnen seyn wird! Die Max! Meinen Vater und Mutter.

Mittwoch, d. 24. May 1775 – eine Viertelstunde von Strasburg.

Soll mich der Teufel holen Tante ist Freytag der sechs u. zwanzigste u. bin noch [in] Strasburg. Morgen aber gehts nach Emmedingen. Ist mir toll u. wunderlich überall wo ich bin. Ade, – beste Tante. Ihre Briefe find ich hoffentlich in Emmedingen.

Am 7. November 1775, morgens früh um fünf Uhr, war er in Weimar eingetroffen – vierzehn Tage ist Goethe nun an dem Ort, mit dem sich, ohne daß er es vorläufig ahnt oder plant, seine Zukunft verbindet. Zwei Monate zuvor hatte ihn der achtzehnjährige, eben an die Regierung gelangte Herzog Carl August nach Weimar eingeladen. Goethe hatte die beiden Prinzen, Carl August und seinen jüngeren Bruder Constantin, im Dezember 1774 kennengelernt, als sie während ihrer Bildungsreise einen Zwischenaufenthalt in Frankfurt machten. Rasch geschlossene Freundschaften, etwa mit Wieland, dem inzwischen pensionierten Prinzenerzieher, neue Möglichkeiten und vor allem die Zuversicht, wirken zu können, lassen den vorläufigen Aufenthalt zum dauerhaften werden.

***

Lieb Täntgen! Wie eine Schlittenfahrt geht mein Leben, rasch weg und klingelnd und promenirend auf und ab. Gott weis wozu ich noch bestimmt bin, daß ich solche Schulen durchgeführt werde. Diese giebt meinem Leben neuen Schwung, und es wird alles gut werden. Ich kann nichts von meiner Wirthschaft sagen, sie ist zu verwickelt, aber alles geht erwünscht, wunderlich Aufsehn machts hier, wie natürlich. Schreiben Sie mir ein Wort. Wieland ist gar lieb, wir stecken immer zusammen, und gar zu gerne bin ich unter seinen Kindern. Sein Weib ist herzebrav, und gleicht der la Roche. Adieu. Bitten Sie die Mama alle Briefe mit französischem Couvert aufzubrechen. Hier kommt einer zurück. Geben Sie ihn dem Papa, mit der Bitte das benötigte in meinem Namen zu besorgen, mit den H[erren] Diakres über die Sache handeln zu lassen und das Trumbachische Geld zu sich zu nehmen, hier ist ein Brief an sie, den er ihnen schicken mag. Adieu. Grüßen Sie die lieben Gerocks und die Max. Schreiben Sie mir e[t]was von den Schicksaalen dieser unglücklichen. Adieu. Es wird uns doch noch wohl zusammen auf dieser Erde – –

Lassen Sie nur obige Bestellung an Papa ich will ihm selbst schreiben. Fritz war krank hör ich die holde Seele. Wieland hat ihm viel geschrieben. Ich schreib ihm auch wohl noch heut.

Weimar, 22. Nov. 75

Geben Sie den Brief an Mama zu lesen. G.

Liebe Tante, ich höre nichts von Ihnen, wie Sie nichts von uns, doch Sie müssen bey der Frau Aya manches vernehmen, und ich dächte, Sie schrieben mir manchmal aus Ihrem Herzen, dass ich nicht so ganz fremd würde mit euch. Ich richte mich hier in's Leben, und das Leben in mich. Ich wollt ich könnt Ihnen so vom innersten schreiben das geht aber nicht, es laufen so viel Fäden durch einander, so viel Zweige aus dem Stamme die sich kreuzen, dass ohne Diarium, das ich doch nicht geschrieben habe, nichts anschaulich's zu sagen ist. Herder hat den Ruf als Generalsuperintendent angenommen.

Ich werd auch wohl dableiben und meine Rolle so gut

spielen als ich kann und so lang als mir's und dem Schicksaal beliebt. Wär's auch nur auf ein paar Jahre, ist doch immer besser als das untätige Leben zu Hause wo ich mit der grössten Lust nichts thun kann. Hier hab ich doch ein paar Herzogthümer vor mir. Jezt bin ich dran das Land nur kennen zu lernen, das macht mir schon viel spaas. Und der Herzog kriegt auch dadurch Liebe zur Arbeit, und weil ich ihn ganz kenne bin ich über viel Sachen ganz und gar ruhig. Mit Wieland führ ich ein liebes häusliches Leben, esse Mittags und Abends mit ihm wenn ich nicht bey Hofe bin. Die Mägdlein sind hier gar hübsch und artig, ich bin gut mit allen. Eine Herrliche Seele ist die Frau von Stein, an die ich so was man sagen mögte geheftet und genistelt bin. Louise und ich leben nur in Blicken und Sylben zusammen. sie ist und bleibt ein Engel. Mit der Herzoginn Mutter hab ich sehr gute Zeiten, treiben auch wohl allerley Schwänck und Schabernack. Sie sollten nicht glauben wie viele gute Jungens und gute Köpfe beysammen sind, wir halten zusammen, sind herrlich untereins und dramatisiren einander, und halten den Hof uns vom Leibe. Schicken Sie mir doch bald möglichst von den grosen Dames Federn, Sie wissen ia solche Hahnen kämme 2 Rosenrothe, 3 Weise so schön Sie sie haben können, und den Preis. Sie sollen das Geld gleich haben. Friz u. alle meine Freunde klagen über mich!

Weimar, d. 14. Feb. 76

Liebe Tante. Schreibt mir und liebt mich. Sorgt nicht für mir. Ich fresse mich überall durch wie der Schwärmer sagt. Jezt bitt ich euch beruhigt euch ein vor allemal, der Vater mag kochen was er will, ich kann nicht immer darauf antworten nicht immer die Grillen zurecht legen. Soviel ists: Ich bleibe hier, hab ein schön Logis gemieth, aber der Vater ist mir Ausstattung und Mitgift schuldig das mag die Mutter nach ihrer

Art einleiten, sie soll nur kein Kind seyn, da ich Bruder und alles eines Fürsten bin. Der Herzog hat mir wieder 100 Dukaten geschenckt. Gegeben Wie ihr wollt – ich bin ihm was ich ihm seyn kann, er mir was er seyn kann – das mag nun fortgehn wie und so lang das kann. Ich bin noch allerley Leuten schuldig das thut mir nichts – Aber die Mutter soll nur ihre Schuldigkeit thun, und sehn was auf den Vater möglich ist ohne sie zu plagen! – Wenn sie allenfalls Geld braucht und kanns vom Vater nicht haben: so will ichs ihr schicken.

Weimar, d. 6. Merz *1776* G.

Das Geld für die Federn schick ich nächstens.

Weimar, 10. April 1776

Liebe Tante lohn euch alles Gott. Mir ist wieder hier ganz wohl. NB. Brauchte ein schön Duzzend Holländische Schnupftücher recht gros, und ein Paar recht gute Manschetten – Mittel sorte hab genug. Lebt wohl und froh.

Von Lili nichts mehr, sie ist abgethan, ich hasse das Volck lang im tiefsten Grunde. Der Zug war noch der Schlussstein. Hol sie der Teufel. Das arme Geschöpf bedaur ich dass sie unter so einer Race gebohren ist. Adieu Tante du bist immer die liebe, gleiche! – Grüs Frizzen. Nächstens einen Brief von mir an den Vater von erhabner Composition.

Gott seegne dich, und lasse dich lang leben auf Erden, wenn dir's wohl geht. Mir ists wunderlich auf deinen Brief, mich freuts und ich kans noch nicht zurecht legen. Ich bin sehr verändert, das fühl ich am meisten, wenn eine sonst bekannte Stimme zu mir spricht, ich eine sonst bekannte Hand sehe.

Dass du meine Schwester seyn kannst, macht mir einen unverschmerzlichen Verlust wieder neu, also verzeihe meine Thränen bey deinem Glück. Das Schicksaal habe seine Mutterhand über dir und halte dich so warm, wie's mich hält, und gebe dass ich mit dir die Freuden genieße, die es meiner armen ersten versagt hat. Leb wohl grüse Schlosser und sag was leidlichs Frizzen ich bin gar stumm.

Weimar, 16. Nov. 77 G.

Lili Schönemann, verh. v. Türckheim

»... nur beseligende Erinnerungen«

»Ich bin meinem eigentlichen Glücke nie so nahe gewesen als in der Zeit jener Liebe zu Lili.« Das sagt Goethe in einem Gespräch mit Eckermann zwei Jahre vor seinem Tod – ein Urteil aus großer Ferne und auch nur aus solcher Ferne möglich. In der Nähe sah es wohl etwas anders aus; die Briefe an Auguste Gräfin zu Stolberg, Spiegel dieser Liebe, sprechen eine beredte Sprache, und auch die »Lili«-Gedichte zeigen, in Fassung gebracht, Goethes Zerrissenheit zwischen dem, was Lilis Welt und was seine eigene Welt von ihm forderte. Lilis Welt, das war, zumindest äußerlich gesehen, die Konvention. Und Goethe wird, ganz offiziell, Lilis Bräutigam, wenn auch nur für ein knappes halbes Jahr. Lili – Anna Elisabeth –, geboren am 23. Juni 1758 in Frankfurt, ist die einzige Tochter des Bankiers Wolfgang Schönemann und seiner Frau Susanne, geborenen d'Orville. Goethe lernt das schöne Mädchen im Winter 1774/75, wahrscheinlich Anfang Januar 1775, kennen. Zwar ist der Vater schon lange tot, das hindert die Familie, zu der noch fünf Söhne gehören, aber nicht daran, einen auf gesellschaftliche Repräsentation ausgerichteten Lebensstil zu pflegen. Goethe empfindet das im Grunde als Störung dessen, was er seinem Wesen schuldig ist; doch der Zauber, den Lilis Liebe für ihn darstellt, hält ihn, besonders aber das eigene Gefühl, das ganz im Zeichen des »Zum ersten Mal« steht. Weniger die äußeren Umstände (zu denen hinzukam, daß Lilis Familie reformiert, Goethes Familie hingegen lutherisch war) als die inneren trugen dazu bei, daß die um die Ostermesse 1775 geschlossene Verlobung zur Herbstmesse des gleichen Jahres gelöst wurde. Bald nach dem »Fluchtversuch« – die erste Schweizer Reise – kommt es zur endgültigen Trennung: Der mitten im schöpferischen Aufbruch stehende Goethe braucht Freiheit, nicht Bindung. Die Liebe zu Lili klingt, auch dichterisch, noch nach bis in die erste Weimarer Zeit. Am 30. Oktober 1775 schreibt Goethe, eigentlich nach Italien unterwegs, aber schließlich doch nach Weimar reisend, in sein Tagebuch: »Lili Adieu Lili zum zweitenmal! Das erstemal schied ich noch hoffnungsvoll unsere Schicksaale zu verbinden! Es hat sich entschieden – wir müssen einzeln unsre Rollen ausspielen. Mir ist in dem Augenblick weder bange für dich noch für mich, so verworren es aussieht!« Lili hat noch einiges auszustehen – eine zweite Verlobung geht in die Brüche, ihre Schwiegereltern machen ihr das Leben schwer, das Bankhaus Schönemann geht in Konkurs, die Französische Revolution bringt Gefahr, Exil und Verlust. Aber sie spielt ihre Rolle gut: als tapfere, ausdauernde, liebende Frau, die 1778 den Straßburger Bankier Bernhard Friedrich von Türckheim (1752-1831) heiratet, mit dem sie in glücklicher Ehe fünf Kinder hat. Lili von Türckheim, geborene Schönemann, stirbt am 6. Mai 1817 in Krautgersheim bei Straßburg.

***

Ihr lieber Brief, verehrte Freundin, kam zu spät, Ihr Herr Sohn schickte mir ihn von Dresden. Er war bei mir gewesen, ohne daß ich's wußte er sei es. Ich verwechselte die beiden Familien, ähnliches Namen, und hielt ihn von der andern. Aber auch so, als mir ganz fremd, hat er mir sehr wohlgefallen, das zweitemal kam ein Regenguß gelegen, der ihn lange bei mir festhielt. Ich machte mir Vorwürfe ihn nicht bei Tische behalten zu haben, da es eben an der Zeit war, denn ich empfand eine wahrhafte Neigung zu ihm. Mit Ungeduld erwarte ich den andern Angekündigten schon lange vergebens, ich wünschte bei diesem nachzuholen was ich bei dem ersten versäumte.

Zum Schluß erlauben Sie mir zu sagen: daß es mir unendliche Freude machte, nach so langer Zeit, einige Zeilen wieder von Ihrer lieben Hand zu sehen, die ich tausendmal küsse in Erinnerung jener Tage, die ich unter die glücklichsten meines Lebens zähle. Leben Sie wohl und ruhig nach so vielen äußern Leiden und Prüfungen, die zu uns später gelangt sind und bei denen ich oft Ursache habe an Ihre Standhaftigkeit und ausdauernde Großheit zu denken. Nochmals ein Lebewohl mit der Bitte meiner zu gedenken. Ihr ewig verbundener

Weimar den 14. Dezember 1807 Goethe

Auguste zu Stolberg, verh. Bernstorff

»... dass Sie einmal recht glüklich wären!«

»Im Herzen wohlgekannt, mit Augen nie gesehen« – mit diesen charakterisierenden Worten leitet Goethe, vierzig Jahre nachdem das einstige Briefgespräch verstummt ist, seinen letzten Brief an Gräfin Bernstorff ein, die einst sein »Gustgen« war. Nie gesehen: das bedeutet eine einzigartige Ausnahme im Briefwechsel Goethes, für den die »leibhaftige« Begegnung Voraussetzung für eine ernsthafte Fortsetzung in schriftlicher Rede war. Die ersten Kontakte gingen von Auguste Stolberg aus. Tief beeindruckt von der Lektüre des »Werther«, fragte sie bei Heinrich Christian Boie, dem Herausgeber des »Göttinger Musenalmanachs« an, ob er Goethe kenne. Das war am 14. November 1774. Boie stellte die Verbindung zwischen Goethe, Auguste und ihren Brüdern Christian und Friedrich Leopold her. Auguste schreibt dem Dichter, ohne ihren Namen zu nennen. Der antwortet. Und antwortet mit einer in die Ferne gerichteten Offenheit, die erstaunt, sich selbst nicht preisgebend, aber darlegend. Das liest sich, wie Auguste denn auch gleich bemerkt, als sei's ein Stück aus dem »Werther«. Auguste Luise Gräfin zu Stolberg wurde am 7. Januar 1753 in Bramstedt geboren, als fünftes Kind ungewöhnlicher Eltern. So wuchsen sie und ihre Geschwister auch auf: »sehr ungebunden« in einer »höchst unkonventionellen Atmosphäre« (Jürgen Behrens). Als der Briefwechsel mit Goethe einsetzte, lebte Auguste seit mehr als vier Jahren im Adeligen Fräuleinsstift in Uetersen bei Hamburg, wo sie, die vor allen anderen Klopstock bewundert, unheimlich viel liest und einer unbändigen Briefschreibelust frönt, die ihr ein Leben lang erhalten bleibt. Daß Goethe nicht alles in die Ferne schreibt und das in seinen Briefen auch sagt, hat mit dem fehlenden Erlebnis gemeinsam gelebter Momente und Erfahrungen zu tun und damit, daß er in Weimar bald eine andere findet, der er seine Gedanken und Wünsche mitteilt und Rechenschaft über sich selber ablegt. Daß er aber so vieles von sich nach Norden schreibt, muß an einem Charakterzug gelegen haben, mit dem Auguste Goethe fesselt: »die unbedingte Offenheit, die sofort Vertrauen erweckende Anteilnahme am Schicksal des anderen, das Fehlen jeglicher reservatio mentalis« (Behrens). Darum kann Goethe auch mit einem so einzigartigen Brief auf das späte Schreiben der inzwischen verwitweten Auguste Gräfin Bernstorff antworten: weil er das Gleichnis Mensch zu lesen versteht. Auguste stirbt am 30. Juni 1835 in Kiel.

***

Frankfurt, etwa 18.-30. Januar 1775

Meine Teure – ich will Ihnen keinen Nahmen geben, denn was sind die Nahmen Freundinn Schwester, Geliebte, Braut, Gattin, oder ein Wort das einen Complex von all denen Nahmen begriffe, gegen das unmittelbaare Gefühl, zu dem – ich kann nicht weiter schreiben, Ihr Brief hat mich in einer wunderlichen Stunde gepackt. Adieu, gleich den ersten Augenblick! –

Ich komme doch wieder – ich fühle Sie können ihn tragen diesen zerstückten, stammelnden Ausdruck wenn das Bild des Unendlichen in uns wühlt. Und was ist das als Liebe! – Mußte er Menschen machen nach seinem Bild, ein Geschlecht das ihm ähnlich sey, was müssen wir fühlen wenn wir Brüder finden, unser Gleichniß, uns selbst verdoppelt.

Und so solls weg, so sollen Sie's haben dieses Blat, obiges schrieb ich wohl vor acht Tagen, unmittelbaar auf den Empfang Ihres Briefs.

Haben Sie Geduld mit mir, bald sollen Sie Antwort haben.

Hier indess meine Silhouette, ich bitte um die Ihrige, aber nicht in's kleine, den grosen von der Natur genommenen Riss bitt ich. Adieu ein herzlichstes Adieu.

Frfurt d. 26. Jan. 1775 Goethe

Der Brief ist wieder liegen blieben o haben Sie Geduld mit mir. Schreiben Sie mir und in meinen Besten Stunden will ich an Sie dencken. Sie fragen ob ich glücklich bin? Ja meine beste ich bins, und wenn ich's nicht bin so wohnt wenigstens all das tiefe Gefühl von Freud und Leid in mir. Nichts ausser mir stört, schiert, hindert mich. Aber ich bin wie ein klein Kind weis Gott. Noch einmal Adieu.

Wenn Sie sich, meine liebe, einen Goethe vorstellen können, der im galonirten Rock, sonst von Kopf zu Fuse auch in leidlich konsistenter Galanterie, umleuchtet vom unbedeutenden Prachtglanze der Wandleuchter und Kronenleuchter, mitten unter allerley Leuten, von ein Paar schönen Augen am Spieltische gehalten wird, der in abwechselnder Zerstreuung aus der Gesellschafft, ins Conzert, und von da auf den Ball getrieben wird, und mit allem Interesse des Leichtsinns, einer niedlichen Blondine den Hof macht; so haben Sie den gegenwärtigen Fassnachts Goethe, der Ihnen neulich einige dumpfe tiefe Gefühle vorstolperte, der nicht an Sie schreiben mag, der Sie auch manchmal vergißt, weil er sich in Ihrer Gegenwart ganz unausstehlich fühlt.

Aber nun giebts noch einen, den im grauen Biber-Frack mit dem braunseidnen Halstuch und Stiefeln, der in der streichenden Februarlufft schon den Frühling ahndet, dem nun bald seine liebe weite Welt wieder geöffnet wird, der immer in sich lebend, strebend und arbeitend, bald die unschuldigen Gefühle der Jugend in kleinen Gedichten, das kräfftige Gewürze des Lebens in mancherley Dramas, die Gestalten seiner Freunde und seiner Gegenden und seines geliebten Hausraths mit Kreide auf grauem Papier, nach seiner Maase auszudrücken sucht, weder rechts noch links fragt: was von dem gehalten werde was er machte? weil er arbeitend immer gleich eine Stufe höher steigt, weil er nach keinem Ideale springen, sondern seine Gefühle sich zu Fähigkeiten, kämpfend und spielend, entwickeln lassen will. Das ist der, dem Sie nicht aus dem Sinne kommen, der auf einmal am frühen Morgen einen Beruf fühlt Ihnen zu schreiben, dessen gröste Glückseligkeit ist mit den besten Menschen seiner Zeit zu leben.

Hier also meine beste sehr mancherley von meinem Zustande, nun thun Sie dessgleichen und unterhalten mich von dem Ihrigen, so werden wir näher rücken, einander zu schauen glauben – denn das sag ich Ihnen voraus daß ich Sie offt mit viel Kleinigkeit unterhalten werde, wie mirs in Sinn schießt.

Noch eins was mich glücklich macht, sind die vielen edlen Menschen, die von allerley Enden meines Vaterlands, zwar freylich unter viel unbedeutenden, unerträglichen, in meine Gegend, zu mir kommen, manchmal vorübergehn, manchmal verweilen. Man weiss erst daß man ist wenn man sich in andern wiederfindet.

Ob mir übrigens verrathen worden: wer und wo sie sind, thut nichts zur Sache, wenn ich an Sie dencke fühl ich nichts als Gleichheit, Liebe, Nähe! Und so bleiben Sie mir, wie ich gewiss auch durch alles Schweben und Schwirren durch unveränderlich bleibe. Recht wohl! – diese Kusshand – Leben Sie recht wohl.

Franckfurt. den 13. Febr. 1775 Goethe

Offenbach, 7. – Frankfurt, 10. März 1775

[...] Was soll ich Ihnen sagen, da ich Ihnen meinen gegenwärtigen Zustand nicht ganz sagen kann, da Sie mich nicht kennen. Liebe! Liebe! Bleiben Sie mir hold – Ich wollt ich könnt auf Ihrer Hand ruhen, in Ihrem Aug rasten. Groser Gott was ist das Herz des Menschen! – Gut Nacht. Ich dachte mir sollts unterm Schreiben besser werden – Umsonst mein Kopf ist überspannt. Ade. Heut ist der 6. Merz denck ich. Schreiben Sie doch auch immer die Daten in solcher Entfernung ist das viel Freud.

Guten Morgen liebe. Die Zimmerleute die dadrüben einen Bau aufschlagen, haben mich aufgewegt, und ich habe keine Rast im Bette. Ich will an meine Schwester schreiben, und dann mit Ihnen noch ein Wort.

Es ist Nacht, ich wollte noch in Garten, musste aber unter der Thüre stehen bleiben, es regnet sehr. Viel hab ich an Sie gedacht! Gedacht dass ich für Ihre Silhouette noch nicht gedanckt habe! Wie offt hab ich schon dafür gedanckt, wie ist mein und meines Bruder Lavaters Phisiognomischer Glaube wieder bestätigt. Diese rein sinnende Stirn diese süsse Festigkeit der Nase, diese liebe Lippe dieses gewisse Kinn, der Adel des ganzen! Dancke meine Liebe dancke. – Heut war der Tag wunderbaar. habe gezeichnet – eine Scene geschrieben. O wenn ich jetzt nicht dramas schriebe ich ging zu Grund. Bald schick ich Ihnen eins geschrieben – Könnt ich gegen Ihnen über sizzen und es selbst in Ihr Herz würkken, – Liebe, nur dass es Ihnen nicht aus Händen kommt. Ich mag das nicht drucken lassen denn ich will, wenn Gott will, künftig meine Freuden und Kinder in ein Eckelgen begraben oder etabliren; ohne es dem Publico auf die Nase zu hängen. Ich bin das ausgraben. und seziren meines armen Werthers so satt. Wo ich in eine Stube trete, find ich das Berliner ppp Hundezeug, der eine schilt drauf, der andre lobts, der dritte sagt es geht doch an, und so hezt mich einer wie der andre. – Nun denn Sie nehmen mir auch das nicht übel – Nimmt mirs doch nichts an meinem innern Ganzen, rührt und rückts mich doch nicht in meinen Arbeiten, die immer nur die aufbewahrten Freuden und Leiden meines Lebens sind – denn ob ich gleich finde dass es viel raisonnabler sey Hünerblut zu vergiessen als sein eignes – die Kinder tollen über mir, es ist mir besser ich geh hinauf als zu tief in Text zu gerrathen.

[...]

Ich hoffe auf einen Brief von Ihnen, und die Hoffnung lässt nicht zu schanden werden.

Geseegnet der gute Trieb der mir eingab statt allen weitern Schreibens, Ihnen meine Stube, wie sie da vor mir steht, zu zeichnen. Adieu. halten Sie einen armen iungen am Herzen. Geb Ihnen der gute Vater im Himmel viel muthige frohe Stunden wie ich deren offt hab, und dann lass die Dämmrung kommen, tränenvoll und seelig – Amen.

Ade liebe Ade! Goethe

Offenbach, 3. August 1775

Gustgen! Gustgen! Ein Wort dass mir das Herz frey werde, nur einen Händedruck. Ich kann Ihnen nichts sagen. Hier! – Wie soll ich Ihnen nennen das hier! Vor dem Stroheingelegten bunten Schreibzeug – da sollten feine Briefgen ausgeschrieben werden und diese Trähnen und dieser Drang! Welche Verstimmung. O dass ich Alles sagen könnte. Hier in dem Zimmer des Mädgens das mich unglücklich macht, ohne ihre Schuld, mit der Seele eines Engels, dessen heitre Tage ich trübe, ich! Gustgen! Ich nehme vor einer Viertelstunde Ihren Brief aus der Tasche, ich les ihn! – Vom 2. Jun.! und sie bitten, bitten, um Antwort, um ein Wort aus meinem Herzen. Und heut der 3. Aug. Gustgen und ich habe noch nicht geschrieben. – Ich habe geschrieben, der

Brief liegt in der Stadt angefangen. O mein Herz – Soll ich's denn anzapfen, auch dir Gustgen, von dem Hefetrüben Wein schencken! – Und wie kann ich von Frizzen reden, vor dir, da ich in seinem Unglück, gar offt das meine beweint habe. Lass Gustgen. Ihm ist wohler wie mir. – Vergebens dass ich drey Monate, in freyer Lufft herumfuhr, tausend neue Gegenstände in alle Sinnen sog. Engel, und ich sizze wieder in Offenbach, so vereinfacht wie ein Kind, so beschränckt als ein Papagey auf der Stange, Gustgen und sie so weit. Ich habe mich so offt nach Norden gewandt. Nachts auf der Terrasse am Mayn, ich seh hinüber, und denck an dich! So weit! So weit! – Und dann du und Friz, und ich! und alles wirrt sich in einen Schlangenknoten! Und ich finde nicht Lufft zu schreiben. – Aber iezt will ich nicht aufhören biss iemand an die Thüre kommt und mich wegrufft. – Und doch Engel manchmal wenn die Noth in meinem Herzen der grösst ist, ruf ich aus, ruf ich dir zu: Getrost! Getrost! Ausgeduldet und es wird werden. Du wirst Freude an deinen Brüdern haben, und wir an uns selbst. Diese Leidenschafft ists die uns aufblasen wird zum Brand, in dieser Noth werden wir um uns greifen, und brav seyn, und handeln, und gut seyn, und getrieben werden, dahin wo Ruhe Sinn nicht reicht. – Leide nicht vor uns! – Duld uns! – Gieb uns eine Trähne, einen Händedruck, einen Augenblick an deinen Knieen. Wische mit deiner lieben Hand diese Stirn ab. Und ein Krafftwort, und wir sind auf unsern Füssen.

[...]

Ich mache Ihnen Striche denn ich sas eine Viertelstunde in Gedancken und mein Geist flog auf dem ganzen bewohnten Erdboden herum. Unseeliges Schicksal das mir keinen Mittelzustand erlauben will. Entweder auf einem Punckt, fassend, festklammernd, oder schweifen gegen alle vier Winde! – Seelig seyd ihr verklärte Spaziergänger, die mit zufriedener Anständiger Vollendung ieden Abend den Staub von ihren

Schuhen schlagen, und ihres Tagwercks Göttergleich sich freuen – – – –

Hier fliest der Mayn, grad drüben liegt Bergen auf einem Hügel hinter Kornfeld. Von der Schlacht bey Bergen haben Sie wohl gehört. Da lincks unten liegt das graue Franckfurt mit dem ungeschickten Turn, das iezt für mich so leer ist als mit Besemen gekehrt, da rechtsauf artige Dörfgen, der Garten da unten, die Terrasse auf den Mayn hinunter. – Und auf dem Tisch hier ein Schnupftuch, ein Pannier ein Halstuch drüber, dort hängen des lieben Mädgens Stiefel. NB. heut reiten wir aus. Hier liegt ein Kleid, eine Uhr hangt da, viel Schachteln und Pappedeckel, zu Hauben und Hüten – Ich hör ihre Stimme – – Ich darf bleiben, sie will sich drinne anziehen. – Gut Gustgen ich hab Ihnen beschrieben wie's um mich herum aussieht, um die Geister durch den sinnlichen Blick zu vertreiben – – Lili war verwundert mich da zu finden, man hatte mich vermisst. Sie fragte an wen ich schriebe. Ich sagts ihr. Adieu Gustgen. Grüssen Sie die Gräfin Bernsdorf. Schreiben Sie mir. Die Silhouette werden Ihnen die Brüder geschickt haben. Lavater hat die vier Heumans Kinder sehr glücklich stechen lassen.

Der unruhige

Lassen Sie um Gottes Willen meine Briefe niemand sehn.

Könntest du mein Schweigen verstehen! Liebstes Gustgen! – Ich kann, ich kann nichts sagen!

Weimar d. 11. Febr. 76 G.

Weimar, 17.–24. Mai 1776

d. 17. May. Morgens 8. Guten Morgen Gustgen. Nichts als dies zur Grundlage eines Tagbuchs für dich. Ach du nimmst an dem unsteten Menschen noch Theil, der seit er dir nichts von sich schrieb, seltsame Schicksaale gehabt hat. Ich fühle dass ich dir nicht alles sagen kann drum mag ich nichts sagen. Adieu! –

In meinem Garten Gustgen gegen 10. Hab ein liebes Gärtgen vorm Thore an der Ilm schönen Wiesen in einem Thale. ist ein altes Hausgen drinne, das ich mir repariren lasse. Alles blüht alle Vögel singen. Gustgen und Du bist kranck! –

d. 18. May. Gestern konnt ich dir nichts mehr sagen. Der Husarn Rittmeister kam in meinen Garten, ich ritt um eilf nach dem Lustschloss Belvedere wo ich hinten im Garten eine Einsiedeley anlege, allerley Pläzgen drinn für arme Krancke und bekümmerte Herzen. Ich ass mit dem Herzog, nach Tisch ging ich zur Frau v. Stein einem Engel von einem Weibe, frag die Brüder, der ich so offt die Beruhigung meines Herzens und manche der reinsten Glückseeligkeiten zu verdancken habe. der ich noch nichts von dir erzählt habe, das mir viel Gewalt gekostet hat, heut aber will ich's thun will ich tausend Sachen von Gustgen sagen. Wir gingen in meinen Garten spazieren. Ihr Mann, ihre Kinder, ihr Bruder. ein paar Fräulein Ilten. es kamen mehr zu uns wir gingen spazieren, begegneten der Herzoginn Mutter und dem Prinzen, die sich zu uns [gesellten]. Wir waren ganz vergnügt. Ich verlies die Gesellschaft, ging noch einen Augenblick zum Herzog und ass mit Frau v. Stein zu Nacht. Nun ists wieder schöner heitrer Tag. Soviel iezt. halb 9.

12 Uhr in meinem Garten. Da lass ich mir von den Vögeln was vorsingen, und zeichne Rasenbäncke die ich will anlegen lassen, damit Ruhe über meine Seele komme, und ich wieder von vorne mög anfangen zu tragen und zu leiden. Gustgen könnt ich dir von meiner Lage sagen! die erwünschteste für mich, die glücklichste, und dann wieder – Ich sagte immer in meiner Jugend zu mir da so viel tausend Empfindungen das schwankende Ding bestürmten: Was das Schicksal mit mir will, dass es mich durch all die Schulen gehen lässt,

es hat gewiß vor (mich dahin zu stellen wo mich die gewöhnlichen Qualen der Menschheit gar nicht mehr anfechten müssen. Und iezt noch ich seh alles an Vorbereitung an!) Ich hab das ausgestrichen weils dunkel und unbestimmt gesagt war. Nach Tische mehr.

Sonnabends Nachts 10 in meinem Garten. Ich habe meinen Philipp nach Hause geschickt und will allein hier zum erstenmal schlafen. Und so meinen Schlaf einweihen dass ich dir schreibe. Die Maurer haben gearbeitet biss Nacht ich wollt sie aus dem Haus haben, wollte – o ich kann dir nicht ins Detail gehn. Den ganzen Nachmittag war die Herzoginn Mutter da und der Prinz und waren guten lieben Humors, und ich hab denn so herum gehausvatert, wie alles weg war, ein Stück kalten Braten gessen und mit meinem Philipp, | lass Dir von den Brüdern was von ihm erzählen | von seiner und meiner Welt geschwäzzt, war ruhig und bin's und hoffe gut zu schlaffen zu holdem Erwachen. Gute Nacht! beste. – Es geht gegen eilf ich hab noch gesessen und einen englischen Garten gezeichnet. Es ist eine herrliche Empfindung dahausen im Feld allein zu sizzen. Morgen frühe wie schön. Alles ist so still. Ich höre nur meine Uhr dakken, und den Wind und das Wehr von ferne. gute Nacht. – Sonntag früh d. 19. Guten Morgen! ein trüber aber herrlicher Tag. Ich habe lang geschlafen, wachte aber gegen vier auf, wie schön war das grün dem Auge das sich halbtruncken auf that. Da schlief ich wieder ein.

Nachts 10. Im Garten versteht sich iezt von selbst. ging um eilf heut früh in die stadt steckte mich in erbaare Kleider, machte eine Visite, ging zum Herzog, einen Augenblick zur Herzoginn Mutter, wir haben Italiäners hier die uns gute Güsse der Antiken schaffen, dann bey Frau v. Stein zu Tisch, wir hatten Lust uns zu necken, um vier zu Wieland in Garten wo der Mahler Kraus dazu kam. Beyde mit mir in meinen Garten. Sie verliesen mich ich las Guiberts Tacktick, da kam der Herzog und der Prinz mit noch zween Guten Geistern. Wir schwazzten und trieben allerley. Frau v. Stein mit ihrer Mutter kam von Oberweimar herunter spazieren wir begleiteten sie, kehrten um, der Prinz verlies uns auch, ich erzählte dem Herzog eine Geschichte eines meiner Freunde der sich wunderlich durch die Welt schlagen musste, begleitet ihn nach der Stadt, und kam allein zurück. Hier treu mein Tag, lieb Gustgen. Ich habe so viel gedacht! dass ich's doch nur nicht so hinsagen kann.

Montag d. 20. Süsser Morgen. Arbeiter in meinem Garten. Allerley Beschäfftigungen! – – – –

Bei der Herzoginn Mutter gessen. Nach Tische ging alles nach Tiefurt wo der Prinz sich hat ein Pachtgut artig zurecht machen lassen. Die Bauern empfingen ihn mit Musick, Böllern, ländlichen Ehrenpforten, Kränzlein, Kuchen, Tanz, Feuerwerkspuffen, Serenade und s. w. Wir waren vergnügt ich hatte das Glück alles sehr schön zu sehen. Und nun bin ich im Garten hab eine Viertelstunde nach dem Feuerzeug getappt und mich geärgert und bin so froh dass ich iezt Licht habe Dir das zu schreiben. dadrüben auf dem Schlosse sah ich viel Licht indess ich nach Einem Funcken schnappte, und wusste doch dass der Herzog gern mit mir getauscht hätte, wenn er's in dem Augenblick hätte wissen können. Es ist ein trefflicher Junge und wird wills Gott auch ausgähren. Friz wird gute Tage mit uns haben, so wenig ich ihm ein Paradies verspreche. Gute Nacht. Eine grose Bitte hab ich! – Meine Schwester der ich so lang geschwiegen habe als dir, plagt mich wieder heute um Nachrichten oder so was von mir. Schick ihr diesen Brief, und schreib ihr! – O dass ihr verbunden wärt! Dass in ihrer Einsamkeit ein Lichtstral von dir auf sie hin leuchtete, und wieder von ihr ein Trostwort zur Stunde der Noth herüber zu dir käme. Lernt euch kennen. Seyd einander was ich euch nicht seyn kann. Was rechte Weiber sind sollten keine Männer lieben, wir sinds nicht werth. Gute Nacht halb eilfe.

Dienstag d. 21. früh 6 aufgestanden herrlicher kühler Sonnenmorgen. Arbeiter im Garten. Ein Jäger bringt mir einen iungen Fuchs.

Mittwoch d. 22. um 10 Uhr. Gestern wieder nach Tiefurth die regierende Herzogin war dort. Der Herzog und noch einige blieben die Nacht drausen, heut früh ritten wir herein dem Maneuvre der Husaren zuzusehn und nun bin ich wieder in meinem Garten.

Freytag d. 24. Morgens eilf in der Stadt. Habe viel ausgestanden die Zeit. Mittwoch Nachmittag brach ein Feuer aus im Hazfeldischen 5 stunden von hier der Herzog ritt hinaus biss wir hinkamen lag das ganze Dorf nieder, es war nur noch um Trümmern zu retten und die Schul und die Kirche. Es war ein groser Anblick ich stand auf einem Hause wo das Dach herunter war und wo unsre Schlauchsprizze nur das untre noch erhalten sollte, und sieh Gustgen und hinter und vor und neben mir feine Glut, nicht Flamme, tiefe hohlaugige Glut des niedergesuncknen Orts, und der Wind drein und dann wieder da eine auffahrende Flamme, und die herrlichen alten Bäume um's ort inwendig in ihren hohlen Stämmen glühend und der rothe dampf in der Nacht und die Sterne roth und der neue Mond sich verbergend in Wolcken. Wir kamen erst Nachts zwey wieder nach Hause. Gestern Donnerstag d. 23. ist mir auch wieder wunderbaars Wesen um den Kopf gezogen – Was wirds werden, ich hab eben noch viel auszustehen, das ists was ich in allen Drangsaalen meiner Jugend fühlte, aber gestählt bin ich auch, und will ausdauern bis ans Ende. Adieu. Nun hörst du wieder eine Weile nichts von mir. Schreib mir aber wann dichs freut.

Friz soll kommen wann er gerne mag der Herzog hat ihn lieb wünscht ihn ie eher ie lieber, will ihn aber nicht engen. Adieu. Ich bin ewig derselbe. G.

An meine Schwester die Addresse. Frau Hofrath Schlosser fr. Rheinhausen nach Emmedingen im Brisgau.

Danck Gustgen dass du aus deiner Ruhe mir in die Unruhe des Lebens einen Laut herüber gegeben hast.

Alles geben Götter die unendlichen
Ihren Lieblingen ganz
Alle Freuden die unendlichen
Alle Schmerzen die unendlichen ganz.

So sang ich neulich als ich tief in einer herrlichen Mondnacht aus dem Flusse stieg der vor meinem Garten durch die Wiesen fliest; und das bewahrheitet sich täglich an mir. Ich muss das Glück für meine Liebste erkennen, dafür schiert sie mich auch wieder wie ein geliebtes Weib. Den Todt meiner Schwester wirst du wissen. Mir geht in allem alles erwünscht, und leide allein um andre. Lebe wohl grüse Henrietten! Ist das noch eine eurer Schwestern? oder Christels Frau? zwar sie hat der Brüder Handschrifft! Wenn ich einmal wieder ans Schreiben komme, will ich ja wol sehn ob ich dadrüber was sagen kan was sie will. Grüse die Brüder und behaltet mich lieb.

Weimar d. 17. Jul. 77 Goethe

Noch einmal wird, nun auch aus großer zeitlicher Distanz, das Briefgespräch aufgenommen. Auguste beginnt es, Goethe setzt den Schlußpunkt. Als Auguste am 15.-23. Oktober 1822 an Goethe schreibt, ist sie bereits seit fünfundzwanzig Jahren verwitwet. 1783 war sie die zweite Frau von Andreas Peter Graf von Bernstorff geworden, der in erster Ehe mit ihrer ältesten Schwester Henriette verheiratet war. Henriette hatte neun Kinder hinterlassen; Augustes einziger eigener

Sohn starb bereits im Alter von vier Jahren. Als die fromme alte Frau ihren rührenden Bekehrungsversuch unternimmt, damit Goethe sich noch rechtzeitig vom Irdischen ab- und dem Ewigen zuwende – »Ihnen ward viel gegeben, viel anvertraut, wie hat es mich oft geschmerzt, wenn ich in Ihren Schriften fand, wodurch Sie so leicht andern Schaden zufügen« –, da liegt der Tod ihrer beiden Lieblingsbrüder noch nicht lange zurück: Friedrich Leopold war am 5. Dezember 1819, Christian am 18. Januar 1821 gestorben.

***

Von der frühsten, im Herzen wohlgekannten, mit Augen nie gesehenen, teuren Freundin endlich wieder einmal Schriftzüge des traulichsten Andenkens zu erhalten war mir höchst erfreulich-rührend; und doch zaudere ich unentschlossen, was zu erwidern sein möchte. Lassen Sie mich im Allgemeinen bleiben, da von besondern Zuständen uns wechselseitig nichts bekannt ist.

Lange leben heißt gar vieles überleben, geliebte, gehaßte, gleichgültige Menschen, Königreiche, Hauptstädte, ja Wälder und Bäume, die wir jugendlich gesäet und gepflanzt. Wir überleben uns selbst und erkennen durchaus noch dankbar, wenn uns auch nur einige Gaben des Leibes und Geistes übrig bleiben. Alles dieses Vorübergehende lassen wir uns gefallen; bleibt uns nur das Ewige jeden Augenblick gegenwärtig, so leiden wir nicht an der vergänglichen Zeit.

Redlich habe ich es mein Lebelang mit mir und andern gemeint und bei allem irdischen Treiben immer aufs Höchste hingeblickt; Sie und die Ihrigen haben es auch getan. Wirken wir also immerfort, so lang es Tag für uns ist, für andere wird auch eine Sonne scheinen, sie werden sich an ihr hervortun und uns indessen ein helleres Licht erleuchten.

Und so bleiben wir wegen der Zukunft unbekümmert! In unseres Vaters Reiche sind viel Provinzen, und da er uns hier zu Lande ein so fröhliches Ansiedeln bereitete, so wird drüben gewiß auch für beide gesorgt sein; vielleicht gelingt alsdann, was uns bis jetzo abging, uns angesichtlich kennen zu lernen und uns desto gründlicher zu lieben. Gedenken Sie mein in beruhigter Treue.

Vorstehendes war bald nach der Ankunft Ihres lieben Briefes geschrieben, allein ich wagte nicht es wegzuschicken, denn mit einer ähnlichen Äußerung hatte ich schon früher Ihren edlen wackern Bruder wider Wissen und Willen verletzt. Nun aber, da ich von einer tödlichen Krankheit ins Leben wieder zurückkehre, soll das Blatt dennoch zu ihnen, unmittelbar zu melden: daß der Allwaltende mir noch gönnt, das schöne Licht seiner Sonne zu schauen; möge der Tag Ihnen gleichfalls freundlich erscheinen und Sie meiner im Guten und Lieben gedenken, wie ich nicht aufhöre mich jener Zeiten zu erinnern, wo das noch vereint wirkte, was nachher sich trennte.

Möge sich in den Armen des alliebenden Vaters alles wieder zusammen finden. wahrhaft anhänglich

Weimar den 17. April 1823 Goethe

Charlotte v. Stein

»... du liebster Traum meines Lebens«

Man mag die Dokumente – gegen zweitausend Blätter und Zettelchen, davon knapp tausendachthundert Briefe – lesen, sooft man will: Das Staunen angesichts der Liebe, die sich in ihnen manifestiert, bleibt. Und berührt erstaunt man immer wieder darüber, daß sich die Liebe ein Dutzend Jahre halten konnte (und später in der Form gewesener Liebe weiterdauerte). Denn von Anfang an wurde dieses tiefe gegenseitige Erkennen wie ein Schicksalsschlag empfunden, nicht ohne Ach: »Ach du warst in abgelebten Zeiten / Meine Schwester oder meine Frau.« (»Warum gabst du uns die tiefen Blikke ...«, 14. April 1776.) Wie es auf der andern Seite aussieht, bezeugt eine Passage aus dem dramatischen Einakter »Die Geschwister« (Herbst 1776), die als authentischer Brief Charlottes gilt, der einzige, der sich aus der voritalienischen Zeit erhalten hat: »Die Welt wird mir wieder lieb, ich hatte mich so los von ihr gemacht, wieder lieb durch Sie. Mein Herz macht mir Vorwürfe; ich fühle, dass ich Ihnen und mir Qualen zubereite. vor einem halben Jahr war ich so bereit zu sterben, und bin's nicht mehr.«

Charlotte Albertine Ernestine wurde am 25. Dezember 1742 in Eisenach als älteste Tochter des Hofmarschalls von Schardt geboren. 1758 trat sie als Hofdame in den Dienst der nur wenig älteren Herzogin Anna Amalia; 1764 heiratete sie den herzoglich-weimarischen Stallmeister und späteren Oberstallmeister Gottlob Ernst Josias von Stein (1735-1793). Die konventionelle Ehe mit dem etwas derben, durch seinen Beruf an den Hof gefesselten Mann gilt als liebeleer, ohne tiefere Bindung zwischen den Ehepartnern. Von Charlottes sieben Kindern starben vier Töchter im frühesten Alter; von ihren drei Söhnen Carl (1765-1837), Ernst (1767-

1787) und Fritz (1772-1844) war ihr der jüngste am liebsten. Dem ersten persönlichen Zusammentreffen zwischen Frau von Stein und Goethe, das wohl, durch Herzog Carl Augusts Vermittlung, am fünften Tag nach seiner Ankunft in Weimar stattfand, ging ein bedeutsamer Prolog voraus, so daß beide schon eine ganz bestimmte Vorstellung voneinander hatten. Vom Arzt und Schriftsteller Johann Georg Zimmermann hatte Charlotte erfahren, daß der Verfasser des »Werther« ein äußerst »liebenswürdiger und bezaubernder« Mann sei, der ihr »gefährlich werden« könnte. Und als Zimmermann im Sommer 1775 in Straßburg Goethe Charlottes Silhouette zeigt, schreibt dieser seine Bemerkung darunter (die Zimmermann Frau von Stein am 22. Oktober 1775 mitteilt): »Es wäre ein herrliches Schauspiel zu sehen, wie die Welt sich in dieser Seele spiegelt. *Sie sieht die Welt wie sie ist*, und doch *durchs Medium der Liebe*. So ist auch Sanftheit der allgemeinere Eindruck.« Bald findet Goethe noch ganz andere Worte für Frau von Stein, alle am eigenen Leib erfahren. Sie ist ihm »Besänftigerinn«, »süse Unterhaltung meines innersten Herzens«, »liebe Wohltäterinn« und »Seelenführerinn«; sie ist ihm »lieber Schutzgeist«, »Ancker zwischen diesen Klippen«, »liebe Gewissheit« und »einzige Sicherheit meines Lebens«; und als »lieber Anfang! liebes Ende!« und »liebes a und o du Inbegriff meiner Freuden und Schmerzen« ist Charlotte Goethes ein und alles – bis auf das eine. Daran beginnt Goethe bald zu leiden, nicht erst, als sich die Flucht nach Italien immer deutlicher aufdrängt. Frau von Stein ist bei der Begegnung mit Goethe eine anziehende, innerlich gereifte, in sich ruhende Frau, selbstbeherrscht, von hohem moralischem Anspruch, Pflicht und Konvention als Grenzen im Zusammenleben anerkennend. Goethe geht bei ihr in die Schule. Sie, die intensiv an allem, was ihn beschäftigt, Anteil nimmt, gibt ihm Form und Maß, Richtung und Ruhe: Fassung, in allen Bedeutungen des Wortes. Die

Nähe, in der Goethe ab 1781 eine eheähnliche Bindung sieht, wird noch vertieft, als Charlotte 1783 ihren Lieblingssohn Fritz Goethe zur Erziehung überläßt. Gleichzeitig mit der Vertiefung der Bindung werden in Goethe Fluchtgedanken wach. Während Frau von Stein anscheinend bereit war, in dieser ausweglosen, entsagungsvollen Situation für den Rest ihres Lebens auszuharren, mußte Goethe der ein Jahrzehnt dauernden gelebten Unmöglichkeit ein Ende machen. Nach seiner Rückkehr aus Italien zeigt sich, daß der Bruch mit Frau von Stein vollkommen war; daß er »sinnlich geworden« sei, bestätigt sich ihr, als Goethe Christiane Vulpius zu sich nimmt. Die zaghafte Annäherung vollzieht sich Jahre später über Goethes kleinen Sohn August, der sich oft bei Frau von Stein aufhält. Schließlich trägt eine aufmerksame, in Herzenshöflichkeit gelebte Altersfreundschaft dazu bei, daß die vereinsamende Frau von Stein in ihren letzten Lebensjahren Goethe wieder nahe ist. Bei Goethe bleibt bis zuletzt der Dank wach für den Menschen, mit dem er seine tiefste Ich-Du-Beziehung lebte. Charlotte von Stein stirbt am 6. Januar 1827.

***

Lieber Engel, ich komm nicht ins Conzert. Denn ich bin so wohl, dass ich nicht sehen kann das Volck! lieber Engel Ich lies meine Briefe holen und es verdross mich dass kein Wort drinn war von dir, kein Wort mit Bleystifft, kein guter Abend. Liebe Frau, leide dass ich dich so lieb habe. Wenn ich iemand lieber haben kann, will ich dir's sagen. Will dich ungeplagt lassen. Adieu Gold. du begreiffst nicht wie ich dich lieb hab.

G. Weimar, d. 28. Jan. 76

Wandrers Nachtlied

Der du von dem Himmel bist
Alle Freud und Schmerz stillest,
Den der doppelt elend ist
Doppelt mit Erquickung füllest.
Ach ich bin des Treibens müde!
Was soll all die Quaal und Lust.
Süsser Friede,
komm ach komm in meine Brust!

Am Hang des Ettersberg d 12 Febr. 76 G.

Naumburg, 25. März 1776

Naumburg früh 5. mit Tags Anbruch komm ich an. Ein wunderbaares liebes Dämmerlicht schwebt über allem. Ich habe viel gefroren und was das beste ist auch viel geschlafen. Jezt schläffst du auch! vielleicht wachst du einen Augenblick auf und denckst an mich. Ich bin ruhig, dencke an dich, und von dir aus an alles was ich liebe habe. – Wie anders! Lieber Gott wie anders! als ich vor zehen Jahren als ein kleiner, eingewikkelter, seltsamer Knabe in eben das Posthaus trat – Wie viel hat nicht die Zeit durch den Kopf und das Herz müssen, und wieviel wohler, freyer, besser ist mir's nicht. –

Ilmenau, 22.-24. Juli 1776

Ich hab auf der andern Seite angefangen was zu zeichnen es geht aber nicht drum will ich lieber schreiben in der Höhle unter dem Hermannstein meinem geliebten Aufenthalt wo ich möcht wohnen und bleiben. Liebste ich habe viel gezeichnet sehe nur aber zu wohl dass ich nie Künstler werde.

Die Liebe giebt mir alles und wo die nicht ist, dresch ich Stroh. Das mahlerischte Fleck geräth mir nicht, und ein ganz gemeines wird freundlich und lieblich. Es regnet scharf im tiefen Wald. Wenn du nur einmal hier seyn könntest es ist über alle Beschreibung und Zeichnung. Ich hab' viel gekrizzelt seit ich hier bin, alles leider nur von Auge zur Hand, ohne durchs Herz zu gehen, da ist nur wenig draus worden. Es bleibt ewig wahr: Sich zu beschräncken, Einen Gegenstand, wenige Gegenstände, recht bedürfen, so auch recht lieben, an ihnen hängen, sie auf alle Seiten wenden, mit ihnen vereinigt werden, das macht den Dichter den Künstler – den Menschen –

Addio, ich will mich an den Felsenwänden und Fichten umsehen. – Es regnet fort –

[...]

den 24

Ich muss das schicken. vorgestern schrieb ich das Addio. Dachtest du an mich wie ich an dich dencke! Nein ich wills nicht! – Will mich in der Melankolie meines alten Schicksaals weiden, nicht geliebt zu werden wenn ich liebe.

Weimar, Anfang September 1776?

Warum soll ich dich plagen! Liebstes Geschöpf! – Warum mich betrügen und dich plagen und so fort. – Wir können einander nichts seyn und sind einander zu viel – Glaub mir wenn ich so klar wie Faden mit dir redte, du bist mit mir in allem einig. – Aber eben weil ich die Sachen nur seh wie sie sind, das macht mich rasend. Gute Nacht Engel und guten Morgen. Ich will dich nicht wiedersehn – Nur – du weißt alles – Ich hab mein Herz – Es ist alles dumm was ich sagen könnte. – Ich seh dich eben künftig wie man Sterne sieht! – denck das durch.

Weimar, 16. Juni 1777

Um achte war ich in meinem Garten fand alles gut und wohl und ging mit mir selbst, mit unter lesend auf ab. Um neune kriegt ich Brief dass meine Schwester todt sey. – Ich kann nun weiter nichts sagen. G.

Die Bäume sind angekommen 30 an der Zahl, gute Kirschbäume auch wenige Obst Bäume guter Sorten. wie und wann sollen sie nach Kochberg? sie müssen wohl gepflanzt und sonderlich gegen die Haasen mit starcken Dornen verwahrt werden.

Gestern von Ihnen gehend hab ich noch wunderliche Gedancken gehabt, unter andern ob ich Sie auch wirklich liebe oder ob mich Ihre Nähe nur wie die Gegenwart eines so reinen Glases freut, darin sichs so gut bespiegeln lässt.

Hernach fand ich dass das Schicksaal da es mich hierher pflanzte vollkommen gemacht hat wie mans den Linden thut man schneidet ihnen den Gipfel weg und alle schöne Äste dass sie neuen Trieb kriegen sonst sterben sie von oben herein. Freylich stehn sie die ersten Jahre wie Stangen da. Adieu. Ich kam von ohngefähr über den Kalender von vorm Jahr da stund beym 7. Novemb. Was ist der Mensch, dass du sein gedenckest pp. *Weimar*, d. 8. Nov. 77 G.

*****r [Goslar,]

Donnerst. d. 4. Dez. 77.

Von hier wollt ich Ihnen zu erst schreiben, Sie sehn aber aus dem Bleystifft Blättgen dass ich früher laut worden bin. Ein ganz entsezlich Wetter hab ich heut ausgestanden was die Stürme für Zeugs in diesen Gebürgen ausbrauen ist unsäglich, Sturm Schnee, Schlossen, Regen, und zwey Meilen an einer Nordwand eines Waldgebürgs her, alles fast ist nass, und erhohlt haben sich meine Sinne kaum nach Essen, Trinkken, drey stunden Ruhe u. s. w. – – Mein Abenteuer hab ich bestanden, schön, ganz, wie ich mir's vorauserzählt, wie Sie's sehr vergnügen wird zu hören, denn Sie allein dürfens hören, auch der Herzog und so muss es Geheimniss seyn. Es ist niedrig aber schön, es ist nichts und viel, – die Götter wissen allein was sie wollen, und was sie mit uns wollen, ihr Wille geschehe.

Hier bin ich nun wieder in Mauern und Dächern des Alterthums versenckt. Bey einem Wirthe der gar viel väterlichs hat, es ist eine schöne Philisterey im Hause, es wird einem ganz wohl. Wie sehr ich wieder, auf diesem duncklen Zug, Liebe zu der Classe von Menschen gekriegt habe! die man die niedre nennt! die aber gewiss für Gott die höchste ist. Da sind doch alle Tugenden Beysammen, Beschränckt-heit, Genügsamkeit, Grader Sinn, Treue, Freude über das leidlichste Gute, Harmlosigkeit, Dulden – Dulden – Ausharren in un – – ich will mich nicht in Ausrufen verlieren.

Ich trockne nun iezt an meinen Sachen! – sie hängen um den Ofen. Wie wenig der Mensch bedarf, und wie lieb es ihm wird wenn er fühlt wie sehr er das wenige bedarf. – Wenn Sie mir künftig was schencken, lassen Sie's etwas seyn was man auf so einer Reise braucht. – Nur das stück Papier wo die Zwiebacke in gewickelt waren, zu wie vielerley mir's gedient hat! – Es kan nicht fehlen dass Sie hier nicht lachen und sagen: Schlieslich wirds also den Weeg alles Papiers gehn! – Genug es ist so – – – Ihre Uhr ist denn doch ein hübsch Vermächtniß. – – –

Ich weis nun noch nicht wie sich diese Irrfahrt endigen wird, so gewohnt bin ich mich vom Schicksaale leiten zu lassen, dass ich gar keine Hast mehr in mir spüre, nur manchmal dämmern leise Träume von Sorglichkeit wieder auf, die werden aber auch schwinden. (NB. ich rede hier von einer kindischen Sorglichkeit, nie übers ganze, sondern über einzelne kleine Fälle.)

d. 5. Dez. Guten Morgen noch bey Lichte. Es regnet gar arg, und niemand reisst ausser wen Noth treibt, und dringend Geschäfft, und mich treiben seltsame Gedancken in der Welt herum. Adieu. Grüsen Sie Steinen.

Ich fühle dass ich heute wieder im Verborgnen bleiben muss. Meine Küche giebt mir nur Erbsen und Wurst, nach 12 schick ich Sie noch um einen Beytrag zu bitten. Es ist mir als wenn eine Verändrung in mir vorging ich weis sie aber noch nicht zu deuten.

Weimar, d. 11. Febr. 78 G.

Schicken Sie mir auch einen Wandleuchter mit Arm.

Weimar, Frühjahr 1778

An den Mond

Füllest wieder's liebe Thal
Still mit Nebelglanz,
Lösest endlich auch einmal
Meine Seele ganz

Breitest über mein Gefild
Lindernd deinen Blick
Wie der Liebsten Auge, mild
Über mein Geschick.

Das du so beweglich kennst
Dieses Herz im Brand
Haltet ihr wie ein Gespenst
An den Fluß gebannt

Wenn in öder Winternacht
Er von Todte schwillt
Und bey Frühlingslebens Pracht
An den Knospen quillt.

Seelig wer sich vor der Welt
Ohne Hass verschliesst
Einen Mann am Busen hält
Und mit dem geniest,

Was den Menschen unbewust
Oder wohl veracht
Durch das Labyrinth der Brust
Wandelt in der Nacht.

Dornburg d. 2. März 1779

Wenn ich an ein Ort komme wo ich mit Ihnen gewesen bin, oder wo ich weis dass Sie waren, ist mir's immer viel lieber. Heut hab ich im Paradiese an Sie gedacht, dass Sie drinn herumgingen eh Sie mich kannten. Es ist mir fast unangenehm dass eine Zeit war wo Sie mich nicht kannten, und nicht liebten. Wenn ich wieder auf die Erde komme will ich die Götter bitten dass ich nur einmal liebe, und wenn Sie nicht so feind dieser Welt wären, wollt ich um Sie bitten zu dieser lieben Gefährtinn. Noch etwas hätten Sie mir geben können, einen Talisman mehr, denn ich habe wohl allerley und doch nicht genug. Wenn Sie ein Misel wären hätt ich Sie gebeten das Westgen erst einmal eine Nacht anzuziehn und es so zu transsubstantiiren, wie Sie aber eine weise Frau sind muss ich mit dem Calvinischen Sakrament vorlieb nehmen.

Knebeln können Sie sagen dass das Stück sich formt, und Glieder kriegt. Morgen hab ich die Auslesung, dann will ich mich in das neue Schloss sperren und einige Tage an meinen

Figuren posseln. Am 5ten treff ich in Apolda ein, da verlang ich aber einen Boten von Ihnen zu finden, und viel geschriebnes, und sonst allerley Sachen.

Jetzt leb ich mit den Menschen dieser Welt, und esse und trincke spase auch wohl mit ihnen, spüre sie aber kaum, denn mein inneres Leben geht unverrücklich seinen Gang.

[...] Adieu Liebste. Schreiben Sie mir dass Sie wohl sind. Adieu.

Abends halb neune. G.

Nach Apolda erwart ich eben auch einen Brief von Ihnen.

Apolda, d. 6 März 1779

Den ganzen Tag war ich in Versuchung nach Weimar zu kommen, es wäre recht schön gewesen wenn Sie gekommen wären. Aber so ein lebhafft Unternehmen ist nicht im Blute der Menschen die um den Hof wohnen. Grüsen Sie den Herzog und sagen ihm dass ich ihn vorläufig bitte mit den Rekrouten säuberlich zu verfahren wenn sie zur Schule kommen. Kein sonderlich Vergnügen ist bey der Ausnehmung, da die Krüpels gerne dienten und die schönen Leute meist Ehehafften haben wollen.

[...]

Hier will das Drama gar nicht fort, es ist verflucht, der König von Tauris soll reden als wenn kein Strumpfwürcker in Apolda hungerte.

Gute Nacht liebes Wesen. Es geht noch eben ein Husar.

G.

Am 12. September 1779 brach Goethe zu seiner zweiten Schweizer Reise auf, diesmal zusammen mit dem Oberforstmeister von Wedel als Begleiter des Herzogs von Weimar. Erst am 13. Januar 1780 trifft die Gesellschaft wieder in Weimar ein. Höhepunkt der Reise war der Besuch bei Lavater in Zürich. Neben bekannten und neuen Orten war es für Goethe auch ein Wiederfinden früherer Lebensstationen – Frankfurt, Sesenheim, Straßburg, Emmendingen …

***

Gegen Speyer über am Rhein.
d. 24. Sept. 79

Wir warten auf die Fähre indess will ich im Schatten Ihnen einige Worte schreiben.

Wir streichen wie ein stiller Bach immer weiter gelassen in die Welt hin, haben heute den schönsten Tag, und bisher das erwünschte Glück. Auf diesem Weege rekapitulir ich mein ganz vorig Leben sehe alle alte bekannte wieder, Gott weis was sich am Ende zusammen summiren wird. Dem Herzog thuts sehr wohl, Wedel ist vergnügt. Die Schweiz liegt vor uns und wir hoffen mit Beystand des Himmels in den grosen Gestalten der Welt uns umzutreiben, und unsre Geister im Erhabnen der Natur zu baden. Lassen Sie immer etwas nach Franckfurt gehen, es wird mir nachgeschickt oder erwartet mich. Leben Sie wohl! auf der andern Seite ein leichtes Schattenbild der Gegend. G.

Rheinzabern d. 25ten Sept. früh

Ich hatte mir vorgenommen ein klein Diarium zu schreiben, es ging aber nicht weil es mir keinen nahen Zweck hatte, künftig will ich Ihnen täglich, einfach aufschreiben was uns geschieht. Gestern Mittag kamen wir zu Speyer an, wie Sie aus der Bleystifft Beylage sehen, und suchten den Domher Beroldingen auf. Er ist ein lebhafter, grader, und rein theilnehmender Mann. Wir fasteten mit ihm sehr gut. sahen den Dom ein halb neues halb aus dem Brand überbliebnes Gebäude dessen erste Anlage wie die alten Kirchen zusammen in dem wahren Gefühl der Andacht gemacht ist. Sie schliesen den Menschen in den einfachen grosen Formen zusammen, und in ihren hohen Gewölben kan sich doch der Geist wieder ausbreiten, und aufsteigen, ohne wies in der grosen Natur geschieht ganz ins unendliche überzuschweifen.

[...]

Emmedingen d. 28. Sept. Ich kan nur zuerst die himmlischen Wolcken preisen und verherrlichen die bisher noch, wie ein Baldachin am Feyertage, über uns schwebten, und sich als Freunde und Führer unsres Unternehmens bekannten. In Demuth hoff ich dass es so weiter gehn wird, Lufft und Wetterglas geben Hoffnung. Nachts die klarsten Himmel, früh mit Sonnen Aufgang leicht auf und absteigende Nebel, die erhabensten Lufterscheinungen. Regen wenn wir ins Quartier kommen pp.

Ich fahre in meiner Erzählung fort.

d. 25. Abends ritt ich etwas seitwärts nach Sessenheim, indem die andern ihre Reise grad fortsezten, und fand daselbst eine Famielie wie ich sie vor acht Jahren verlassen hatte beysammen, und wurde gar freundlich und gut aufgenommen. Da ich iezt so rein und still bin wie die Luft so ist mir der Athem guter und stiller Menschen sehr willkommen. Die Zweite Tochter vom Hause hatte mich ehmals geliebt schöner als ichs verdiente, und mehr als andre an die ich viel Leidenschafft und Treue verwendet habe, ich musste sie in einem Augenblick verlassen, wo es ihr fast das Leben kostete, sie ging leise drüber weg mir zu sagen was ihr von einer Kranckheit iener Zeit noch überbliebe, betrug sich allerliebst mit soviel herzlicher Freundschafft vom ersten Augenblick da ich ihr unerwartet auf der Schwelle ins Gesicht tratt, und wir mit den Nasen aneinander stiesen dass mir's ganz wohl wurde. Nachsagen muss ich ihr dass sie auch nicht durch die leisestes Berührung irgend ein altes Gefühl in meiner Seele zu wecken unternahm. Sie führte mich in iede Laube, und da musst ich sizzen und so wars gut. Wir hatten den schönsten Vollmond. ich erkundigte mich nach allem. Ein Nachbaar der uns sonst hatte künsteln helfen wurde herbeygerufen und bezeugt dass er noch vor acht Tagen nach mir gefragt hatte, der Barbir musste auch kommen, ich fand alte Lieder die ich gestifftet hatte, eine Kutsche die ich gemahlt hatte, wir erinnerten uns an manche Streiche iener guten Zeit, und ich fand mein Andencken so lebhaft unter ihnen als ob ich kaum ein halb Jahr weg wäre. Die Alten waren treuherzig man fand ich sey iünger geworden. Ich blieb die Nacht und schied den andern Morgen bey Sonnenaufgang, von freundlichen Gesichtern verabschiedet dass ich nun auch wieder mit Zufriedenheit an das Eckgen der Welt hindencken, und in Friede mit den Geistern dieser ausgesöhnten in mir leben kan.

d. 26. Sonntags traff ich wieder mit der Gesellschafft zusammen, und gegen Mittag waren wir in Strasburg. Ich ging zu Lili und fand den schönen Grasaffen mit einer Puppe von sieben Wochen spielen, und ihre Mutter bey ihr. Auch da wurde ich mit Verwundrung und Freude empfangen. Erkundigte mich nach allem, und sah in alle Ecken. Da ich denn zu meinem ergözzen fand dass die gute Creatur recht glücklich verheurathet ist. Ihr Mann aus allem was ich höre scheint brav, vernünftig, und beschäfftigt zu seyn, er ist wohl habend, ein schönes Haus, ansehnliche Famielie, einen stattlichen bürgerlichen Rang pp. alles was sie brauchte pp. Er war abwesend. Ich blieb zu Tische. Ging nach Tisch mit dem Herzog auf den Münster, Abends sahen wir ein Stück L'Infante de Zamora mit ganz trefflicher Musick von Paesiello. Dann as ich wieder bey Lili und ging in schönem Mondschein weg. Die schöne Empfindung die mich begleitet kan ich nicht sagen. So prosaisch als ich nun mit diesen Menschen bin, so ist doch in dem Gefühl von durchgehendem reinen Wohlwollen, und wie ich diesen Weeg her gleichsam einen Rosenkranz der treusten bewährtesten, unauslöschlichsten Freundschafft abgebetet habe eine recht ätherische Wollust. Ungetrübt von einer beschränckten Leidenschafft treten nun in meine Seele die Verhältnisse zu den Menschen die bleibend sind, meine entfernten Freunde und ihr Schicksaal liegen nun vor mir wie ein Land in dessen Gegenden man von einem hohen Berge oder im Vogelflug sieht.

Hier bin ich nun nah am Grabe meiner Schwester, ihr Haushalt ist mir, wie eine Tafel worauf eine geliebte Gestalt stand die nun weggelöscht ist. Die an ihre Stelle Getrettne Fahlmer, mein Schwager, einige Freundinnen sind mir so nah wie sonst. Ihre Kinder sind schön, munter, und gesund. Von hier wirds nun auf Basel gehn. Wenn Sie wieder von mir hören weis ich nicht. Von Ihnen hab ich noch nichts. Obgleich andre Briefe von Franckfurt aus nachgeschickt sind.

Adieu, Grüsen Sie Alles.

Emmedingen d. 28. Sept. 1779

d. 27. früh sind wir von Strasburg ab und Abends hier angekommen.

Lavatern zu sehn und ihn dem Herzog näher zu wissen ist meine gröste Hoffnung. Ich unterhalte Sie nur von mir. Es ist meine alte Sünde. Adieu.

d. 13. Nov. 79

Auf dem Gotthart bey den Capuzinern.

[...] Zum zweitenmal bin ich nun in dieser Stube, auf dieser Höhe, ich sage nicht mit was für Gedancken. Auch iezt reizt mich Italien nicht. Dass dem Herzog diese Reise nichts nüzzen würde iezzo, dass es nicht gut wäre länger von Hause zu bleiben, dass ich Euch wiedersehen werde, alles wendet mein Auge zum zweitenmal vom gelobten Lande ab, ohne das zu sehen ich hoffentlich nicht sterben werde, und führt meinen Geist wieder nach meinem armen Dache, wo ich vergnügter als iemals Euch an meinem Camin haben, und einen guten Braten auftischen werde. Dabey sollen die Erzählungen die Abende kurz machen von braven Unternehmungen Entschlüssen, Freuden und Beschweerden.

Im Kurzen nur! Von Genf haben wir die Savoyer Eisgebürge durchstrichen, sind von da ins Wallis gefallen, haben dieses die ganze Länge hinauf durchzogen, und endlich über die Furcke auf den Gotthart gekommen. Es ist diese Lienie auf dem Papier geschwind mit dem Finger gefahren, der Reichthum von Gegenständen aber unbeschreiblich, und das Glück in dieser Jahreszeit seinen Plan rein durchzuführen über allen Preis. Hier oben ist alles Schnee. seit gestern früh 11 Uhr haben wir keinen Baum gesehen. Es ist grimmig kalt, Himmel und Wolcken Rein wie Saphir und Crystall. Der neu Mond ist untergegangen mit seltsamem Lichte auf dem Schnee. Wir stecken im Hause beym Ofen. Morgen steht uns nun der herrliche Weeg den Gotthart hinab noch vor. Doch sind wir schon durch so vieles grose durchgegangen dass wir wie Leviathane sind die den Strom trincken und sein nicht achten. Mehr oder weniger versteht sich. Gute Nacht. Diesen Brief geb ich auf die nächste Post die ich treffe. Wenn Sie ihn erhalten bin ich schon viel näher. Adieu bestes. G.

Ihre erste Weimarer Worte erhalt ich hier und freue mich Sie wieder meine Nachbaarinn zu wissen, und dass Ihnen der Schreibtisch Vergnügen macht. Glauben Sie mir ich halt ihn auch für kostbaar und muss, denn seit Anfang dieses Jahrs hab ich mich beschäfftigt ihn zusammenzutreiben, alles selbst ausgesucht, aufgesucht, davon viel Aneckdoten zu erzählen wären, bin offt vergnügt von Ihnen weg zum Tischer gegangen weil etwas im Werck war das Sie freuen sollte, das nicht auf der Messe erkauft, das von seinem ersten Entwurf meine Sorge, meine Puppe, meine Unterhaltung war. Wenn Freundschafft sich bezahlen lässt; so ist dünckt mich das die einzige von Gott und Menschen geliebt Art. [...]

Wir sind in und mit Lavatern glücklich, es ist uns allen eine Cur, um einen Menschen zu seyn, der in der Häuslichkeit der Liebe lebt und strebt, der an dem was er würckt Genuss im Würcken hat, und seine Freunde mit unglaublicher Aufmercksamkeit, trägt, nährt, leitet und erfreut. Wie gern mögt ich ein Vierteljahr neben ihm zubringen, freylich nicht müsig wie iezt. Etwas zu arbeiten haben, und Abends wieder zusammen lauffen. Die Wahrheit ist einem doch immer neu, und wenn man wieder einmal so einen ganz wahren Menschen sieht meynt man, man käme erst auf die Welt. Aber auch ists im moralischen wie mit einer Brunnen Cur alle Übel im Menschen tiefe und flache kommen in Bewegung, und das ganze Eingeweide arbeitet durch einander. Erst hier geht mir recht klar auf in was für einem sittlichen Todt wir gewöhnlich zusammen leben, und woher das Eintrocknen und Einfrieren eines Herzens kommt das in sich nie dürr, und nie kalt ist. Gebe Gott dass unter mehr grosen Vortheilen auch dieser uns nach Hause begleite, dass wir unsre Seelen offen behalten, und wir die guten Seelen auch zu öffnen vermögen. Könnt ich euch mahlen wie leer die Welt ist, man würde sich an einander klammern und nicht von einander lassen. Indess bin ich auch schon wieder bereit dass uns der Sirocko von Unzufriedenheit, Widerwillen, Undanck, Lässigkeit und Prätension entgegen dampfe.

Adieu meine Beste. Noch hab ich mein unleserliches Tagbuch an Sie von Martinach bis hierher nicht abdicktiren können. Wills Gott heut Abend oder morgen. Adieu. Grüsen Sie alles. Zürch d. 30. Nov. 79. G.

Übermorgen gehn wir von hier ab, und haben noch den Costnizer See, und den Rheinfall vor uns.

Ilmenau, d. 6. Sept. 80

Auf dem Gickelhahn dem höchsten Berg des Reviers den man in einer klingernden Sprache Alecktrüogallonax nennen könnte hab ich mich gebettet, um dem Wuste des Städgens, den Klagen, den Verlangen, der Unverbesserlichen Vorworrenheit der Menschen auszuweichen. Wenn nur meine Gedancken zusammen von heut aufgeschrieben wären es sind gute Sachen drunter.

Meine beste ich bin in die Hermannsteiner Höhle gestiegen, an den Plaz wo Sie mit mir waren und habe das S, das so frisch noch wie von gestern angezeichnet steht geküsst und wieder geküsst dass der Porphyr seinen ganzen Erdgeruch ausathmete um mir auf seine Art wenigstens zu antworten. Ich bat den hundertköpfigen Gott, der mich so viel vorgerückt und verändert und mir doch Ihre Liebe, und diese Felsen erhalten hat; noch weiter fortzufahren und mich werther zu machen seiner Liebe und der Ihrigen.

Es ist ein ganz reiner Himmel und ich gehe des Sonnen Untergangs mich zu freuen. Die Aussicht ist gros aber einfach.

[...]

Nach 8. – Schlafend hab ich Provision von Ilmenau erwartet, sie ist angekommen auch der Wein von Weimar, und kein Brief von Ihnen. Aber ein Brief von der schönen Frau ist gekommen mich hier oben aus dem Schlafe zu wecken. Sie ist lieblich wie man seyn kan. Ich wollte Sie wären eifersüchtig drauf, und schrieben mir desto fleisiger.

Schweer enthalt ich mich noch einmal in meinen liebsten Spiegel zu sehen, die schöne Dämmerung lockt mich aus der Stube. Wenn Sie nur auch sähen wie lieblich es iezt um mich herum ist. Gute Nacht meine beste. Ich habe keine zusammenhängende Gedancken, sie hängen aber alle zusammen an Ihnen.

Weimar, d. 8. Jan. 81 G.

Mir hätte nicht leicht etwas fatalers begegnen können als daß Lessing gestorben ist. Keine viertelstunde vorher eh die Nachricht kam macht ich einen Plan ihn zu besuchen. Wir verliehren viel viel an ihm, mehr als wir glauben. Adieu beste. Heute ist Conseil, ich will zu Hause essen, und Sie nach der Comödie sehn. Ich habe gar nicht Lust hineinzugehn.

Weimar, d. 20. Febr. 81 G.

[...]

Meine Seele ist fest an die deine angewachsen, ich mag keine Worte machen, du weist daß ich von dir unzertrennlich bin und daß weder hohes noch tiefes mich zu scheiden vermag. Ich wollte daß es irgend ein Gelübde oder Sakrament gäbe, das mich dir auch sichtlich und gesezlich zu eigen machte, wie werth sollte es mir seyn. Und mein Noviziat war doch lang genug um sich zu bedencken. Adieu. Ich kan nicht mehr Sie schreiben wie ich eine ganze Zeit nicht du sagen konnte.

Der Bote verspricht beyzeiten in Weimar zu seyn. In zwey Tagen folg ich ihm. Wo möglich kriegst du noch einen Brief eh ich komme.

Noch etwas von meiner Reiseandacht. – Die Juden haben Schnüre mit denen sie die Arme beym Gebet umwickeln, so wickle ich dein holdes Band um den Arm wenn ich an dich mein Gebet richte, und deiner Güte Weisheit, Mäsigkeit und Geduld theilhafft zu werden wünsche. Ich bitte dich fusfällig vollende dein Werck, mache mich recht gut! du kannsts, nicht nur wenn du mich liebst, sondern deine Gewalt wird unendlich vermehrt wenn du glaubst daß ich dich liebe. Lebe wohl.

Ich hoffe immer daß du wohl seyst. Leb wohl. Mir fällt eins aufs andre ein. Leb wohl, ich kan nicht von dir kommen wenn nicht des Blättgens Ende wie zu Hause die Thüre mich von dir schiede.

Neunheiligen, d. 12. März Montags um halb 11 Nachts. 81
G.

Sag mir liebste wie du dich befindest und ob du mit mir einig bist. Es thut mir nichts weher als wenn wir uns einen Augenblick misverstehen, als wenn mein Wesen an deines falsch anschlägt, mit oder ohne meine Schuld.

Adieu. Schicke mir meine Schrifften.
Weimar, d. 4. Aug. 81 G.

Sag mir Lotte ein Wort. Es ist mir in deiner Liebe als wenn ich nicht mehr in Zelten und Hütten wohnte als wenn ich ein wohlgegründetes Haus zum Geschenck erhalten hätte, drinne zu leben und zu sterben, und alle meine Besitzthümer drinne zu bewahren. Vor zehen Uhr seh ich dich einen Augenblick. Ich kann dir nicht Lebe wohl sagen denn ich verlasse dich nicht. *Weimar*, d. 11. Febr. 82 G.

Meiningen d. 12. May 82

Meine Sachen gehen ordentlich und gut, es ist freylich nichts wichtiges noch schweeres, indessen da ich, wie du weisst, alles als Übung behandle; so hat auch dies Reiz genug für mich. Ich habe als Gesandter eine förmliche Audienz bey beyden Herzogen gehabt, die Livree auf dem Saal, der Hof im Vorzimmer, an den Thürflügeln zwey Pagen und die gnädigsten Herrn im Audienz Gemach, Morgen geh ich nach Coburg dieselbe Comödie zu spielen, will in Hildburghausen mich auch an Hof stellen, und gegen Ende der Woche nach Rudolstadt gehn da ich einmal auf dem Weege bin und hiermit alle Thüringische Höfe absolviren. Von Rudolstadt schick ich einen Boten auf Kochberg zu hören ob du da bist.

Da ich einmal im Gewinnst sitze; so fällt mir alles zu, da ich aufmercksam bin des Glücks zu gebrauchen; so vermehrt sichs täglich, und ich verschleudre nichts. Wäre das was ich gewinne Geld; so wollt ich bald eine Million beysammen haben. Verschiedne sind auf verschiednes in der Welt angewiesen. Goldreich werd ich nie, desto reicher an Vertrauen gutem Nahmen und Einfluss auf die Gemüther.

Und was ich erlange bring ich zu deinen Füssen. Es ist gewiss meine Liebste, meine Sinne gehören dir so zu eigen, daß nichts bey mir ein kann ohne dir Zoll und Akzise zu bezahlen.

Du hast in meinen Augen und meinen Ohren kleine Geister angestellt, die von allem was ich sehe und höre den Tribut der Verehrung für dich fodern.

Ich wohne gegen der Kirche über, das ist eine schröckliche Situation für einen der weder auf diesem noch auf ienem Berge betet, noch vorgeschriebne Stunden hat Gott zu ehren. Sie läuten schon seit früh um viere und orgeln daß ich aufhören muß denn ich kann keine Gedancken zusammenbringen. Adieu liebe liebe Lotte.

Coburg d. 13. May 82 Abends

So weit wäre mein Feldzug vorgerückt und ganz glücklich und püncktlich. Wenn der Kopf weis was er will und das Herz nicht nötig hat ausheimisch zu seyn daß es ihm wohl werde so gehts ia wohl. Das danck ich dir Liebste alle Tage daß ich dein geworden bin und daß du mich aufs rechte gebracht hast. Ich verlange nicht mehr von den Menschen als sie geben können, und ich dringe ihnen wenigstens nicht mehr auf als sie haben wollen, wenn ich ihnen gleich nicht alles geben kann was sie gerne mögten.

[...]

Coburg d. 15ten früh

Nun wäre ich auch hier so weit fertig, will mich heute nach Gegenden und Menschen umsehen und morgen in die Gebürge reiten.

Gestern war es ein schöner Anblick als ich mit der Herrschafft ausfuhr auf einmal die ganze Gegend grün zu sehen. Es hatte in Einer Nacht sehr starck getrieben. Es fehlt nichts als daß du nicht da bist, die Landschafft ist auserordentlich schön.

[...]

Lebe wohl liebste Lotte. Dieser Brief sucht dich in Kochberg auf. Findet er dich nicht so geht er traurig auf Weimar. Bist du in Kochberg so komm ich Sonnabend Abend hin. Wärst du nicht da so gehe ich über Jena. Adieu vielgeliebte. Wer dich gefunden hat weis warum er in der Welt ist.

[...] G.

So war es denn Gott sey Danck ein Mißverständniß das dich dein Billet schreiben lies. Ich bin noch betäubt davon. Es war wie der Todt man hat ein Wort und keinen Begriff für so etwas. Von meinem gestrigen Stück, das sehr glücklich ablief, bleibt mir leider nichts als der Verdruß daß du es nicht gesehn hast. Lebe wohl. Öffne mir dein Herz wieder l. L.

Weimar, d. 23. Jul. 82 G.

Weimar, 24. Juli 1782

Während daß ich schlief kam die Erquickung von dir, wie ich aufwache erhalte ich sie. Noch weis ich nicht wie mir ist, o daß der Zustand bald vorüber gehn möge. Es ist noch so heis, in einigen Stunden will ich kommen, will abwarten wo es hinaus will, mein ganzes Wesen ist in seinem innersten angegriffen. So tief deine Liebe drang und mir wohl machte so tief hat der Schmerz die Weege gefunden und zieht mich in mir selbst zusammen. Ich kan nicht weinen, und weis nicht wohin. Adieu verzeih mir. Dein Schmerz ist's der mich ängstigt. Wenn dir's nicht wieder mit mir wohl werden kann so geb ich auf eine freudige Stunde zu haben.

Weimar, d. 17. Sept. 82 Abends

Ganz stille habe ich mich nach Hause begeben, um zu lesen, zu kramen und an dich zu dencken. Ich binn recht zu einem Privatmenschen erschaffen und begreiffe nicht wie mich das Schicksal in eine Staatsverwaltung und eine fürstliche Familie hat einflicken mögen.

Dir lebe ich meine Lotte, dir sind alle meine Stunden zugezählt, und du bleibst mir das fühle ich.

So lang ich dich gestern sehn konnte wehte ich mit dem Schnuptuche, auf dem Weege war ich bey dir, nur wie ich die Stadt erblickte fühlt ich erst den Raum der mich von dir trennte.

[...]

d. 18ten früh

Die ersten Tage meiner Entfernung von dir sind immer sehr schmerzhafft ieden Augenblick mögte ich zu dir laufen, und kann meine Gedancken nirgendhin ableiten. Sehnsuchtsvoll erwarte ich ein Briefgen von dir, und wie dir es in Rudolstadt gegangen ist.

Wie schön wird es seyn wenn du wieder da bist und nur die Ackerwand uns trennt du einzige.

Nachts

Die Fischerinn ist gespielt. Wie bey allem und nach allem ich dein verlange!

Sie haben schlecht gespielt, und hundert Schweinereyen gemacht, am Ende war freylich das Stück vorüber, wie wenn einer nach einem Rehe schösse es fehlte und durch ein ohngefähr einen Hasen träfe. So ists mit dem Effeckt! pp Der beste Effeckt ist den zwey gleiche Seelen auf einander machen. Der auch in der Entfernung nicht fehlen kann und der von keinen dritten, Ackteurs oder Instrumentalisten abhängt.

Ich habe dir einen Vorschlag zu thun doch den Morgen frühe. Heut gute Nacht.

d. 19ten früh

Mein Vorschlag ist der du sollst mir Sonntags in Blanckenhahn begegnen. Ich ritte zu guter Zeit hinaus und fände dich, wir blieben den Tag zusammen und gingen Abends zurück. Ich kann nicht bis Michäl warten, und kann täglich weniger ohne dich seyn.

Auch kann ich nicht warten bis ein Bote kommt, ich schicke meinen Purschen zu Pferde der mag sich durch Wind und Wetter schlagen.

Hierbey empfängst du allerley.

Und die eifrigste Versicherung meiner Liebe. G.

[...]
Frühe hab ich, zwar nicht vor Tag doch mit dem Tage meine erste Wallfahrt gemacht. Unter deinen Fenstern grüst ich dich und ging nach deinem Steine. Er ist ietzt der einzige lichte Punckt in meinem Garten. Die schönen Thränen des Himmels rollten an ihm herunter, es soll hoff ich nichts zu bedeuten haben.

Ich strich um mein verlassen Häusgen, wie Melusine um das ihrige wohin sie nicht zurückkehren sollte, und dachte an die Vergangenheit von der ich nichts verstehe, und an die Zukunft von der ich nichts weis. Wie viel hab ich verlohren da ich ienen stillen Aufenthalt verlassen muste! Es war der zweyte Faden der mich hielt, ietzt hänge ich ganz allein an dir, und Gott sey Danck ist dies der stärckste. Seit einigen Tagen seh ich die Briefe durch die an mich seit zehen Jahren geschrieben worden, und begreife immer weniger was ich bin und was ich soll.

Bleibe mir l. Lotte du bist mein Ancker zwischen diesen Klippen.

Was es auch sey, so fühl ich ein unendl[iches] Bedürfniß einsam zu seyn. Unter einem Vorwande daß ich nicht wohl sey will ich mich vom Hof und Conseil entschuldigen, zu Hause bleiben, alte Schulden abthun und mein Haus bestellen. Da Hufland selbst kranck ist kann ich es desto eher thun. Dazu muß ich aber auch deinen Urlaub haben, versage mir ihn nicht.

Schach wird meinen Morgengrus gebracht haben. Wie freut ich mich iemand von dir zu sehn, und nun grüse ich dich mit der herzlichsten Zärtlichkeit. Adieu.

Weimar, d. 17. Nov. 82 G.

So weit war ich als ich dein liebes Zettelgen erhielt. Tausend Danck. Was soll ich darauf sagen? Liebe Lotte wenn du aus der Kirche kommst laß mich noch ein paar Zeilen von dir sehen. Du einzige unaussprechlich Geliebte.

Clausthal Sonnabend d. 20. Sept. 83

Du wirst nun L. L. zwey Briefe von mir haben, einen mit der Post, einen durch Frl. Stein. Du hast gewiß im Schreiben gefühlt wie viel Vergnügen mir die deinigen machen würden, die ich hier gefunden habe, und der dritte den ich heute Abend erhalte.

Meine Reise geht sehr glücklich ich habe das schönste Wetter, und Morgen früh wagen wir uns auf den Brocken. Fritz ist gar lieb und gut und macht mir grose Freude. An ihm geniese ich ieden Augenblick im Stillen des Glücks daß ich ganz dein bin. Erst d. 18ten Abends kamen wir hier an. Ich werde dir viel von der schönen Frau erzählen, sie wusste nicht woran sie mit mir war, und gern hätte ich ihr gesagt: ich liebe, ich werde geliebt, und habe auch nicht einmal Freundschafft zu vergeben übrig. Vielleicht seh ich sie noch einmal in Göttingen oder Cassel denn sie geht in diesen Tagen nach Strasburg.

Hier bin ich recht in meinem Elemente, und freue mich nur daß ich finde ich sey auf dem rechten Weege mit meinen Spekulationen über die alte Kruste der neuen Welt. Ich unterrichte mich so viel es die Geschwindigkeit erlaubt, sehe viel, das Urtheil giebt sich.

Du wirst dich freuen über eine Menge Ideen die ich mitbringe auch über menschlich Natur und Wesen, und was dich eigentlich angeht, du kannst mich immer noch einige Zeit missen, denn du wirst der entbehrten Tage doppelt geniessen. Wie glücklich machst du mich durch dass sichre Gefühl daß ich dein sey, ich bin's auch l. Lotte, es ist unmöglich iemanden mehr anzugehören.

[...] G.

d. 21. Sept.

Ehe wir den Brocken besteigen sage ich dir noch einen guten Morgen. Das Wetter hat sich überzogen, vielleicht kommt uns das Morgen früh zu Gute denn wir bleiben diese Nacht oben. Oben auf dem Gipfel auf den alten Klippen will ich mich nach deiner Wohnung umsehn und dir die Gedancken der lebhafftesten Liebe zuschicken. Schon vor mehreren Jahren that ich dasselbe, und wieviel anders ists ietzo lebe wohl meine beste. Ich schreibe bald wieder.

Cassel d. 2. Oktbr. 83

Wir sind nun hier und sehr vergnügt, verzeihe nur l. Lotte daß wir so lange ausbleiben. [...]

Das Wetter ist unendlich schön. Und ich habe Augenblicke und Anblicke wo ich dich sehnlich an meinen Arm wünsche. Du bist das liebste womit ich alle schöne Gegenden ziere.

Du wirst geliebt wie du es wünschest, und ich kann allein in dir finden was ich mein ganzes Leben durch gewünscht habe, das wirst du recht lebendig an der Erzählung vernehmen die ich dir von dieser Reise machen werde.

Ich sehe sehr schöne und gute Sachen und werde für meinen stillen Fleis belohnt.

Das glücklichste ist daß ich nun sagen kann, ich bin auf dem rechten Weege, und es geht mir von nun an nichts verlohren.

Lebe wohl. Ich dencke Sonntags d. 5. von hier ab und nach Eisenach zu gehn und dann schnell zu dir welche Freude dich wieder zu sehn und für immer dein zu seyn. G.

Zum guten Morgen meiner Lotte ein Paar Zeilen, da ich ihr leider nicht einmal werde guten Abend sagen können.

Es ist mir ein köstliches Vergnügen geworden, ich habe eine anatomische Entdeckung gemacht die wichtig und schön ist. Du sollst auch dein Theil dran haben. Sage aber niemand ein Wort. Herdern kündigets auch ein Brief unter dem Siegel der Verschwiegenheit an. Ich habe eine solche Freude, daß sich mir alle Eingeweide bewegen.

Lebe wohl. Wie sehr lieb ich dich! Wie sehr fühl ichs in fröhlichen und traurigen Augenblicken. Antworte mir nicht, Aber laß mich in meinem Hause ein Wort von dir finden. Lebe wohl meine Lotte. Es geht mir nur so wohl weil du mich liebst. *Jena*, Sonnabend. *27. März 1784* G.

Eisenach, d. 17. Juni 84

[...]
Wie einsam ich bin werden dir meine Briefe gesagt haben. Ich esse nicht bey Hofe, sehe wenig Menschen, gehe allein spazieren und an iedem schönen Plaz wünsche ich mit dir zu seyn. Ich kann mir nun nicht helfen daß ich dich lieber habe als mir gut ist desto besser wird mir seyn wenn ich dich wiedersehe.

Meine Nähe zu dir fühl ich immer, deine Gegenwart verläßt mich nie. Durch dich habe ich einen Maasstab für alle Frauens ia für alle Menschen, durch deine Liebe ein Maasstab für alles Schicksal. Nicht daß sie mir die übrige Welt verdunckelt, sie macht mir vielmehr die übrige Welt recht klar, ich sehe recht deutl[ich] wie die Menschen sind was sie sinnen wünschen, treiben und geniesen, ich gönne jedem das seinige und freue mich heimlich in der Vergleichung, einen so unzerstörlichen Schatz zu besitzen.

[...]
Meine Felsen Spekulationen gehen sehr gut. Ich sehe gar viel mehr als andre die mich manchmal begleiten und auch auf diese Sachen aufmercksam sind, weil ich einige Grund-

geseze der Bildung entdeckt habe, die ich als ein Geheimniß behalte und deswegen die Gegenstände leichter beurtheilen kan.

An Wilhelm habe ich nicht weiter geschrieben. Manchmal geh ich das geschriebne durch und arbeite es aus, manchmal bereit ich das folgende. Wenn ich wieder dicktiren kann soll dieses Buch bald fertig seyn.

Unendlich werden dich die Memoires unterhalten. Uns andern die zum Erbtheil keine politische Macht erhalten haben, die nicht geschaffen sind um Reichthümer zu erwerben, ist nichts willkommner als was die Gewalt des Geistes ausbreitet und befestigt. Nun schweig ich auch ganz stille von dem Büchlein um zu hören was andre drüber sagen.

Wenn du es gelesen schick es doch gleich an Herdern mit Bitte es noch geheim zu halten.

[...]

Adieu du tausendmal Geliebte.

Eisenach, d. 28. Jun. 84

[...] Ja liebe Lotte ietzt wird es mir erst deutlich wie du meine eigne Hälfte bist und bleibst. Ich bin kein einzelnes kein selbständiges Wesen. Alle meine Schwächen habe ich an dich angelehnt, meine weichen Seiten durch dich beschützt, meine Lücken durch dich ausgefüllt. Wenn ich nun entfernt von dir bin so wird mein Zustand höchst seltsam. Auf einer Seite bin ich gewaffnet und gestählt, auf der andern wie ein rohes Ey, weil ich das versäumt habe mich zu Harnischen wo du mir Schild und Schirm bist. Wie freue ich mich dir ganz anzugehören. Und dich nächstens wieder zu sehen.

Alles lieb' ich an dir und alles macht mich dich mehr lieben.

Der Eifer wie du in Kochb[erg] deine Haushaltung angreiffst von dem mir Stein mit Vergnügen erzählt, vermehrt meine Neigung zu dir, läßt mich deine innerlich thätige und köstliche Seele sehn. Lotte bleibe mir und was dich auch interessiren mag, liebe mich über alles.

d. 1. Jul.

Der verlohrne Monat ist nun herum und der neue lässt mir Hoffnung dich balde zu sehen.

Fritz sagt mir er habe eine solche Sehnsucht nach Weimar daß es ihn in den Knieen ziehe, ich habe mit ihm drüber gescherzt, ihn ausgelacht und heimlich noch grösere Sehnsucht empfunden.

Heute erhalten die Stände den Abschied und ich will eilen was ich kann um was noch nöthig ist zu besorgen, damit ich bald fortkomme.

Der Schmäuse drängt einer den andern, und man kann nicht alle ausweichen, ich finde es eine böse Art. Adieu L. Lotte ich habe viel zu thun, und bin ganz dein. G.

Ilmenau, 5. und 6. Oktober 1784

Ich weis daß es meine liebe Lotte freut auch nur wenig Worte von mir in ihrer Einsamkeit zu hören. Dieser Brief wird über Weimar gehn, denn zwischen hier und Kochb[erg] ist alle Communikation abgeschnitten.

Wir sind gestern sehr lange gefahren und haben uns sehr nach der Ente gesehnt die du uns bestimmt hattest, wir wurden für unsre Nachlässigkeit mit Hunger bestraft. Fritz war gar artig, ich erklärte ihm die zwey ersten Bildungsepoquen der Welt nach meinem neuen System er begriff alles recht wohl und ich freute mich über den Versuch durch den selbst bey mir die Materie mehr Klarheit und Bestimmtheit gewonnen hatte. Die Kinder sind ein rechter Probierstein auf Lüge und Wahrheit es ist ihnen noch gar nicht so sehr wie den Alten um den Selbstbetrug Noth.

[...]

6. Oktober

Heute haben wir einen weiten Spaziergang gemacht der sehr schön war um die alten Teiche und Gräben zu sehen, davon ein Theil hergestellt werden muß. Ich wünschte dabey und vertraute daß ich einmal mit dir den schönsten Teil des Weegs machen könnte.

Ich werde unsre Expedition nicht übereilen da ich dich nicht zu Hause antreffe besonders wenn wir schön Wetter behalten sollten, da will ich meine Freunde die Berge noch recht durch sinnen und durch suchen damit ich im Glauben gestärckt werde.

Nun sage ich dir gute Nacht, damit ich noch einige Augenblicke meinem Wilhelm widmen kann der auch dein ist. Lebe wohl du theure Hausfrau, du süse Liebhaberinn, du treue Freundinn du Innbegriff alles Guten und du Meine. G.

Es geht ein Bote und ich kann dir einen Morgengrus schikken. Es ist nicht gut daß du so lange aussenbleibst, ich habe Mutter und Vaterland um deintwillen zurückgesetzt und nun muß ich diese Tage allein zu bringen. Daraus kann nichts guts entstehen. Ohne dich ist mir das Leben nur eine Träumerey, und wenn ich dich missen sollte müsste ich eine völlige Umkehrung meines Haushaltes machen. Komm ia bald Geliebteste. Und Lebe recht wohl.

Weimar, d. 28. Oktbr. 1784 G.

Du schreibst mir gar nicht mehr wenn ich dich nicht auffordre. Wie befindest du dich. Sage mir ein freundlich Wort. Liebe!

Weimar, d. 10. May 85 G.

Zwischen 4 und 5. steigt der Ballon.

Ilmenau, 8. Nov. 1785

[...] Ich habe heute einen grosen Spaziergang gemacht, den ganzen Graben hinauf, wo mir die Wasser, die das Werck treiben sollen, entgegen kamen und zum erstenmal wieder seit vielen Jahren diesen Weeg machten.

Alle Arten von Wolcken, Duft, Nebel, Gestöber, Geriesel, Schnee, Graupeln wechselten in der Atmosphäre, doch war der Morgen freundlich und fröhlich und die Berge sehr schön.

Hier schicke ich dir vom allerschönsten Moos das artigste und beste Stückgen. Wie Albertingen nach Carlsruh ging, fand ich so ein Stück und schenckte es ihr als Zierrath auf den schwarzen Hut. Seit der Zeit habe ich es nicht wieder finden können. Jetzt erscheints auf einmal. Wahrscheinlich sind die Tellergen eine Art Befruchtung die in diesem Monat vorgeht, in welchem ich seit mehreren Jahren nicht hier war.

Gute esbare Schwämme bringe ich getrocknet mit, du siehst in welchen Classen der Vegetation ich hier lebe.

Ich habe Linnées Botanische Philosophie bey mir, und hoffe sie in dieser Einsamkeit endlich einmal in der Folge zu lesen, ich habe immer nur so dran gekostet.

Ich habe wieder einige artige botanische Ideen, und habe ein Gelübde gethan, diesmal keinen Stein anzurühren.

In meinem guten warmen Stübgen fehlt mir nur deine Gegenwart, alles ist sonst so ruhig und artig. Ein neuer Schreibtisch den ich mir letztes Frühjahr bestellt giebt auch meinem häuslichen Wesen mehr Anmuth und Bequemlichkeit. Es fehlt nichts als der Thee.

Lebe wohl beste. Ich bin ganz und gar dein, nichts scheidet mich von dir.

Grüse die Schwester und Fritzen. G.

[...]
Am meisten freut mich ietzo das Pflanzenwesen, das mich verfolgt; und das ists recht wie einem eine Sache zu eigen wird. Es zwingt sich mir alles auf, ich sinne nicht mehr drüber, es kommt mir alles entgegen und das ungeheure Reich simplificirt sich mir in der Seele, daß ich bald die schwerste Aufgabe gleich weglesen kann.

Wenn ich nur jemanden den Blick und die Freude mittheilen könnte, es ist aber nicht möglich. Und es ist kein Traum keine Phantasie; es ist ein Gewahrwerden der wesentlichen Form, mit der die Natur gleichsam nur immer spielt und spielend das manigfaltige Leben hervorbringt. Hätt ich Zeit in dem kurzen Lebensraum; so getraut ich mich es auf alle Reiche der Natur – auf ihr ganzes Reich – auszudehnen.

Nun lebe wohl du Geliebteste einzige, der sich meine ganze Seele enthüllen und hingeben mag; ich freue mich deiner Liebe und rechne darauf, für alle künftige Zeiten. [...]

Weimar, d. 10. Jul. 86 G.

Schon so manches Zeichen hat auf einen bevorstehenden Aufbruch hingedeutet, aber welcher Art er war, durfte nicht einmal Frau von Stein erfahren. Es gehe darum, seine »Existenz ganzer zu machen« (Brief an den Herzog Carl August, 2. September 1786). »Und dann werde ich in der freien Welt mit dir leben, und in glücklicher Einsamkeit, ohne Namen und Stand, der Erde näher kommen aus der wir genommen sind«, erfährt Frau von Stein unter dem Datum des 23. August. Seit Ende Juli hält Goethe sich zum zweiten Mal zu einer Kur in Karlsbad auf; seine Freundin war schon früher dort eingetroffen, und Anfang August folgten der Herzog und die Familie Herder nach. Zwei Wochen mit Frau von Stein bleiben ihm, die er, als sie am 14. August abreist, bis Schneeberg im Erzgebirge begleitet. Während seines Karlsbader Aufenthalts ist Goethe damit beschäftigt, die ersten vier Bände seiner »Schriften« für den Druck zu bereinigen; in den nächsten Jahren werden die acht Bände der »Schriften« als erste rechtmäßige Ausgabe seiner Werke bei Göschen in Leipzig erscheinen. Die Arbeit daran verzögert die Abreise, die eigentlich für den 28. August geplant war. Und so bricht Goethe am 3. September, am Geburtstag des Herzogs, um drei Uhr früh heimlich auf. Endlich Italien!

***

[...] Nun noch ein Lebewohl von Karlsbad aus, die Waldner soll dir dieses mitbringen; von allem was sie erzählen kann sag ich nichts; das wiederhol ich dir aber daß ich dich herzlich liebe, daß unsre letzte Fahrt nach Schneeberg mich recht glücklich gemacht hat und daß deine Versicherung: daß dir wieder Freude zu meiner Liebe aufgeht, mir ganz allein Freude ins Leben bringen kann. Ich habe bisher im stillen gar mancherlei getragen, und nichts so sehnlich gewünscht als daß unser Verhältnis sich so herstellen möge, daß keine Gewalt ihm was anhaben könne. Sonst mag ich nicht in deiner Nähe wohnen und ich will lieber in der Einsamkeit der Welt bleiben, in die ich jetzt hinaus gehe. Wenn meine Rechnung nicht trügt; kannst du Ende September ein Röllchen Zeichnungen von mir haben, die du aber niemanden auf der Welt zeigen mußt. Du sollst alsdann erfahren wohin du mir schreiben kannst. Lebe wohl! Gib Fritzen inliegendes. Grüße Ernsten, Steinen, die Schwester und laß niemand merken daß ich länger außenbleibe. Liebe mich, und sage mirs damit ich mich des Lebens freuen könne.

Den 1. September 1786 G.

Die vier ersten Bände recht auszuputzen hat noch viele Mühe gemacht; sogar Iphigenien nehm ich noch auf die Reise mit. Herder hat sehr treulich geholfen, und über das

Ende Werthers ist die Sache auch entschieden. Nachdem es Herder einige Tage mit sich herumgetragen hatte, ward dem Neuen der Vorzug eingeräumt. Ich wünsche, daß dir die Verändrung gefallen und das Publikum mich nicht schelten möge. Liebe mich herzlich und mit Freude mein ganz Gemüt ist dein. Du hörst bald von mir, Adieu.

Rom den 7. November 1786

Laß dich's nicht verdrießen meine Beste daß dein Geliebter in die Ferne gegangen ist, er wird dir besser und glücklicher wiedergegeben werden. Möge mein Tagebuch das ich bis Venedig schrieb, bald und glücklich ankommen, von Venedig bis hierher ist noch ein Stück geworden das mit der Iphigenie kommen soll, hier wollt ich es fortsetzen allein es ging nicht. Auf der Reise rafft man auf was man kann, jeder Tag bringt etwas und man eilt auch darüber zu denken und zu urteilen. Hier kommt man in eine gar große Schule, wo ein Tag soviel sagt und man doch von dem Tage nichts zu sagen wagt.

Auf dem beiliegenden Blatte hab ich etwas geschrieben, das du auch den Freunden mitteilen kannst, für dich allein behalte die Versicherung daß ich immer an dich denke und von Herzen dein bin. Ein großes Glück ist mir mit Tischbein zu leben und bei ihm zu wohnen, in treuer Künstlergesellschaft, in einem sichern Hause, denn zuletzt hatt' ich doch des Wirtshauslebens satt.

[...]

Rom ist nur ein zu sonderbarer und verwickelter Gegenstand um in kurzer Zeit gesehen zu werden, man braucht Jahre, um sich recht und mit Ernst umzusehn. Hätte ich Tischbein nicht der so lange hier gelebt hat und als ein herzlicher Freund von mir, so lange mit dem Wunsche hier gelebt hat mir Rom zu zeigen; so würde ich auch das weder genießen noch lernen, was mir in der kurzen Zeit beschert zu sein scheint; und doch seh ich zum voraus daß ich wünschen werde anzukommen wenn ich weggehe. Was aber das Größte ist und was ich erst hier fühle; wer mit Ernst sich hier umsieht und Augen hat zu sehen muß solid werden, er muß einen Begriff von Solidität fassen der ihm nie so lebendig ward. Mir wenigstens ist es so als wenn ich alle Dinge dieser Welt nie so richtig geschätzt hätte als hier. Welche Freude wird mirs sein dich davon zu unterhalten.

Nun warte ich sehnlich auf einen Brief von dir und werde dir öfters schreiben du nimmst mit wenigem vorlieb, denn abends ist man müde und erschöpft vom Laufen und Schauen des Tags. Bemerkungen zeichne ich besonders auf und die sollst du auch zu seiner Zeit erhalten.

Wo man geht und steht ist ein Landschaftsbild, aller Arten und Weisen. Paläste und Ruinen, Gärten und Wildnis, Fernen und Engen, Häuschen, Ställe, Triumphbögen und Säulen, oft alles zusammen auf ein Blatt zu bringen. Doch werd ich wenig zeichnen, die Zeit ist zu kostbar, ob ich gleich lernen und manches mitbringen werde.

[...]

Leb wohl. Grüße die deinen. Liebe mich. Empfiehl mich dem Herzog und der Herzogin.

Geht ab den 11. November G.

Rom den 13. Dezember 1786

[...] Dein Zettelchen hat mich geschmerzt aber am meisten darum daß ich dir Schmerzen verursacht habe. Du willst mir schweigen? du willst die Zeugnisse deiner Liebe zurücknehmen? Das kannst du nicht ohne viel zu leiden, und ich bin schuld daran. Doch vielleicht ist ein Brief von dir unterwegs der mich aufrichtet und tröstet, vielleicht ist mein Tagebuch angekommen und hat dich zur guten Stunde erfreut. Ich fahre fort dir zu schreiben dir das Merkwürdigste zu melden und dich meiner Liebe zu versichern. Wenn du diesen Brief erhältst bin ich wahrscheinlich in Neapel, wenn du mir schreiben magst; so laß deine Briefe ja immer abgehen, denn ich komme bald zurück und werde mich freuen ein Wort von dir wieder zu finden.

Den 14. Dezember 1786

Was ich auf der vorigen Seite schrieb sieht so ruhig aus, ich bin es nicht und muß dir liebe Vertraute alles vertrauen.

Seitdem ich in Rom bin hab ich unermüdet alles Sehenswürdige gesehen und meinen Geist recht damit überfüllt, in der Zeit da sich manches zu setzen und aufzuklären schien, kam dein Zettelchen und brach mir alles ab. Ich sah noch einige Villen, einige Ruinen, mit den Augen bloß. Da ich merkte daß ich nichts mehr sah, ließ ich ab und ging nur so vor mich hin.

Moritz der an seinem Armbruch noch im Bette liegt, erzählte mir wenn ich bei ihm war Stücke aus seinem Leben und ich erstaunte über die Ähnlichkeit mit dem meinigen. Er ist wie ein jüngerer Bruder von mir, von derselben Art, nur da vom Schicksal verwahrlost und beschädigt, wo ich begünstigt und vorgezogen bin. Das machte mir einen sonderbaren Rückblick in mich selbst. Besonders da er mir zuletzt gestand, daß er durch seine Entfernung von Berlin eine Herzensfreundin betrübt. – Nicht genug! Ich las Tischbeinen meine Iphigenie vor die nun bald fertig ist. Die sonderbare, originale Art wie dieser das Stück ansah und mich über den Zustand in welchem ich es geschrieben aufklärte, erschröckte mich. Es sind keine Worte wie fein und tief er den Menschen unter dieser Heldenmaske empfunden.

Setzest du nun dazu daß ich gezwungen bin an meine übrige Schriften zu denken, und zu sinnen wie ich sie enden und stellen will und daß ich dadurch genötigt werde in tausend vergangne Situationen meines Lebens zurückzukehren, und das das alles in wenigen Tagen auf mich zudringt in der merkwürdigsten Stadt der Welt die allein hinreicht einen Ankömmling verwirrt zu machen; so wirst du denken können in welcher Lage ich mich befinde. Ich denke nun auch nicht auf die nächste Stunde, ich will so hingehn, das Notwendige tun und tragen was ich muß und abwarten wie sich das alles entwickelt.

Kannst du etwas für mich tun; so tu es! unendlich wird mich jedes Wort von dir erfreuen und aufrichten. In sechzehn Tagen ist ein Brief von dir in Rom. Diesen erhältst du zu Anfang des Jahres wenn du gleich wieder schreibst machst du mich glücklich, nur unter Tischbeins Adresse.

Tischbein Pittore tedesco al Corso incontro al Palazzo Rondanini.

Übrigens geht es mir sehr gut, ich habe bequeme und sichre Wohnung und die beste Einleitung zu allem und in alles was ich sehn will.

Grüße Fritzen und sage daß ich einige recht schöne Kunststücke für ihn lerne. Münzen in Ton abzudrucken, mit zwei Seiten und ihnen im Brennen eine Metallfarbe zu geben. Das viel artiger und dauerhafter als alles Gipswesen ist. Auch werd ich ihm schöne Schwefel mitbringen.

Rom d. 20. Dez. 86.

Noch ist kein Brief von dir angekommen, und es wird mir immer wahrscheinlicher daß du vorsätzlich schweigst, ich will auch das tragen und will denken: Hab ich doch das Beispiel gegeben. hab ich sie doch schweigen gelehrt, es ist das erste nicht, was ich zu meinem Schaden lehre.

Heute nacht hatt' ich halb angenehme, halb ängstliche Träume. Ich war in Eurer Gegend und suchte dich. Du flohst mich und dann wieder wenn ich dir begegnen konnte, wich

ich dir aus. Deine Schwester und die kleine S[chardt] fand ich beisammen. Letztere versteckte etwas vor mir, wie ein farbiges Strickzeug. Sie erzählten mir, du lesest jetzt mit vieler Freude die englischen Dichter und ich sah sogleich zum Fenster hinaus einen anmutigen grünen Berg mit Lorbeerhecken und Schneckengängen die hinaufführten. Man sagte mir es sei der englische Parnaß. Ich dachte: darüber wird sie mich leicht vergessen, und schalt auf die englischen Dichter und verkleinerte sie. Dann sucht ich dich in meinem Garten und als ich dich nicht fand, ging ich auf die Belved[eresche] Chaussee, wo ich ein Stück Weg hatte machen lassen das mich sehr freute. Wie ich dabei stand kamen Oppels gefahren die mich freundlich grüßten, welches mir eine sehr frohe Empfindung war. – So bleibt der Entfernte mit den zartesten Banden an die Seinigen gefesselt. – Gestern träumte ich die Herdern sei, eben als ich in ihr Haus trat, in die Wochen gekommen.

Hab ich Dir denn von Rom nichts zu schreiben als Träume? Noch viel! Gar viel!

Ich fange nun an die besten Sachen zum zweitenmal zu sehen, wo denn das erste Staunen sich in ein Mitleben und näheres Gefühl des Wertes der Sachen auflöst.

Ich lasse mir nur alles entgegen kommen und zwinge mich nicht dies oder jenes in dem Gegenstande zu finden. Wie ich die Natur betrachtet, betrachte ich nun die Kunst, ich gewinne, wornach ich solang gestrebt, auch einen vollständigern Begriff von dem Höchsten was Menschen gemacht haben, und meine Seele bildet sich auch von dieser Seite mehr aus und sieht in ein freieres Feld.

[...]

Die Wiedergeburt die mich von innen heraus umarbeitet, würkt immer fort, ich dachte wohl hier was zu lernen, daß ich aber so weit in die Schule zurückgehn, daß ich so viel verlernen müßte dacht ich nicht. Desto lieber ist mirs, ich habe mich ganz hingegeben und es ist nicht allein der Kunstsinn, es ist auch der moralische der große Erneuerung leidet. Viel erleichtern würde mir diese sonderbare Hauptepoche meines Lebens, wenn ich ein freundlich Wort von dir vernähme, da ich jetzt alles allein austragen muß. Doch ich will dirs nicht abzwingen, folge deinem Herzen, und ich will meinen Weg im stillen endigen. Tischbein und Moritz sind mir von großer Hülfe, und wissen nicht was sie mir sind, da auch hier der zum Schweigen Gewöhnte, schweigt. Lebe wohl. Grüße die Deinigen. Ich werde fortfahren dir zu schreiben. Diesmal kommt mir dein Geburtstag ohne daß ich mich dessen mit dir freuen kann. Wie erfreulich wird der nächste sein, wenn du mich nicht ganz von deinem Herzen ausschließen willst.

abgeg. d. 23. Dez. 86.

d. 23. Dez. Abends.

Laß mich dir nur noch für deinen Brief danken! Laß mich einen Augenblick vergessen was er Schmerzliches enthält. Meine Liebe! Meine Liebe! Ich bitte dich nur fußfällig, flehentlich, erleichtere mir meine Rückkehr zu dir, daß ich nicht in der weiten Welt verbannt bleibe. Verzeih mir großmütig was ich gegen dich gefehlt und richte mich auf. Sage mir oft und viel wie du lebst, daß du wohl bist, daß du mich liebst. In meinem nächsten Briefe will ich dir meinen Reiseplan schreiben, was ich mir vorgenommen habe und wozu der Himmel sein Gedeihen gebe. Nur bitt ich dich: sieh mich nicht von dir geschieden an, nichts in der Welt kann mir ersetzen was ich an dir, was ich an meinen Verhältnissen dort verlöre. Möge ich doch Kraft alles Widrige männlicher zu tragen mitbringen. [...]

Daß du krank, durch meine Schuld krank warst, engt mir das Herz so zusammen daß ich dirs nicht ausdrucke. Verzeih

mir ich kämpfte selbst mit Tod und Leben und keine Zunge spricht aus was in mir vorging, dieser Sturz hat mich zu mir selbst gebracht. Meine Liebe! meine Liebe!
Lies doch Anton Reiser ein psychologischer Roman von Moritz, das Buch ist mir in vielem Sinne wert. Der arme Narr liegt nun schon 26 Tage auf Einem Flecke an einem Armbruche.

Fritzen schreibe ich mit nächster Post.

Vom 4. Nov. war ein Blatt an den Herzog das du sehn solltest. Meine Tagebücher müssen endlich kommen und dir mein Herz bringen, dir sagen daß du mir einzig bist und daß du mit niemand teilest.

Lebe wohl! liebe mich! daß ich mit Freuden sammle und dir neue Schätze bringe.

Im Leben und Tod der Deine. G.

[...]

Den 29. Dezember 1786

Immer muß ich wiederholen: ich glaubte wohl hier etwas Rechts zu lernen, daß ich aber soweit in die Schule zurückgehen müßte glaubt ich nicht, und je mehr ich mich selbst verleugnen muß je mehr freut es mich. Ich bin wie ein Baumeister der einen Turm aufführen wollte und ein schlechtes Fundament gelegt hatte; er wird es noch beizeiten gewahr und bricht gerne wieder ab, was er schon aus der Erde gebracht hat, um sich seines Grundes mehr zu versichern und freut sich schon im voraus der gewissern Festigkeit seines Baues. Daß ich in der letzten Zeit die Natur so eifrig und gründlich studierte hilft mir auch jetzt in der Kunst. Gebe der Himmel daß du bei meiner Rückkehr auch die moralischen Vorteile an mir fühlest die mir das Leben in einer weitern Welt gebracht hat.

Tischbein malt micht jetzo. Ich lasse ihn gehn, denn einem solchen Künstler muß man nicht einreden. Er malt mich Lebensgröße, in einen weißen Mantel gehüllt, in freier Luft auf Ruinen sitzend und im Hintergrunde die Campagna di Roma. Es gibt ein schönes Bild, nur zu groß für unsre nordische Wohnungen.

Damit du auch gleich etwas von der Verbesserung meines Zustandes fühlest, will ich dir vertrauen wie ich meine Reise einzurichten denke.

Zwischen hier und Ostern seh ich was ich noch in Rom zu sehn habe, und Neapel. Nach Sizilien geh ich nicht; ich bin nicht vorbereitet genug, habe weder Geld noch Zeit genug. Den April und Mai bring ich auf meiner Rückreise bis an die Alpen zu. Den Juni und Juli durch die Schweiz, den Rhein hin, bis Frankfurt und im August seh ich dich wieder. Gib mir deinen Segen zu diesem Vorhaben und verschließe dich nicht vor mir.

[...]

Daß Fritz nicht mehr in meinem Hause ist, betrübt mich. Ich glaubte es recht gut gemacht zu haben. Ich hatte ihn in meine Stube installiert und Seideln bei ihm zu schlafen bestellt. – Es sei das letzte Mal, wills Gott, daß ich stumm ein solch Unternehmen ausführe, möge mir doch ein guter Genius immer die Lippe offen halten.

[...]

Rom den 6. Januar 1787

Eben komme ich von Moritz dessen zerbrochner Arm heute aufgebunden worden. Es geht und steht recht gut. Was ich diese vierzig Tage bei diesem Leidenden, als Beichtvater und Vertrauter, als Finanzminister und geheimer Sekretär pp gelernt, soll auch dir, hoff ich, in der Folge zugute kommen.

Heute früh erhielt ich deinen bitter süßen Brief vom 18. Dezember. Unsre Korrespondenz geht gut und regelmäßig, daß sie nun nicht wieder unterbrochen werde solang wir leben.

Ich kann zu den Schmerzen die ich dir verursacht nichts sagen als: vergib! Ich verstocke mein Herz nicht, und bin bereit alles dahin zu geben, um gesund zu werden für mich und die Meinigen. Vor allen Dingen soll ein ganz reines Vertrauen, eine immer gleiche Offenheit mich aufs neue mit dir verbinden.

[...]

Schon habe ich viel in meinem Innren gewonnen, schon habe ich viele Ideen auf denen ich fest hielt, die mich und andre unglücklich machten hingegeben und bin um vieles freier. Täglich werf ich eine neue Schale ab und hoffe als ein Mensch wiederzukehren. Hilf mir aber nun auch, und komme mir mit deiner Liebe entgegen, schreibe mir wieder von deinem Schreibtische und gedenke göttlich des Vergangnen nicht, wenn du dich auch dessen erinnerst. Ich habe in der Welt nichts zu suchen als das Gefundne, nur daß ichs genießen lerne, das ist alles warum ich mich hier noch mehr hämmern und bearbeiten lasse.

Mit meinem Tagebuch wenn es ankommt mache was du willst, ebenso mit den ostensiblen Blättern, und den Stellen meiner Briefe an dich. Gib davon zu genießen wem und wie du willst, mein Verbot schreibt sich noch aus den stokkenden Zeiten her, mögen die doch nie wieder kehren.

[...]

Seit gestern hab ich einen kolossalen Junokopf in dem Zimmer oder vielmehr nur den Vorderteil, die Maske davon. Es war dieser meine erste Liebschaft in Rom und nun besitz ich diesen Wunsch. Stünd ich nur schon mit dir davor. Ich werde ihn gewiß nach Deutschland schaffen und wie wollen wir uns einer solchen Gegenwart erfreuen.

Keine Worte geben eine Ahnung davon, er ist wie ein Gesang Homers.

[...]

Heute hab ich, als am Dreikönigsfeste, die Messe nach griechischem Ritus lesen und agieren sehn und hören. Sage dies Herdern. Die Zeremonien sind, oder scheinen mir vielmehr, theatralischer, pedantischer, nachdenklicher und doch populärer als die lateinischen. Davon mündlich das Ausführliche. Durch eine besondere Gunst kam ich ins Sanktuarium zu stehn und sah das Spiel von innen.

Auch da hab ich wieder gesehn, daß ich für alles zu alt bin nur fürs Wahre nicht. Ihre Zeremonien, und Opern, Umgänge und Ballette, es fließt wie Wasser an einem Wachstuch ab. Eine Würkung der Natur, ein Werk der Kunst wie die viel verehrte Juno machen allein tiefen und bleibenden Eindruck.

Lebe wohl. Wenn ihr Lieben beschließt daß ich nach Ostern von Rom zurückkehren soll; so darf mir nach dem Schlusse des Februars nicht viel mehr geschrieben werden, höchstens noch einen Posttag. Wollt ihr mich noch hier wissen; so erfreue mich ja immer fort mit Briefen. Ich gehe das Karneval nicht nach Neapel. Ich bleibe hier und nutze die Zeit. Der März ist dort schon sehr anmutig und jene herrliche Natur soll mich dann erfreuen. Grüße alles. Der deine.

G.

Rom d. 17. Jan. 87.

Heute kommt mir dein Brief der mir die Ankunft des Tagebuchs meldet, wie erquickt er mein Gemüt. Seit dem Tode meiner Schwester hat mich nichts so betrübt, als die Schmerzen die ich dir durch mein Scheiden und Schweigen verursacht. Du siehst wie nah mein Herz bei dir war. Warum schickt ich dir nicht das Tagebuch von jeder Station! Ich kann nur sagen und wiederholen verzeih und laß uns von neuem und freudiger zusammen leben.

d. 20. Jan.

Ich fange noch ein Blatt an, denn ich finde manches zu sagen [...]

Abends.

Dein Brief vom 1. Jan. ist mir gekommen und hat mir Freude und Schmerzen gebracht. Dazu kann ich nichts weiter sagen als: ich habe nur Eine Existenz, diese hab ich diesmal ganz gespielt und spiele sie noch. Komm ich leiblich und geistlich davon, überwältigt meine Natur, mein Geist, mein Glück, diese Krise, so ersetz ich dir tausendfältig was zu ersetzen ist. – Komm ich um, so komm ich um, ich war ohnedies zu nichts mehr nütze.

Moritz wird mir wie ein Spiegel vorgehalten. Denke dir meine Lage als er mitten unter Schmerzen erzählte und bekannte daß er eine Geliebte verlassen, ein nicht gemeines Verhältnis des Geistes, herzlichen Anteils pp. zerrissen, ohne Abschied fortgegangen, sein bürgerlich Verhältnis aufgehoben! Er gab mir einen Brief von ihr, den ersten zu eröffnen, den er zu lesen sich in dem fieberhaften Zustande nicht getraute. Ich mußte ihr schreiben, ihr die Nachricht seines Unfalls geben. Denke mit welchem Herzen.

Jetzt geht er wieder aus und schleicht zu mir. Was ist das Leben! was sind die Menschen! Du siehst aus meinen vorigen Briefen daß ich gern und willig wiederkehre daß mein Gemüt nur zu euch zurückhängt. Möge es mir werden [...]

Lebe wohl. Mein bester Wunsch für dieses Jahr ist dich wiederzusehn.

d. 20 Abends.

G.

Rom den 21. Februar 1787

Ich benutze einen Augenblick Raum zwischen dem Einpacken um dir noch einige Worte zu schreiben. [...]

Ich mag jetzt nicht an Rom denken, mir nicht vergegenwärtigen was ich alles hier gesehen, was mir eigen gemacht habe, es ist ein Schatz der erst bei mir reifen muß.

So viel weiß ich daß mir dieses Einpacken selbst leicht wird und daß ich für ein künftig tätiges nördliches Leben schon Kraft und Lust genug gesammelt habe.

An dir häng ich mit allen Fasern meines Wesens. Es ist entsetzlich was mich oft Erinnerungen zerreißen. Ach liebe Lotte du weißt nicht welche Gewalt ich mir angetan habe und antue und daß der Gedanke dich nicht zu besitzen mich doch im Grunde, ich mags nehmen und stellen und legen wie ich will aufreibt und aufzehrt. Ich mag meiner Liebe zu dir Formen geben welche ich will, immer immer – Verzeih mir daß ich dir wieder einmal sage was so lange stockt und verstummt. Wenn ich dir meine Gesinnungen meine Gedanken der Tage, der einsamsten Stunden sagen könnte. Leb wohl. Ich bin heute konfus und fast schwach. Leb wohl. Liebe mich, ich gehe nun weiter und du hörst bald von mir und sollst durch mich noch ein Stück Welt weiter kennen lernen. G.

Die Rückkehr von Italien fiel Goethe nicht leicht. Italien hatte für ihn eine Wiedergeburt bedeutet, dort war er glücklich gewesen; zu Hause aber war vieles beim alten geblieben und darum für ihn um manches anders geworden. Am Abend des 18. Juni 1788 war er in Weimar eingetroffen. Nun sucht sich Goethe wieder in den Weimarer Verhältnissen zurechtzufinden, doch fühlt er sich sehr allein. Herder, der kurz nach seiner Ankunft zu einer Italienreise aufbricht, fehlt ihm; bald ist ihm »wohl und wunderlich« zumut, bald klagt er über sein »zerstreutes« und »zerrissnes Wesen«. Erst spät erfährt Frau von Stein von der neuen Frau in Goethes Leben: Christiane Vulpius.

***

Februar 1789

Wenn du es hören magst; so mag ich dir gerne sagen, daß deine Vorwürfe, wenn sie mir auch im Augenblicke empfindlich sind keinen Verdruß und Groll im Herzen zurücklassen. Auch sie weiß ich zurecht zu legen und wenn du manches an mir dulden mußt; so ist es billig daß ich auch wieder von dir leide. Es ist auch so viel besser, daß man freundlich abrechnet, als daß man sich immer einander anähnlichen will und wenn das nicht reüssiert, einander aus dem Wege geht.

Mit dir kann ich am wenigsten rechten, weil ich bei jeder Rechnung dein Schuldner bleibe. Wenn wir übrigens bedenken wie viel man an allen Menschen zu tragen hat; so werden wir ja noch, Liebe, einander nachsehn. Lebe wohl und liebe mich. Gelegentlich sollst du wieder etwas von den schönen Geheimnissen hören. G.

Ich danke dir für den Brief, den du mir zurückließest, wenn er mich gleich auf mehr als eine Weise betrübt hat. Ich zaudere darauf zu antworten, weil es in einem solchen Falle schwer ist aufrichtig zu sein und nicht zu verletzen.

Wie sehr ich dich liebe, wie sehr ich meine Pflicht gegen dich und Fritzen kenne, hab ich durch meine Rückkunft aus Italien bewiesen. Nach des Herzogs Willen wäre ich noch dort, Herder ging hin und da ich nicht voraussah dem Erbprinzen etwas sein zu können, hatte ich kaum etwas anders im Sinne als dich und Fritzen. Was ich in Italien verlassen habe, mag ich nicht wiederholen, du hast mein Vertrauen darüber unfreundlich genug aufgenommen.

Leider warst du, als ich ankam, in einer sonderbaren Stimmung und ich gestehe aufrichtig: daß die Art wie du mich empfingst, wie mich andre nahmen, für mich äußerst empfindlich war. Ich sah Herdern, die Herzogin verreisen, einen mir dringend angebotnen Platz im Wagen leer, ich blieb um der Freunde willen, wie ich um ihrentwillen gekommen war und mußte mir in demselben Augenblick hartnäckig wiederholen lassen, ich hätte nur wegbleiben können, ich nehme doch keinen Teil an den Menschen usw. Und das alles eh von einem Verhältnis die Rede sein konnte das dich so sehr zu kränken scheint.

Und welch ein Verhältnis ist es? Wer wird dadurch verkürzt? Wer macht Anspruch an die Empfindungen die ich dem armen Geschöpf gönne? Wer an die Stunden die ich mit ihr zubringe?

Frage Fritzen, die Herdern, jeden der mir näher ist, ob ich unteilnehmender, weniger mitteilend, untätiger für meine Freunde bin als vorher? Ob ich nicht vielmehr ihnen und der Gesellschaft erst recht angehöre.

Und es müßte durch ein Wunder geschehen, wenn ich allein zu dir, das beste, innigste Verhältnis verloren haben sollte.

Wie lebhaft habe ich empfunden daß es noch da ist, wenn ich dich einmal gestimmt fand mit mir über interessante Gegenstände zu sprechen.

Aber das gestehe ich gern, die Art wie du mich bisher behandelt hast, kann ich nicht erdulden. Wenn ich gesprächig war hast du mir die Lippen verschlossen, wenn ich mitteilend war hast du mich der Gleichgültigkeit, wenn ich für Freunde tätig war, der Kälte und Nachlässigkeit beschuldigt. Jede meiner Mienen hast du kontrolliert, meine Bewegungen, meine Art zu sein getadelt und mich immer mal à mon aise gesetzt. Wo sollte da Vertrauen und Offenheit gedeihen, wenn du mich mit vorsätzlicher Laune von dir stießest.

Ich möchte gern noch manches hinzufügen, wenn ich nicht befürchtete daß es dich bei deiner Gemütsverfassung eher beleidigen als versöhnen könnte.

Unglücklicherweise hast du schon lange meinen Rat in Absicht des Kaffees verachtet und eine Diät eingeführt, die deiner Gesundheit höchst schädlich ist. Es ist nicht genug daß es schon schwer hält manche Eindrücke moralisch zu überwinden, du verstärkst die hypochondrische quälende Kraft der traurigen Vorstellungen durch ein physisches Mittel, dessen Schädlichkeit du eine Zeitlang wohl eingesehn und das du, aus Liebe zu mir, auch eine Weile vermieden und dich wohl befunden hattest. Möge dir die Kur, die Reise recht wohl bekommen. Ich gebe die Hoffnung nicht ganz auf daß du mich wieder erkennen werdest. Lebe wohl. Fritz ist vergnügt und besucht mich fleißig. Der Prinz befindet sich frisch und munter.

Belvedere den 1. Juni 1789 G.

Es ist mir nicht leicht ein Blatt saurer zu schreiben geworden, als der letzte Brief an dich und wahrscheinlich war er dir so unangenehm zu lesen, als mir zu schreiben. Indes ist doch wenigstens die Lippe eröffnet und ich wünsche daß wir sie nie gegeneinander wieder schließen mögen. Ich habe kein größeres Glück gekannt als das Vertrauen gegen dich, das von jeher unbegrenzt war, sobald ich es nicht mehr ausüben kann, bin ich ein andrer Mensch und muß in der Folge mich noch mehr verändern.

Ich klage nicht über meine hiesige Lage, ich habe mich gut hinein gefunden und hoffe darin auszuhalten obgleich das Klima schon wieder mich angreift und mich früher oder später zu manchem Guten untüchtig machen wird.

Wenn man die kalte, feuchte Sommerzeit, die strengen Winter bedenkt, wenn durch des Herzogs äußeres Verhältnis und durch andre Kombinationen alles bei uns inkonsistent und folgenlos ist und wird, wenn man fast keinen Menschen nennen kann, der in seinem Zustande behaglich wäre; so gehört schon Kraft dazu sich aufrecht, in einer gewissen Munterkeit und Tätigkeit zu erhalten, und nicht einen Plan zu machen, der einen nach und nach loslösen könnte; wenn nun aber gar ein übles Verhältnis zu den Nächsten entsteht; so weiß man nicht mehr wohin man soll. Ich sage das so gut in deinem als meinem Sinne und versichre dich: daß es mich unendlich schmerzt, dich unter diesen Umständen noch so tief zu betrüben.

Zu meiner Entschuldigung will ich nichts sagen. Nur mag ich dich gern bitten: Hilf mir selbst, daß das Verhältnis das dir zuwider ist, nicht ausarte, sondern stehen bleibe wie es steht.

Schenke mir dein Vertrauen wieder, sieh die Sache aus einem natürlichen Gesichtspunkte an, erlaube mir dir ein gelaßnes wahres Wort darüber zu sagen und ich kann hoffen es soll sich alles zwischen uns rein und gut herstellen.

[...]

Lebe wohl! Gedenke mein in Liebe. Tasso ist beinahe fertig. Bis ich ihn gedruckt sehe glaub ich nicht daß er fertig wird.

Sonst habe ich wenig getan. Lebe wohl. Fritz grüßt.

Weimar den 8. Juni 1789 G.

Zwischen den Junibriefen des Jahres 1789 und dem nächsten Brief, den Goethe an Frau von Stein schreibt, klafft eine Lücke von über sieben Jahren. Und noch einmal dauert es mehrere Jahre, bis wieder regelmäßig Briefe und kurze Mitteilungen zwischen dem Dichter und der verwitweten Frau hin- und hergehen. Der Beginn dieser neuen Phase datiert von Goethes schwerer Erkrankung, mit der für ihn das

19. Jahrhundert anfing; eine Erkrankung, die Charlotte von Stein »innig ergreifen« sollte (so am 12. Januar 1801 an ihren Sohn Fritz). Von nun an bis zu seinem Tod schrieb Goethe noch über hundert Briefe an die liebe, die verehrte Freundin, Zeichen nachbarlicher Neigung und Liebe.

***

Da ein Teil meiner Karawane nach Weimar zurückgeht, so sende ich einiges bei dieser Gelegenheit.

Aus den Schillerschen Gedichten, für deren Mitteilung ich bestens danke, habe ich die Glocke ausgezogen und dramatisch vorgestellt, wobei uns ein guter Beifall zuteil geworden. Ich hoffe, Sie sollen sich auch daran bald in Weimar erfreuen.

Die übrigen Beilagen werden Ihnen einiges Vergnügen machen. Ich bitte, sie bis zu meiner Rückkunft aufzuheben.

Mein Befinden läßt sich recht gut an, und außer der Apprehension vor Rückfällen, die leider so oft eingetreten sind, möchte ich mir meinen Zustand kaum besser wünschen.

Zelter hat mich auf einige Tage besucht und mir durch seine Gegenwart große Freude gemacht. Man fängt wieder an, ans Leben zu glauben, wenn man solche Menschen sieht, die so tüchtig und redlich wirken, gegen so viele, die nur wie das Rohr vom Winde hin und her geweht werden.

[...]

Lassen Sie mich Ihnen selbst und den Freundinnen empfohlen sein und versäumen Sie nicht, mich Durchlaucht der Herzogin zu Füßen zu legen. Zu Ende dieses Monats hoffe ich wieder aufzuwarten.

Lauchstädt den 12. August 1805 Goethe

Unter den Badegästen bin ich wohl nun ziemlich Senior. Eine Generation entfernt sich nach der andern und doch habe ich immer noch gute Lust, hier länger zu verweilen. Seit zehn Wochen und drüber habe ich in meinem stillen Leben schon mehrere Epochen gehabt. Erst diktierte ich kleine romantische Erzählungen; dann ward gezeichnet; dann kam das Stein- und Gebirgsreich an die Reihe und nun bin ich wieder zur freieren Phantasie zurückgekehrt, eine Region, in der wir uns zuletzt immer noch am besten befinden.

Das Geschenk einer französischen Reisebibliothek, das ich erhielt, hat mich in eine ganz eigene Welt von Lectur geführt, wo ich sehr viel Vergnügliches und Erfreuliches gefunden habe. Erlauben Sie, verehrte Freundin, daß ich mich mit diesen wenigen Worten wieder einmal melde, und zugleich einige Blätter beilege, die man mir diese Tage kommuniziert hat. Auch habe ich nachher mehrere der Müllerschen Vorlesungen erhalten, worin manche zwar sonderbare, aber doch immer heitere und freie Ansicht zu finden ist.

Personen mancher Art habe ich kennen gelernt, besonders viele Wiener, die zu den dringenden schriftlichen Einladungen, die ich erhalten habe, noch so viel mündliche hinzutun, daß ich meine Entschuldigungsargumente oft genug wiederholen muß. Denn für diesmal werde ich doch den Frauenplan und die Ackerwand wieder zu suchen haben, wobei ich mich höchlich freue, Sie gesund und froh wieder zu finden. Empfehlen Sie mich unserer gnädigsten Fürstin und erhalten Sie mein Andenken in dem Kreise, in den ich bald mit Vergnügen zurückkehren werde.

Karlsbad den 10. August 1807 Goethe

Daß Du zugleich mit dem heilgen Christ
An diesem Tage geboren bist,
Und August auch, der werte Schlanke,
Dafür ich Gott im Herzen danke,
Dies gibt in tiefer Winterszeit
Erwünschteste Gelegenheit
Mit einigem Zucker Dich zu grüßen
Abwesenheit mir zu versüßen,
Der ich, wie sonst, in Sonnenferne
Im stillen liebe, leide, lerne.

am 25. Dez. 1815 Goethe

Am achtundzwanzigsten August 1826

Des Menschen Tage sind verflochten,
Die schönsten Güter angefochten,
Es trübt sich auch der freiste Blick;
Du wandelst einsam und verdrossen,
Der Tag verschwindet ungenossen
In abgesondertem Geschick.

Wenn Freundes Antlitz dir begegnet,
So bist du gleich befreit, gesegnet,
Gemeinsam freust du dich der Tat.
Ein Zweiter kommt sich anzuschließen,
Mitwirken will er, mitgenießen,
Verdreifacht so sich Kraft und Rat.

Von äußerm Drang unangefochten,
Bleibt, Freunde, so in Eins verflochten,
Dem Tage gönnet heitern Blick!

Das Beste schaffet unverdrossen;
Wohlwollen unsrer Zeitgenossen
Das bleibt zuletzt erprobtes Glück.

Beiliegendes Gedicht, meine Teuerste, sollte eigentlich schließen:

»Neigung aber und Liebe unmittelbar nachbarlich-angeschlossen Lebender, durch so viele Zeiten sich erhalten zu sehen, ist das Allerhöchste was dem Menschen gewährt sein kann.«

Und so für und für!

W. d. 29. Aug. 1826 Goethe

Christiane v. Goethe, geb. Vulpius

»... und behalt lieb dein kleines Naturwesen«

Christiane – auch keine leichte Existenz. In Thüringen geboren, zeit ihres Lebens kaum über Thüringen hinausgekommen und in den achtundzwanzig ihrer einundfünfzig Lebensjahre, die sie in der Liebes- und Ehegemeinschaft mit Goethe verbrachte, mehr ignoriert als akzeptiert – nicht hoffähig eben. Eine Frau, von der man im gar nicht liebevoll gemeinten Diminutiv sprechen konnte, »ein ganz leidliches Wesen« zwar (Wilhelm von Humboldt an seine Frau, 7. Dezember 1808), aber ein »Kreatürchen« (Charlotte von Stein an ihren Sohn Fritz, 17. Dezember 1808). Bei ihrer ersten Begegnung mit Goethe trat Christiane als Mittlerin auf und überreichte dem drei Wochen zuvor aus Italien zurückgekehrten Minister eine Bittschrift ihres Bruders Christian August, des noch unbekannten Schriftstellers und späteren Autors des Räuberromans »Rinaldo Rinaldini«. Das war im Weimarer Park, am 12. Juli 1788. Christiane, am 1. Juni 1765 als Tochter des Fürstlich Sächsischen Amtsarchivars Johann Friedrich Vulpius zur Welt gekommen, arbeitete seit 1782 in der Kunstblumen-Manufaktur des vielseitigen Unternehmers Bertuch und trug so zum Lebensunterhalt ihrer Familie bei. Nun nahm Goethe die junge, natürlich-hübsche Frau zu sich, sich über die Konventionen hinwegsetzend, die ihm zwar ein Verhältnis, aber nicht eine eheähnliche Gemeinschaft zugestehen mochten. Für Christiane dürfte es die große Liebe gewesen sein, für Goethe trug sie dazu bei, daß er in Weimar wieder heimisch werden konnte: Sie schuf die neuerliche Grundlage für einen Alltag, den es zu leben, zu bestehen galt. Von den fünf Kindern, die dem Paar geboren wurden, überlebte nur August (25. Dezember 1789 bis 27. Oktober 1830). Christiane war den Dingen und dem Lebendigen zugetan und entsprach nicht dem Bild, das »man« sich von der Gefährtin eines Geistesheros wie Goethe machte. Für ihn aber muß sie ein stimmiger, ganzer Mensch gewesen sein. Fröhlich, gutmütig, ungekünstelt und direkt, war sie immer bereit, sich zu freuen, wo es etwas zu freuen gab. Im Oktober 1806, nach der Schlacht bei Jena und Auerstedt, als die Franzosen plündernd durch Weimar zogen und Christiane sich so tapfer für Haus und Familie einsetzte, ließ Goethe seine Verbindung mit seiner »kleinen Freundin« legalisieren, denn »in Friedenszeiten könne man die Gesetze wohl vorbeigehen, in Zeiten wie die unsern müsse man sie ehren« (zu Johanna Schopenhauer, der Mutter des Philosophen); die Trauung fand am 19. Oktober statt. Goethes Kreise taten sich auch jetzt mit der offiziellen Anerkennung nicht ganz leicht, doch fehlte es nicht an gerechteren Stimmen. Zu ihnen gehört Goethes Stiefnichte Henriette Schlosser, die Christiane 1808 in Frankfurt kennenlernt und gleich nach der Begegnung mit ihr in einem Brief festhält: »Sie, die Goethe, haben wir auch alle herzlich gerne, und sie fühlt dies mit Dank und Freude, erwidert es auch und war ganz offen und mit dem vollsten Vertrauen gegen alle gesinnt. Ihr äusseres Wesen hat etwas Gemeines [d. h. Gewöhnliches], ihr Inneres aber nicht. [...] Es freut uns alle, sie zu kennen, um über sie nach Verdienst zu urteilen und sie bei andern verteidigen zu können, da ihr unerhört viel Unrecht geschieht.« Am 6. Juni 1816, nach kurzer, heftiger Krankheit, ist Christiane gestorben. Goethe schreibt in sein Tagebuch: »Nahes Ende meiner Frau. Letzter fürchterlicher Kampf ihrer Natur. Sie verschied gegen Mittag. Leere und Totenstille in und ausser mir.«

Am 8. August 1792 war Goethe von Weimar aufgebrochen, um ins Feldlager zu Herzog Carl August zu reisen, der auf seiten Preußens im Feldzug gegen Frankreich stand und seine Begleitung gewünscht hatte. Hin- und Rückreise nützt Goethe für Besuche bei Freunden und Bekannten. In Frankfurt macht er vom 12. bis zum 20. August Station; seit Januar 1780 ist er nicht mehr dort gewesen, nun sieht er seine Mutter wieder. Erst am 16. Dezember kehrt Goethe nach Weimar zurück. Christiane und der kleine August, die seit dessen Geburt in Goethes Haus wohnen, stehen für diese Zeit in der Obhut Johann Heinrich Meyers. Den aus Stäfa am Zürichsee gebürtigen Meyer (1759-1832) hatte Goethe bereits in Rom kennengelernt und 1792 nach Weimar berufen. Für die nächsten zehn Jahre gehörte der Maler, Kunstgelehrte, Kunstberater und lebenslange treue Freund Goethes – von einer längeren Unterbrechung abgesehen – als Hausgenosse zur Familie im Haus am Frauenplan.

***

Frankfurt d. 17. Aug. 1792.

Heute hab ich deinen Brief erhalten, meine liebe Kleine, und schreibe dir nun auch um dir wieder einmal zu sagen daß ich dich recht lieb habe und daß du mir an allen Ecken und Enden fehlst.

Meine Mutter habe ich wohl angetroffen und vergnügt und meine Freunde haben mich alle gar freundlich empfangen. Es gibt hier mancherlei zu sehen und ich bin diese Tage immer auf den Beinen geblieben. Meine erste Sorge war das Judenkrämchen das morgen eingepackt und die nächste Woche abgeschickt wird. Wenn es ankommt wirst du einen großen Festtag feiern, denn so etwas hast du noch nicht erlebt. Hebe nur alles wohl auf, denn einen solchen Schatz findet man nicht alle Tage.

Lebe wohl. Grüße Herrn Meyer und küsse den Kleinen.

Sag ihm der Vater komme bald wieder. Gedenke mein. Bringe das Haus hübsch in Ordnung und schreibe mir von Zeit zu Zeit. G.

Trier den 25. August 1792

Wo das Trier in der Welt liegt kannst du weder wissen noch dir vorstellen, das schlimmste ist daß es weit von Weimar liegt und daß ich weit von dir entfernt bin. Es geht mir ganz gut. Ich habe meine Mutter, meine alten Freunde wieder gesehen, bin durch schöne Gegenden gereist aber auch durch sehr garstige, und habe böse Wege und starke Donnerwetter ausgestanden. Ich bin hier, ohngefähr noch eine Tagreise von der Armee, in einem alten Pfaffennest das in einer angenehmen Gegend liegt. Morgen gehe ich hier ab und werde wohl übermorgen im Lager sein. Sobald es möglich ist schreibe ich dir wieder. Du kannst um mich ganz unbesorgt sein. Ich hoffe bald meinen Rückweg anzutreten. Mein einziger Wunsch ist dich und den Kleinen wiederzusehen, man weiß gar nicht was man hat wenn man zusammen ist. Ich vermisse dich sehr und liebe dich von Herzen. Das Judenkrämchen ist wohl angekommen und hat dir Freude gemacht. Wenn ich wiederkomme bringe ich dir noch manches mit, ich wünsche recht bald. Lebe wohl. Grüße Meyern und sei mir ein rechter Hausschatz.

Adieu, lieber Engel, ich bin ganz dein. G.

Ich habe dir schon viele Briefchen geschrieben und weiß nicht wenn sie nach und nach bei dir ankommen werden. Ich habe versäumt die Blätter zu numerieren und fange jetzt damit an. Du erfährst wieder daß ich mich wohl befinde, du weißt daß ich dich herzlich lieb habe. Wärst du nur jetzt bei mir! Es sind überall große breite Betten und du solltest dich nicht beklagen wie es manchmal zu Hause geschieht. Ach! mein Liebchen! Es ist nichts besser als beisammen zu sein. Wir wollen es uns immer sagen wenn wir uns wieder haben. Denke nur! Wir sind so nah an Champagne und finden kein gut Glas Wein. Auf dem Frauenplan solls besser werden, wenn nur erst mein Liebchen Küche und Keller besorgt.

Sei ja ein guter Hausschatz und bereite mir eine hübsche Wohnung. Sorge für das Bübchen und behalte mich lieb.

Behalte mich ja lieb! denn ich bin manchmal in Gedanken eifersüchtig und stelle mir vor: daß dir ein andrer besser gefallen könnte, weil ich viele Männer hübscher und angenehmer finde als mich selbst. Das mußt du aber nicht sehen, sondern du mußt mich für den besten halten weil ich dich ganz entsetzlich lieb habe und mir außer dir nichts gefällt. Ich träume oft von dir, allerlei konfuses Zeug, doch immer daß wir uns lieb haben. Und dabei mag es bleiben.

Bei meiner Mutter hab ich zwei Unterbetten und Kissen von Federn bestellt und noch allerlei gute Sachen. Mache nur daß unser Häuschen recht ordentlich wird, für das andre soll schon gesorgt werden. In Paris wirds allerlei geben, in Frankfurt gibts noch ein zweites Judenkrämchen. Heute ist ein Körbchen mit Liqueur abgegangen und ein Päckchen mit Zuckerwerk. Es soll immer was in die Haushaltung kommen. Behalte mich nur lieb und sei ein treues Kind, das andre gibt sich. Solang ich dein Herz nicht hatte was half mir das übrige, jetzt da ichs habe möcht ichs gern behalten. Dafür bin ich auch dein. Küsse das Kind. Grüße Meyern und liebe mich.

Im Lager bei Verdun, den 10. September 1792 G.

Im Sommer 1797 bereitete sich Goethe zu seiner dritten Reise in die Schweiz vor; er bringt seine Angelegenheiten in Ordnung, macht sein Testament – und er verbrennt alle bis 1792 erhaltenen Briefe. Christiane und August dürfen ihn zu Beginn der Reise begleiten, Goethe möchte sie seiner Mutter vorstellen. Am 3. August treffen sie in Frankfurt ein, am 7. kehrt Christiane mit ihrem Sohn nach Weimar zurück. Die gemeinsame Reise und die gute Aufnahme bei der Frau Rat, die in Christiane, die sie bis dahin als den »Bettschatz« ihres »Hätschelhans« Wolfgang kannte, eine »liebe Freundin« und »liebe Tochter« findet, machen sie ganz glücklich. Goethe bleibt drei Wochen bei seiner Mutter; es ist sein letzter Besuch bei ihr. Am 20. November ist er wieder in Weimar.

***

Du hast mir sehr viel Vergnügen gemacht daß du mir gleich den Tag deiner Ankunft geschrieben und dein Tagebuch geschickt hast, fahre ja fort mir fleißig zu schreiben damit ich wisse wie es dir geht und was bei euch vorfällt.

Es freut mich gar sehr daß deine Hinreise zwar nicht ohne Unbequemlichkeit doch glücklich und mit bester Ordnung vollbracht worden, so wie mir unsere ganze Expedition Lust und Mut gegeben hat mit euch künftig dergleichen mehr zu unternehmen, und mit dem Kinde wird es je älter es wird immer eine größere Lust sein.

Ich habe die Zeit oft an euch gedacht und euch zu mir gewünscht, besonders in der Palmyra, welche vergangenen Sonntag gegeben wurde. Die Repräsentation war überhaupt sehr gut und anständig, die Dekorationen besonders ganz fürtrefflich.

Ich habe nun meistens meine alten guten Freunde gesehen und die notwendigsten Visiten gemacht, auch finde ich mancherlei und sehr gute Unterhaltung, doch reizt das schöne Wetter, das sich bald in Regen abkühlt bald in klaren Tagen gar vergnügliche Stunden macht, mich zur weitern Reise.

Ich will heute über acht Tage von hier abgehen und kann,

wenn du mir den nächsten Freitag schreibst, Montag abend noch den Brief erhalten. Auf alle Fälle setzest du außen drauf: gefällig nachzuschicken und adressierst überhaupt alles immerfort an meine Mutter.

In meinem vorigen Briefe habe ich dir schon wegen ankommenden Paketen und Briefen geschrieben, ich will mich hier noch umständlicher erklären:

Alle Arten von Paketen machst du auf, siehst was sie enthalten und läßt sie alsdann entweder liegen oder gibst sie dahin ab wohin sie allenfalls gehören, die Briefe aber schickst du an meine Mutter.

Wenn du mir schreibst so mußt du immer zugleich auf die Adresse setzen: gefällig nachzuschicken und mußt deinen Brief noch besonders siegeln wenn du ihn auch in ein Paket legst, das Paket aber wird jederzeit an meine Mutter adressiert damit sie es aufmachen und mit den inliegenden Briefen nach meiner Anweisung verfahren kann. So viel von dieser Sache.

Von Hamburg wird ein kleines Fäßchen an mich kommen worin Seeschnecken sich in Branntwein befinden werden. Denke nicht etwa daß es eine Eßware ist, sondern tu die Geschöpfe in ein Zuckerglas und halte sie mit Branntwein bedeckt, bis ich wieder komme. Sonst weiß ich nichts zu erinnern, denn das übrige haben wir ja alles abgeredet.

Schreibe mir ja wie das schwarzseidne Kleid geraten ist und wann du es zum erstenmal angehabt hast, sage dem guten August daß der Säbel, den ich mitbringe, da er sich so gut auf der Reise aufgeführt hat und gewiß auch in meiner Abwesenheit ein gutes Kind bleiben wird.

Seit eurer Abreise bin ich noch einigemal ausgefahren und oft gegangen und habe noch manches gefunden das ihr mit Vergnügen sehen werdet, wenn ihr einmal wieder in diese Stadt kommt. Auf alle Fälle werden wir uns bequemer und auf längere Zeit einrichten können.

An das Wasser bin ich nicht wieder gekommen und habe in der Komödie immer nach der Loge hinauf gesehen wo wir so vergnügt zusammen waren.

Und nun, zum Lebewohl, noch ein paar Worte von meiner Hand. Ich liebe dich recht herzlich und einzig, du glaubst nicht wie ich dich vermisse. Nur jetzt wünschte ich reicher zu sein als ich bin, daß ich dich und den Kleinen auf der Reise immer bei mir haben könnte. Künftig, meine Beste, wollen wir noch manchen Weg zusammen machen.

Meine Mutter hat dich recht lieb, und lobt dich und erfreut sich des Kleinen. In acht Tagen will ich hier weggehen, denn an eine Arbeit ist nicht zu denken, du hast selbst die Lage gesehen, und so will ich die Zeit wenigstens anwenden um viel zu sehen. Lebe recht wohl, halte alles in Ordnung, denke an mich und behalte mich recht lieb. Eh ich weggehe schreibe ich dir noch einmal. Küsse das Kind.

Frankfurt, den 15. August 1797 G.

Tübingen den 11. September

Ob ich mich gleich nur langsam von dir nur immer entferne, so will ich dir doch um desto geschwinder wieder schreiben, damit du niemals an meinen Nachrichten Mangel hast, denn der Brief, wenn er nur einmal abgeschickt ist, geht doch immer seinen Gang und kommt zur rechten Zeit an, dir zu sagen daß ich immerfort an dich denke. Je mehr ich neue Gegenstände sehe, desto mehr wünsche ich sie dir zu zeigen, du würdest finden daß überall grader Verstand, gute Wirtschaft und Neigung und Beharrlichkeit den Grund von allen Zuständen ausmacht, und du würdest noch einmal so gern mit mir und in dem Meinigen leben, wenn du die Art zu sein so vieler andern Menschen gesehen hättest. Besonders wünschte ich daß du die große Fruchtbarkeit, Feld, Wein- und Gartenbau, die mich bisher immer begleitet haben, hättest mit ansehen können.

Ich bin nun jetzt wieder in einem höhern Lande, wo alles weniger gedeihet, und auf meinem Wege nach der Schweiz werde ich nicht wieder in solche fruchtbare Gegenden kommen als ich verlassen habe, aber bei allem diesem werde ich deiner gedenken und werde dir um so lieber etwas davon sagen, als du auf deiner Reise nach Frankfurt schon einige Idee von dem sonderbaren Wechsel erworben hast, dem Berge und Flächen unterworfen sind, und wie die Höhen, sowohl wegen ihrer rauhern Luft als ihrem weniger guten Boden nicht zu der Fruchtbarkeit als glücklich gelegne Täler gelangen können.

Von Menschen habe ich manche kennen lernen, deren Umgang ich auch dir wünschte, und von übrigen angenehmen Zuständen als künstlichen Gärten, Theatern und so weiter habe ich manches gesehen, wobei du eben wie bei dem Frankfurter Theater dich verwundern würdest, weil du schon eben was Bessers wenn gleich nicht so etwas Großes und Weitläufiges kennst.

Mein einziger Wunsch bleibt immer, daß ich mit dir und dem Kinde, wenn seine Natur ein bißchen mehr befestigt ist, und mit Meyern noch einmal eine schöne Reise tun möchte, damit wir uns zusammen auch auf diese Weise des Lebens erfreuen.

Hier bin ich bei Herrn Cotta sehr gut aufgehoben, die Stadt selbst ist abscheulich, allein man darf nur wenige Schritte tun um die schönste Gegend zu sehen. Die Stadt liegt auf einem Bergrücken, zwischen zwei Tälern, und hat um sich herum viel Fruchtbarkeit, wenn diese auch gleich dem untern Lande nachsteht.

Den 12. September 1797

Ich höre durch Herrn Geheimrat Voigt daß du in den letzten Tagen des August eine doppelte Sorge und Angst gehabt hast, indem der Kleine krank war und das Feuer die Scheunen vorm Erfurter Tor verzehrte. Ich kann mir vorstellen wie sehr du in beiden Fällen gelitten hast, und weiß daß du mich in diesen Augenblicken hundertmal zu dir gewünscht hast. Ich höre zu meiner Beruhigung daß der Kleine wieder auf gutem Wege ist, grüße ihn herzlich und halte ihn aufs beste. Herr Eisert mag auch in Absicht aufs Lernen mit ihm nur spielen und die Zeit hinzubringen suchen, damit er bald wieder zu Kräften komme.

Ich sehe der Zeit mit Sehnsucht entgegen, da ich euch wieder antreffe und durch meine Gegenwart vollkommen beruhigen werde.

Lebe recht wohl und schicke deine Briefe an mich mit nachstehender Adresse ohne weitern Einschlag nur unmittelbar ab-

Herrn Geheimrat von Goethe
bei Herrn Buchhändler Cotta
in Tübingen

Nun muß ich dir zum Schluß auch noch mit eigener Hand sagen: wie sehr ich dich liebe, und wie sehr ich wünsche bald wieder an deiner Seite zu sein. Behalte mich lieb, wie ich dich, damit wir uns herzlich mit Freuden wieder umarmen können. Küsse den Kleinen tausendmal. G.

Was für Goethe Karlsbad in Böhmen war, das war für seine Gefährtin das in einiger Entfernung nordöstlich von Weimar gelegene Lauchstädt. In diesem vielbesuchten kleinen Modebad fand Christiane so manchen Sommer Unterhaltung und Zerstreuung. Da das Weimarer Hoftheater während der Sommermonate hier gastierte, war für die eifrige Theaterbesucherin gesorgt. Und hier konnte Christiane, die gern und viel aß und trank und sich ebenso gern mit hübschen Dingen und Menschen umgab, ihrer großen Tanzlust frönen, der so manches Paar Schuhe zum Opfer fiel. Für Goethe war Lauchstädt kein bevorzugter Aufenthalt, er machte dort nur kurze Besuche; um so dankbarer war Christiane, daß er sie in ihrem Vergnügen großzügig unterstützte. Am 10. Juli 1803 schreibt sie an Goethe: »Ich kann mir gar nicht vorstellen, wie es hier jemand nicht gefallen kann. Wenn ich reich wär, so ging' ich alle Jahr hierher; mir ist es, als finge ich erst hier an zu leben.«

***

Weimar, Dienstag d. 12. Jul. 1803.

Erst heute erwarteten wir deinen Brief der uns desto größere Freude machte als er schon gestern abend unvermutet ankam. Daß dir alles glücklich vonstatten geht freut mich sehr, du verdienst es aber auch, da du dich so klug und zierlich zu betragen weißt. Mache dir wegen der Ausgaben kein Gewissen, ich gebe alles gern und du wirst zeitig genug in die Sorglichkeiten der Haushaltung zurückkehren. Sonnabend den 16. werden die Kaufgelder bezahlt, da es denn hinterdrein manches zu bedenken und zu besorgen gibt. Aus dieser und andren Ursachen komme ich nicht nach Lauchstädt, wo ich ohnehin, außer dir, nichts zu suchen habe.

Dir aber wollte ich raten nach Dessau zu fahren und etwa Dlle Probst mitzunehmen, damit du dort auf eine anständige Weise erschienst. Schlösse sich noch andre Gesellschaft an, so wäre es auch schicklich. Doch das wirst du schon selbst am besten einrichten. Du brauchst vier bis fünf Tage zu dieser Tour, wenn du alles sehen und mit einiger Ruhe genießen willst und so ginge dir der Monat vergnügt hin. Die Kosten mußt du nicht scheuen! Mein einziger Wunsch ist daß du heiter und liebend zurückkommst. Auf deine Erzählungen freu ich mich sehr. Wenn ich es kann möglich machen; so schicke ich dir Gusteln damit du ihn nach Dessau mitnehmen kannst. Übrigens ist er gar artig und hat so auf die Lauchstädter Reise ziemlich Verzicht getan.

Mittwoch den 13.

Deinen Brief von gestern habe ich heut nach Tische erhalten und freue mich dir immer zu folgen wohin du gehst und aus deinen Nachrichten zu sehen daß es dir recht gut geht.

Seit meiner Rückkunft von Jena greift sich die Köchin besonders an und kocht sehr gut. Die Bohnenstangen sind auch angekommen, die noch fehlten, das war das einzige was im Garten abging; und ich wüßte überhaupt nichts was dir Sorge zu machen brauchte.

Donnerstag, spät.

Herr Hofrat ist angekommen und hat mir deinen Brief gebracht. Ich freue mich deiner Freude und schicke dir Gegenwärtiges durch einen lieben Boten.

Er wird hoffe ich glücklich bei dir eintreffen und dir sagen wie viel wir an dich gedacht haben. Dem Kutscher habe ich einen Kronentaler mitgegeben daß er für August unterwegs bezahlen soll; höre was übrig geblieben ist und gib dem Menschen ein gutes Trinkgeld. Auch erhältst du noch 6 Bouteillen Wein.

Jetzt da du Augusten hast besinne dich nicht lange und fahre auf Dessau und wieder auf Lauchstädt zurück, bleibe noch etliche Tage und komme Ende des Monats wieder; so hast du einen hübschen Genuß gehabt und ich werde mich an deiner Erzählung nachfreuen.

Schicke mir mit nächster Gelegenheit deine letzten, neuen, schon durchgetanzten Schuhe, von denen du mir schreibst, daß ich nur wieder etwas von dir habe und an mein Herz drucken kann. Lebe wohl. Grüße Silien und danke ihr für ihren artigen Brief.

Schreibe mir so bald als möglich wieder.

W[eimar,] d. 14. Jul. 1803. G.

Deine Briefe habe, wie du siehst, sämtlich erhalten.

Da du mehrere Personen in Lauchstädt findest welche in Dessau gewesen, so erkundige dich nur nach der Art und Weise wie man dort verfährt. Die Trinkgelder in Wörlitz, wo man an so viel Gärtner und Kastellane zahlen muß, betragen vielleicht einen Karolin. Ein Lohnbedienter macht das gewöhnlich. Du mußt ja alles sehen. Lebe recht wohl und liebe mich.

1808 wurde für Goethe wieder ein langer, von zwei Aufenthalten im nahen Franzensbad unterbrochener Sommer in Karlsbad, in dem er an den »Wahlverwandtschaften« und der »Farbenlehre« arbeitete. Wiederum war Friedrich Wilhelm Riemer (1774-1845) sein Begleiter, mit dem er am 12. Mai von Weimar aufgebrochen war, um erst am 17. September zurückzukehren. Der Philologe Riemer, seit 1803 als Lehrer und Erzieher von August und gelegentlicher Sekretär in Goethes Haus, war nun, nachdem August in Heidelberg sein Universitätsstudium begonnen hatte, ausschließlich Sekretär und Mitarbeiter des Dichters. Zu den wichtigen Ereignissen des Karlsbader Sommers gehörte der Umgang mit der Familie Ziegesar; für die dreiundzwanzigjährige Silvie faßte der Dichter eine leidenschaftliche Zuneigung.

***

Da ich überzeugt war daß es dich freuen würde einen Brief von mir in Lauchstädt zu finden; so eilte ich dorthin zu schreiben und danke dir nun für die baldige Nachricht deiner Ankunft. Mir geht es noch immer recht wohl und ich wünsche nur auch daß du dich bald völlig wiederherstellst. Wenn ich dir raten sollte; so machtest du bald möglichst eine Partie nach Leipzig, besuchtest Herrn Doktor Kapp, brächtest viel Empfehlungen von mir und erzähltest ihm deinen Fall. Er gibt dir gewiß einen tüchtigen Rat und du hast alsdann den ganzen schönen Sommer vor dir um ihn zu befolgen, anstatt daß du dich doch jetzt auf eine wunderliche Weise herumschleppst. Schreibe mir doch gleich deine Gedanken darüber, oder vielmehr führe es aus und schreibe mir von Leipzig.

Ich habe bisher in kleiner aber guter Gesellschaft gelebt. Die Ziegesarische Familie ist abgegangen. Wir haben viele gute Stunden gehabt. Fräulein Silvie ist gar lieb und gut, wie sie immer war, wir haben viel zusammen spaziert und sind immer bei unsern Partien gut davon gekommen, ob es gleich alle Tage regnete. Das ist das eigne in einem solchen Gebirg daß in ganz kurzen Entfernungen Regen und gutes Wetter zu gleicher Zeit bestehen kann. Was wirst du aber sagen wenn ich dir erzähle daß Riemer ein recht hübsches Äugelchen gefunden hat, und noch dazu eins mit Kutsch und Pferden, das ihn mit spazieren nimmt. Was sich in diesem Kapitel bei dir ereignen wird erfahre ich doch wohl auch.

Daß sie in Weimar gegen Frau von Staël Übels von dir gesprochen mußt du dich nicht anfechten lassen. Das ist in der Welt nun einmal nicht anders, keiner gönnt dem andern seine Vorzüge, von welcher Art sie auch seien, und da er sie ihm nicht nehmen kann; so verkleinert er, oder leugnet sie, oder sagt gar das Gegenteil. Genieße also was dir das Glück gegönnt hat und was du dir erworben hast und suche dir's zu erhalten. Wir wollen in unsrer Liebe verharren und uns immer knapper und besser einrichten, damit wir nach unserer Sinnesweise leben können ohne uns um andre zu bekümmern.

Von Thibaut habe ich einen Brief, auch von Voß, beide übereinstimmend unter sich und mit dem was wir von August wissen. Er macht seine Sachen ganz artig und selbst daß er nicht viel unter Leute mag, in einem kleinen Zirkel lebt, kann man nicht tadlen. Die Zeit die ihm von Studien übrig bleibt, mag er froh und gemütlich zubringen.

Wenn das Theater im ganzen gut geht bin ich wohl zufrieden; im einzelnen wird es nie an Händeln fehlen. Wäre ich gegenwärtig gewesen; so würde ich mich sehr deutlich darüber erklärt haben inwiefern eine Schauspielerin auch gegen ihren Mann von mir geschützt werden muß. Halte was dich betrifft nur das Singechor zusammen. Wer weiß was daraus entstehen kann wenn wir es einige Jahre fortsetzen. Und manche Unterhaltung verschafft uns diese kleine Anstalt für den Winter. Grüße die sämtlichen Glieder auch die Elsermann. Fur Eberwein lege ich ein Blättchen bei, er sendets an Herrn Hofkammerrat Kirms und bringt bei demselben auf eine anständige Weise sein Gesuch gleichfalls an. Das beste wäre er sendete das Blatt seinem Vater daß dieser die Sache mündlich ausmacht, nämlich wann Eberwein weggehen kann und auf wie lange.

Mit einer Gelegenheit habe ich ein Paket in Wachstuch an dich bis Leipzig spediert das du nun wohl erhalten hast. Es enthielt keine Kostbarkeiten; aber ein paar geräucherte Zungen, von der besten Sorte.

Karlsbad fängt nun an sich zu füllen. Wie wunderlich es bisher aussah kannst du dir vorstellen wenn ich dir sage daß auf dem ersten Balle die Frauenzimmer miteinander tanzten. Auch ist bis jetzt abends noch keine Gesellschaft in den Sälen. Die Schauspielertruppe ist die vom vorigen Jahr.

Zum Schlusse muß ich noch melden daß auch Mariannchen angekommen ist artig und gescheit wie immer. Nun lebe recht wohl, gedenke mein und schreibe bald.

Karlsbad den 2. Juli 1808 G.

Am 13. September 1808 war Goethes Mutter gestorben, die Todesnachricht traf am Tag seiner Rückkehr nach Weimar ein. Christiane reist am 1. Oktober in Vertretung ihres Mannes nach Frankfurt, um die Erbschaftsangelegenheiten zu regeln; für Goethe sind weltpolitische Begegnungen angesagt: Beim Fürstenkongreß in Erfurt, welcher der Erneuerung des Bündnisses zwischen Napoleon und Alexander I. von Rußland diente, findet am 2. Oktober die berühmte Begegnung zwischen ihm und dem Kaiser von Frankreich statt; mit seiner Feststellung »Voilà un homme!« verleiht Napoleon dem Dichter gleichsam ein zweites Adelsprädikat. Diesem ersten Gespräch folgen weitere Unterredungen am 6. und 10. Oktober in Weimar. Am 14. Oktober erhält Goethe das Ritterkreuz der Ehrenlegion, am 15. den russischen Sankt-Annen-Orden.

***

Endlich, mein liebes Kind, erhältst du die Vollmacht. Schumann war nicht hier, ich mußte sie von Scheibe aufsetzen lassen, dann gab es Aufenthalt bei der Regierung. Du wirst mich darin als Ritter des St. Annen-Ordens aufgeführt sehen. Der Kaiser von Frankreich hat mir auch den Orden der Ehrenlegion gegeben und so wirst du mich besternt und bebändert wiederfinden und mich hoffentlich wie immer lieb haben und behalten. Ich habe bei dieser Gelegenheit gesehen daß ich viel Freunde habe, denn viele Menschen freuten sich darüber. Die schönen Kinder bei Hofe waren die artigsten, versicherten, es stünde sehr gut und die Äugelchen waren unendlich. Sartorius und Frau sind heute nach Jena. Mittwoch gehen sie fort, ich denke auch alsdann nach Jena zu gehen, um nur des Gastierens überhoben zu sein, das kein Ende nimmt, denn von allen Weltgegenden kamen hier Fremde zusammen. Jetzt verläuft es sich so ziemlich. Oft habe ich gewünscht du möchtest hier sein. Nun wünsche ich dir in deinen Angelegenheiten guten Succeß, mache alles nach dem Rat der Freunde und nach deiner Überzeugung. Alsdann besuch Heidelberg gehe über Würzburg und Bamberg nach Hause damit du ein wenig Welt siehst; ich will dir schreiben wen du an gedachten Orten besuchen mußt. Pflege indessen den guten August aufs beste und danke in Heidelberg allen und jeden Freunden schönstens.

Hiermit schließe ich denn es fehlt nicht an Anlauf und Störung. Lebe recht wohl. Liebe mich und komme gesund wieder.

W[eimar] d. 16. Oktbr. 1808. Goethe.

Eben da ich siegeln will kommen Briefe Tagebuch u. s. w. an. Taufscheine, Vollmacht wegen des Bürgerrechtes und was sonst verlangt wird soll folgen. Noch schwirrt alles von Fremden um mich her. Lebet wohl und vergnügt.

Da mir noch einige Zeit übrig bleibt; so will ich noch ein paar Worte hinzufügen. Benehme dich im ganzen in Frankfurt als wenn du wiederkommen wolltest. Empfange Freundliches und Gutes von jedermann und bemerke nur womit du wieder dienen kannst. Herrn Schmidt danke in meinem Namen für die gefällige Aufnahme im Theater. Biete ihm die Manuskripte von Götz, Egmont Stella an, sie hätten sie längst gern gehabt. Wie sehr wünscht ich daß du für den nächsten Sommer dir dort ein erfreuliches Plätzchen bereitetest. Ich mag hingehen wohin ich will, in Weimar werde ich schwerlich sein. Lauchstädt ist nichts mehr für dich und das Theater wird sich schon halten und finden. [...]

Wegen des Taufscheins werde ich die größte Vorsicht brauchen. Es ist wahr du hast mich zum Lachen gebracht. Was aber doch noch merkwürdiger ist Kaiser Napoleon hat mich in der Unterredung mit ihm zum Lachen gebracht. Er war überhaupt, auf eine zwar sehr eigne Weise, geneigt und wohlwollend gegen mich. Laß Dir nur die Zeitungen geben damit du das Äußere siehst was bei uns vorgegangen ist. Gar manches vom Innern sollst du beim Wiedersehn erfahren.

Übereile und verspäte dich nicht. Es wird dir alles gelingen. [...]

Viele von Goethes Briefen sind aus Jena datiert, seinem »Musensitz«, wie er es selber nannte. Jena, nicht weit, aber doch weit genug von Weimar entfernt, um Abstand zwischen den Alltag und die Verbindlichkeiten und Ansprüche zu bringen, denen sich ein berühmter Mann wie Goethe an seinem Wohnort kaum entziehen konnte, Jena bot ihm die für seine dichterischen und naturwissenschaftlichen Arbeiten nötige Einsamkeit. Hier, in dieser alten Universitätsstadt, an deren Hochschulleben er direkten Anteil hatte, schätzte Goethe aber auch den Umgang mit Gelehrten und Dichtern, die den Ort seit Mitte der neunziger Jahre zu einem Mittelpunkt des geistigen Lebens machten; das Jahrzehnt der Freundschaft mit Schiller band ihn noch stärker an die Stadt. Oft hielt sich Goethe wochenlang in Jena auf. Gelegentlich, wenn es der Gang seiner Arbeit erlaubte, durfte Christiane zu einem kurzen Besuch von Weimar herüberkommen; häufiger aber trug sie von Weimar aus Sorge dafür, daß Goethe ungestört arbeiten konnte, so etwa, wenn er (am 20. September 1809) schreibt: »Ich bitte dich inständig, mir alle Besuche abzuhalten; jedes wahre Geschäft lässt sich schriftlich abtun, besonders wenn es ordentlich gedacht ist und gut vorgetragen wird.«

***

Zuerst danke ich dir und deiner schönen Begleiterin für den angenehmen Besuch; sodann schicke ich ein Bändchen, aber nur unter den folgenden Bedingungen:

1. Daß ihr es bei verschlossenen Türen leset.
2. Daß es niemand erfährt, daß ihrs gelesen habt.
3. Daß ich es künftigen Mittwoch wiedererhalte.
4. Daß mir alsdann zugleich etwas geschrieben werde von dem, was unter euch beim Lesen vorgegangen.

Weiter weiß ich gerade jetzt nichts zu sagen, auch nichts zu verlangen, weil übrigens alles unter uns abgeredet worden. Schreibe mir übrigens, wenn irgend etwas vorkommen sollte, und vergiß nicht, in der Schublade, der mittelsten, rechts an meinem Schreibtisch, mir das Paket Manuscript zu schicken, welches mit einem braunen, schmalen Bändchen zugebunden ist. Lebe recht wohl und bereite uns eine leidliche Winterexistenz vor.

Jena, den 15. September 1809. G.

Heute weiß ich, mein liebes Kind, nicht viel zu schreiben: denn in dem gestrigen, durch Herrn von Egloffstein abgesendeten Brief habe ich alles möglichst bedacht. Ist etwas vergessen, so erinnere mich.

Meine Arbeiten gehen insofern gut, daß wir hoffen können bald fertig zu werden. Freilich keine Störungen dürfen eintreten und wir werden euch nicht eher einladen, als bis wir recht auf dem grünen Zweig sitzen.

August kommt wieder zu euch hinüber und ich freue mich seiner, auf mehr als eine Weise; aber es ist doch etwas Wunderbares in der Sache. Wenn ich es recht übersehe und bedenke, so ist mir sein heidelbergischer Aufenthalt lieber als sein jenaischer: es kommt schon etwas Kümmeltürkisches in ihn. Ich habe niemals einen so deutlichen Begriff von diesem Worte gehabt als jetzt. Ich will ihm seinen Sommer nicht verderben, und du brauchst ihm hiervon nichts merken zu lassen; aber wenn es so fortgeht, so muß er auf Michael wieder in eine andere Welt, nach Göttingen oder wohin es auch sein mag. Da viel Zeit bis dahin ist, so wollen wir's besprechen; aber ich sage es voraus, weil ich nicht viel mehr Zeit habe, etwas lange auf dem Herzen zu behalten.

Du erhältst einen ganzen Kasten voll köstliche gefüllte Federnelken. Lasse sie nicht zu nahe aneinander pflanzen: denn sie bestocken sich sehr. Den Kasten schicke zurück.

Auch lege ich Rapontikasamen bei, davon du die Hälfte jetzt auf ein wohlbestelltes Ländchen säen kannst, die andre Hälfte erst im Mai auf ein anderes. Wie diese Pflanzen übrigens zu behandeln sind, besprechen wir noch weiter mündlich.

Das Hütchen, hoffe ich, ist auch glücklich angekommen. Es ist wirklich sehr artig und ich glaube, daß es dir gut steht.

Frau von Knebel kommt auch schon wieder hinüber, und August ist vielleicht früher bei dir als Gegenwärtiges.

Die Mitglieder der Singestunde grüße zum schönsten. Wenn ich wieder hinüber komme, so müssen wir einen recht vergnügten Donnerstag haben. Erkundige dich im stillen, ob in der Karwoche ein Oratorium oder etwas dergleichen stattfinden soll. Ich werde mich darnach richten.

Lebe wohl und versäume nicht, zu diktieren was vorgeht, und grüße deinen hübschen Sekretär.

Jena den 30. März 1810 G.

Von Christiane gedrängt, war Goethe am 17. April 1813 vorzeitig von Weimar ins Bad abgereist – nach Teplitz diesmal, wo er sich schon 1810 und 1812 aufgehalten hatte –, so daß er den militärischen und kriegerischen Unruhen vorläufig entgeht, die das Jahr 1813 auch für ihn zu einem bewegten Jahr machen.

***

Hierbei, mein liebstes Kind, findest du ein Blatt das du Johns Eltern mitteilen magst, die Sache muß ein Ende nehmen, wie du Heinrichen zuletzt auch entlassen mußtest. Diese Menschen wie es ihnen wohlgeht wollen sich und nicht der Herrschaft leben und so ist es besser man scheidet. Wenn du zu Johns übrigen Untugenden noch eine schwere Krankheit denkst, der man alles verzeihen muß; so stellst du dir vor was ich gelitten habe. Er ist pretentiös, speisewählerisch, genäschig, trunkliebend, dämperich und arbeitet nie zur rechten Zeit. Überhaupt war es mit Riemer eine andere Sache. John schreibt nur reinlich und gut, weiter leistet er auch nichts und das kann man wohlfeiler haben. Mein Gedanke wäre niemanden wieder ins Haus zu nehmen; sondern einen jungen Menschen zu dingen der die Morgenstunden für mich schriebe und nachher an seine Geschäfte ginge, was so dann bei mir vorfiele da könnte mir August beistehn, ich hülfe mir auch wohl selber, wie ich ja auch jetzt tun muß. Überlege die Sache und wir werden ja wohl auch darüber hinaus kommen. Grüße die genesenden Kinder. Das sind ja seltsame Ereignisse! Es ist nicht genug daß man von außen gedrängt und verletzt wird, man hat auch noch mit innerlichen Zufällen zu kämpfen. Behalte guten Mut! Mir will er oft ausgehen: denn in der totalen Einsamkeit in der ich lebe wird es doch zuletzt ganz schrecklich. Ich habe nun auch gar niemand dem ich sagen könnte wie mir zumute sei. Daß ich mich so wohl als möglich befinde ist das größte Glück. Auch meine Arbeit habe ich trotz aller Hindernisse weit genug gebracht. Doch steht mir noch ein schweres Stück bevor. Lebe recht wohl. Liebe mich und grüße alles.

Teplitz den 23. Juli 1813 Goethe

Dienemann beträgt sich musterhaft in allem.

Nach vier Monaten der Abwesenheit und des Unterwegsseins kehrt Goethe am Abend des 19. August nach Weimar zurück. Eine Woche nach seiner Rückkunft bricht er auf zu einem mehrtägigen Ausflug in den Thüringer Wald. Auf dem Weg nach Ilmenau entsteht neben anderen das folgende Gedicht, das Goethe sogleich aufschreibt und noch von Stadt Ilm aus, wo er Zwischenhalt gemacht hat, seiner Frau schickt. Es ist ein (nachträgliches) Liebeszeichen zum Gedenktag ihrer fünfundzwanzigjährigen Verbindung.

***

Ich ging im Walde
So vor mich hin,
Und nichts zu suchen
Das war mein Sinn.

Im Schatten sah ich
Ein Blümchen stehn,
Wie Sterne blinkend,
Wie Äuglein schön.

Ich wollt es brechen,
Da sagt' es fein:
Soll ich zum Welken
Gebrochen sein?

Mit allen Wurzeln
Hob ich es aus
Und trugs zum Garten
Am hübschen Haus.

Ich pflanzt es wieder
Am kühlen Ort;

Nun zweigt und bluht es
Mir immer fort.

Stadt Ilm, 26. August 1813

Bereit, Neues auf sich einwirken zu lassen, und bereit, Altem neu gegenüberzutreten – so gestimmt macht Goethe sich zur ersten seiner beiden Reisen in die Rhein-Main-Gegenden auf. Am 25. Juli reist der Dichter von Weimar ab, am 28. trifft er in Frankfurt ein und am späten Abend des 29. Juli in Wiesbaden, dem Ort, von dem er sich diesmal Erfolg für seine Badekur verspricht. Es wird eine an Begegnung und Wiederbegegnung reiche Zeit, weit gespannt zwischen der Beschäftigung mit dem Orient und den daraus entstehenden ersten Gedichten des »West-östlichen Divans« und den beflügelten Einsichten in die Kunst des Spätmittelalters.

***

Frankfurt, den 29. Juli 1814

Also fuhr ich zu Frankfurt ein, Freitag abends, den 28., die Stadt war illuminiert und ich, wie Fritz Frommann, nicht wenig über diese Attention betroffen. Allein meine Bescheidenheit fand einen Schlupfwinkel, indem der König von Preußen, gleichfalls incognito angekommen war. Ich bedankte mich daher nicht und ging, auf Carlen gestützt, durch die erhellte Stadt hin und her. Wo die Lampen nicht leuchteten schien der Mond desto heller. Auf der Brücke verwunderte ich mich über die neuen Gebäude und konnte überall wohl bemerken was sich verschlimmert hatte, was bestand und was neu heraufgekommen war. Zuletzt ging ich an unserm alten Hause vorbei. Die Hausuhr schlug drinne. Es war ein sehr bekannter Ton, denn der Nachfolger im Hausbesitz hatte sie in der Auktion gekauft und sie am alten

Platze stehen lassen. Gar vieles war in der Stadt unverändert geblieben.

Heut d. 29. früh ging ich zum Bockenheimer Tor hinaus und freute mich über die neu entstandene Welt. Erst ging ich links, dann rechts und ans Eschenheimer Tor. Die Anlagen sind gut und schön.

Sodann zu Schlossers, wo mich Frau Schöff, nach der Erkennung, freundlichst bewillkommte. Christian war lieb und gut und verständig. Köstliche alte Kupfer sah ich da, und manches neuere Gute. Der ältere Bruder kam auch und viel wurde geschwatzt.

Willemer ist auf der Mühle, Riesen konnt ich, der Hitze wegen, nicht aufsuchen. Zwei dreimal des Tages kleid ich mich um und weiß im Zimmer kaum wohin. Ich hoffe diesen seltsamen Zustand gewohnt zu werden. Zur Nachtzeit will ich auf Wiesbaden, der Mondschein begünstigt mich.

Dir. Schlosser spediert das Schwalbacher Wasser nach Eisenach, an Burgemeister Sälzer. Jetzt ein Lebewohl im Schweiß meines Angesichts und Körpers. G.

Die zweite Reise in die Rhein-Main-Gegend umfaßt die Zeit vom 24. Mai bis zum 11. Oktober 1815. Noch einmal zieht es den Dichter nach Wiesbaden, und »die guten Geister des Orients« geben ihm schon zu Beginn der Reise die ersten Suleika-Gedichte zu seinem »Divan« ein. Auch die Arbeit an der »Italienischen Reise« findet ihre Fortsetzung. Christiane, die zu Beginn des Jahres ernsthaft erkrankt war, wird in den kommenden Sommerwochen zur Kur nach Karlsbad fahren. Die heiter-erfüllten Briefe, die Goethe seiner Frau in diesen Monaten schreibt, lassen kaum erahnen, in welch glückhafter Bewegung sich der Schreiber befindet.

***

Kund und zu wissen jedermann den es zu wissen freut,
daß ich In Erfurt 7 1/2 Uhr
In Gotha 11 Uhr
Eisenach 3 Uhr
eingetroffen. Daß mich unterwegs sogleich die guten Geister des Orients besucht und mancherlei Gutes eingegeben, wovon vieles auf das Papier gebracht wurde. Nun lebet wohl und gedenkt mein.

Eisenach d. 24. Mai 1815 G.

Nahe bei Gotha gegen Eisenach finden sich auf den Chausseehaufen viele Ammonshörner und Pektiniten, aus einem schwachen Steinlager. Wie der Kalkstein stärker und fester wird hören sie auf.

Goethe hat in diesen Septembertagen zweimal Abschied genommen: von Frankfurt, das er in den sechzehneinhalb Lebensjahren, die er noch vor sich hat, nicht mehr sehen wird; von Marianne von Willemer, die er bis an sein Ende nicht mehr wiedersieht. Einen Tag vor ihrem ersten Hochzeitstag reisen Willemers ab. Die beredte Fassung, die aus der Fülle der Mitteilungen, im Brief an seine Frau spricht, darunter so manche Antwort auf Christianes Brief vom 14. September, setzt den Kontrapunkt zum inneren Zustand des leidenschaftlich aufgewühlten Mannes.

***

Dein lieber Brief vom 14. ist mir heute den 26. in Heidelberg geworden. Ich begrüße dich von Herzen und fahre fort zu erzählen. Seit meinem letzten ist mir's durchaus wohlgegangen. Ich blieb in Frfurt bis den 15. Durchkroch die Stadt und habe viel gesehn und erfahren. Nun zog ich mit Boisserée auf die Mühle, nachdem ich das Krämchen an dich abgesendet hatte. Nach zwei muntern Tagen zogen wir beide auf Darmstadt, wo ich mich am Museum sehr ergötzte und meinen gnädigsten Herrschaften aufwartete, auch Künstler und gute Leute sah. Am 20. trafen wir zu Mittag in Heidelberg ein. Die Bergstraße war über alle Begriffe schön und herrlich. Die Freunde wurden besucht, das Schloß bestiegen, allerlei vorgenommen, bei Paulus arabisch geschrieben.

Am 22. Kamen Willemers und Fr. Städel. Voll Wohlwollen und Teilnahme. Sie blieben bis den 26. früh, sahen und besahen sich alles. Die guten Frauen grüßen dich schönstens, auch Willemer den August. Indessen war ein Brief von Fr. v. Heygendorf gekommen, die in Mannheim den Gr. Herzog erwartet. Er wäre schon längst hier, aber er macht den Weg jagend. Der Großh. von Baden ist auch ein großer Jäger, Prinz Christian von Darmstadt ist auch dabei. Wir wollen es ihnen gönnen nach so viel Not und Leiden. Die Russen gehen in drei Kolonnen durch Franken, täglich ziehen sie hier eilig durch. Da sie so geschwind gehen, werden sie bald vorüber sein, worauf ich hoffe, um den Rückweg über Würzburg zu machen. Nach Frfurt möcht ich nicht wieder. Es ist schwer sich von soviel Verwandten, Bekannten und Freunden loszumachen, dazu kommen noch so viele Fremde, die man nicht umgehen kann noch will.

Erinnerst du dich des schönen Russen mit Einem Arm? Er begegnete mir gestern, auf dem Schloß, wir freuten uns beiderseits des Wiedersehns. Er wird durch Weimar kommen. Sodann besuchte mich ein gleichfalls hübscher Junge, der auch schon auf Euch guten Eindruck machte: v. Bülow. Er kommt von Paris, erzählt die seltsamsten Verworrenheiten von dort. Er fragte teilnehmend nach dir, ich gab ihm Gelegenheit von Ulinen zu reden, welches ihm sehr wohl tat. Kieser ist in Paris, hat die Aufsicht über alle preußische Hospitäler und noch andre! Bülow erzählte dies scherzend. Jener tue doch solche große Taten nur aus Verzweiflung, meinte er. Bülow ist würklich recht hübsch und angenehm.

So wie auf die Gerbermühle, bei schönen Tagen, so zu den köstlichen Bildern wirst du hergewünscht. Ich arbeite einen Aufsatz aus über meine Reise, Herr von Stein forderte mich auf. Überall find ich nur Gutes und Liebes. Bin überall willkommen, weil ich die Menschen lasse wie sie sind, niemanden etwas nehme, sondern nur empfange und gebe. Wenn man zu Hause den Menschen so vieles nachsähe als man auswärts tut, man könnte einen Himmel um sich verbreiten; freilich ist auf der Reise alles vorübergehend und das Drukkende läßt sich ausweichen.

Deshalb freu ich mich sehr daß du mit Riemers gut stehst, ich wünsche diesen Winter mit ihm das nähere Verhältnis, denn ich bringe viel zu tun mit, bedarf seiner Hülfe und kann ihm helfen. Kreiter kriegt auch vollauf zu tun, diesen grüße.

Zwei Kisten werden ankommen, auch ein Coffre, laßt sie stehn bis ich komme. Das Kästchen habt Ihr längst, ich hoffe zur Freude. Getrocknetes Obst schickt Fr. Schöff Schlosser.

Sage August: Herr v. Gerning habe die berühmte Vase, aus orientalischem Alabaster, welche im Kloster Eibingen, als Gefäß von Kana in Galiläa, aufbewahrt wurde, großmütig spendiert; grüß Hofr. Meyer und sag ihm dasselbe. Übrigens habe noch gar hübsche Alter- und Neutümer verehrt erhalten.

Nun wüßte nur noch das Wichtigste hinzuzufügen, den Wunsch, daß du dich immer mehr herstellen mögest. Dich zu zerstreuen ist die Hauptsache, sieh immer Leute, und leite dir und mir manches gute Verhältnis ein. Sobald der Großherzog da war schreibe ich wieder. Vielleicht folg ich ihm nach Mannheim. Lebe recht wohl und liebe mich. Verlangend dich wieder zu sehen die besten Wünsche.

Heidelberg. d. 27. Sept. 1815 G.

Catharina Elisabeth Goethe, geb. Textor

»... alle Tage etwas das mich freut«

Goethes Mutter gehört zu den hellen Gestalten im Leben des Sohnes; sie ist ihm durch nichts getrübt. »Ich habe die Menschen sehr lieb – und das fühlt alt und jung gehe ohne pretention durch diese Welt und das behagt allen Evens Söhnen und Töchtern – bemoralisire niemand – suche immer die gute seite auszuspähen – überlasse die schlimme dem der den Menschen schufe und der es am besten versteht, die scharffen Ecken abzuschleifen, und bey dieser Medote befinde ich mich wohl, glücklich und vergnügt.« So schreibt im November 1785 Elisabeth Goethe an Frau von Stein, die sich für die gute Aufnahme ihres jüngsten Sohnes im Haus der Frau Rat bedankt hat. Daß sie die Menschen sehr lieb hat, geht aus allen Zeugnissen hervor, die wir von ihr und über sie besitzen. »Eine herrliche Frau« sei sie, »eine ganz treffliche Frau, voll Liebe und Grösse«, schreibt Herzog Carl August 1779 nach Hause, und Wieland hält »Frau Aja« für »die Königin aller Weiber, die Herz und Sinnen des Verständnisses haben« (Brief an Merck, 1780). Sie besaß die Gabe der Freundschaft, sie wußte Geschenke zu machen, und vor allem suchte sie Menschen anzunehmen, so daß sie sagen konnte: »... ausser den Zwey die unter meinem Hertzen gelegen, habe ich das Glück noch viele Söhne und Töchter zu haben« (an J. G. Zimmermann, Februar 1776). Catharina Elisabeth Goethe kam am 19. Februar 1731 als Tochter des Schöffen und späteren Frankfurter Stadtschultheißen Johann Wolfgang Textor, des höchsten Beamten der Freien Reichsstadt, zur Welt. Mit siebzehneinhalb Jahren heiratet sie den Kaiserlichen Rat, Juristen und Privatgelehrten Johann Caspar Goethe (1710-1782), dessen Ernst und Strenge sie ihr Temperament und ihre Fröhlichkeit entgegenhalten konnte. Die brauchte sie auch, um in der »Werckeltags Welt« zu bestehen, besonders, nachdem Cornelia geheiratet hatte und zwei Jahre später auch Wolfgang aus ihrem näheren Umkreis verschwunden war, was für die Mutter, die sich ein ganzes Leben lang kaum über Frankfurt hinausbewegen mochte, nicht immer leicht war. Zu Elisabeth Goethe gehören innere Heiterkeit, die ihre Wurzel im Glauben hat, einem lebenssinnlichen Glauben, der ihrem ganzen Wesen etwas Bodenständig-Gütiges gibt, und ein wacher, beweglicher Geist, dank dem ihr das Leben immer entgegenzukommen scheint. In ihrem Sohn und »Häschelhans« sieht sie ihren »*einzigen geliebten*«; an seinem Weg in der Welt und an seinem Werk nimmt sie begeistert Anteil. Auch als er sich mit Christiane zusammentut, ist ihr wichtiger als alle gewöhnliche Legalität, »dass mein Häschelhans vergnügt und glücklicher als in einer fatalen Ehe ist«. Für Christiane findet sie überhaupt manches gute Wort. Schon im ersten Brief an den »Bettschatz« des Sohnes unterschreibt sie sich als »Ihre Freundin Goethe«, später ist Christiane als »Liebe Tochter« anerkannt. Dank geht von Frankfurt nach Weimar an die »Brave Hauss-Mutter« für »Ihre schöne Häussliche Ordnung und Wirthschaftlichte Beschäftigungen«; Übereinstimmung zeigt sich in vielem. Beide, Mutter und Geliebte, sind eingefleischte Theaterliebhaberinnen, und auch Christianes Tanzlust findet Beifall. Sogar als Christiane allmählich dicker wird, vermag Elisabeth Goethe darin etwas Positives zu sehen: »... hübsch Corpulent geworden das freut mich, denn es ist ein Zeichen guter Gesundheit – und ist in unserer Familie üblich ...« (Brief vom 24. September 1805). Als Goethe seine langjährige Gefährtin heiratet, da hat er »nach [ihres] Hertzens wunsch gehandelt«. Noch etwas hat Frau Rat mit dem »Lieben – herrlichen Gottes Geschöpf« gemein, auch wenn das nur beiläufig ausgesprochen wird: die Gabe, das Leben tapfer zu bestehen, indem sie alles, was hell war in ihrer Existenz, vor das Dunkle stellte. Nur ihr Tod war ganz anders – ruhig und gefaßt wie der eines biblischen Patriarchen. »... und hab also den Becher der Mutterfreude bis auf den letzten Tropfen gelehrt«, schrieb sie am 28. August 1808, am Geburtstag »meines liebsten Sohnes«, an Bettina Brentano. Am 13. September 1808 ist Catharina Elisabeth Goethe gestorben.

***

An Frau Aya, Tante Fahlmer und Freund Bölling gesamt, *Weimar*, Mittwoch d. 6. Nov. 1776 Abends 6 Uhr. Ich sizze noch in meinem Garten, es ist das schönste Wetter von der Welt, pflanze und mache allerley Zeugs das künftig Jahr soll schön aussehn und uns in guten Augenblicken Freude machen. Heut hab ich einen neuen Gang machen lassen, hab auf die Arbeiten getrieben, denn ich hatte einmal Ruh, es waren wenig Menschen da, nun hab ich die Expedition der letzten Session signirt, und will euch nur mit wenig Worten sagen dass ich so vergnügt und glücklich bin, als es ein Mensch seyn kan. Von Geschäfften bin ich eben nicht gedrückt, desto mehr geplagt von dem was den Grund aller Geschäffte macht: von den tollen Grillen, Leidenschafften und Thorheiten und Schwächen und Stärken der Menschen, davon hab ich den Vorteil dass ich nicht über alles das Zeit habe an mich selbst zu dencken, und wie sich Frau Aja erinnert: dass ich unleidlich war da mich nichts plagte, so bin ich geborgen da ich geplagt werde. – Übrigens hab ich alles was ein Mensch sich wünschen kann, und bin freylich doch nicht ruhig, des Menschen Treiben ist unendlich bis er ausgetrieben hat. Lebt wohl und schreibt mir mehr, denn ich kann nicht schreiben. Hier habt ihr ein klein Blümlein vergiss mein nicht. Leßts! lassts den Vater lesen, schickts der Schwester und die soll mir's wiederschicken, niemand solls abschreiben. Und das soll heilig gehalten werden so kriegt ihr auch wieder was. G.

Der Treu und Glauben der Tante Fahlmer sind die Geschwister empfohlen.

Ich kan Ihr nichts sagen, als dass das Glück sich gegen mich immer gleich bezeigt, dass mir der todt der Schwester nur desto schmerzlicher ist da er mich in so glücklichen Zeiten überrascht. Ich kan nur menschlich fühlen, und lasse mich der Natur die uns heftigen Schmerz nur kurze Zeit, trauer lang empfinden lässt. Lebe Sie glücklich, sorge Sie für des Vaters Gesundheit, wir sind nur Einmal so beysammen. Die Zeichnung von Krausen ist fertig und wird bald kommen. Adieu. liebe Mutter. Grüse Sie den armen Schlosser auch von mir. Weimar d. 28. Jun. 77 G.

Sagen kann ich über die seltsame Nachricht Ihres Briefs gar nichts. Mein Herz und Sinn ist zeither so gewohnt dass das Schicksaal Ball mit ihm spielt dass es für's neue es sey Glück oder Unglück fast gar kein Gefühl mehr hat. Mir ists als wenn in der Herbstzeit ein Baum gepflanzt würde, Gott gebe seinen Seegen dazu, dass wir dereinst drunter sizzen Schatten und Früchte haben mögen. Mit meiner Schwester ist mir so eine starcke Wurzel die mich an der Erde hielt abgehauen worden, dass die Äste, von oben, die davon Nahrung hatten auch absterben müssen. Will sich in der lieben Falmer wieder eine neue Wurzel, theilnehmung und befestigung erzeugen, so will ich auch von meiner Seite mit euch den Göttern dancken. Ich bin zu gewohnt von dem um mich iezzo zu sagen: das ist meine Mutter und meine Geschwister pppppp. Was euch betrifft so seegnet Gott, denn ihr werdet auf's neue erbaut in der Nähe und der Riss ausgebessert.

Schlosser soll mir das Buch Stuarts Finanz System von Lenzen, auch seine Schrifft über die Gesezgebung schicken.

Der Vater kann ihm Poetas Graccos minores schicken sie stehen noch zu Hause in folio denck ich. Den Sophokles soll er mir schencken, ich hab ihn verlohren, oder soll ihn zu Geld anschlagen ich will ihn mit dem was ich für Petern restire bezahlen.

Meine Zahn und Backenwirthschafft will nichts bedeuten es hat sich ein Knötgen in der Kinlade gesezzt gehabt das aber nicht schmerzte und iezt vergeht.

Mein Haushalt fängt an sich zu ordnen, es ist einem in dem Gartenhüttgen, bald wie in einem Schiff auf dem Meere.

Adieu. *Weimar*, 16. Nov. 77 G.

Mein Verlangen Sie einmal wiederzusehen, war bisher immer durch die Umstände in denen ich hier mehr oder weniger nothwendig war, gemäsigt. Nunmehr aber kann sich eine Gelegenheit finden, darüber ich aber vor allem das strengste Geheimniss fordern muss. Der Herzog hat Lust den schönen Herbst am R[h]ein zu genießen, ich würde mit ihm gehen und der Cammerherr Wedel. wir würden bey Euch einkehren wenige Tage da bleiben um den Messfreuden auszuweichen dann auf dem Wasser weiter gehn. Dann zurück kommen und bey euch unsre Städte aufschlagen um von da die Nachbaarschafft zu besuchen. Wenn Sie dieses prosaisch oder poetisch nimmt so ist dieses eigentlich das Tüpfgen aufs i, eures vergangnen Lebens, und ich käme das erstemal ganz wohl und vergnügt und so ehrenvoll als möglich in mein Vaterland zurück. Weil ich aber auch mögte dass, da an den Bergen Samariä der Wein so schön gediehen ist auch dazu gepfiffen würde, so wollt ich nichts als dass Sie und der Vater offne und feine Herzen hätten uns zu empfangen, und Gott zu dancken der Euch euren Sohn im dreisigsten Jahr auf solche Weise wiedersehen lässt. Da ich aller Versuchung widerstanden habe von hier wegzuwitschen und

Euch zu überraschen, so wollt ich auch diese Reise recht nach Herzenslust geniessen. Das unmögliche erwart ich nicht. Gott hat nicht gewollt dass der Vater die so sehnlich gewünschten Früchte die nun reif sind geniessen solle, er hat ihm den Apetit verdorben und so seys. ich will gerne von der Seite nichts fordern als was ihm der Humor des Augenblicks für ein Betragen eingiebt. Aber Sie mögt ich recht fröhlich sehen, und Ihr einen guten Tag bieten wie noch keinen. ich habe alles was ein Mensch verlangen kan, ein Leben in dem ich mich täglich übe und täglich wachse, und komme diesmal gesund, ohne Leidenschafft, ohne Verworrenheit, ohne dumpfes Treiben, sondern wie ein von Gott geliebter, der die Hälfte seines Lebens hingebracht hat, und aus Vergangnem Leide manches Gute für die Zukunft hofft, und auch für künftiges Leiden die Brust bewährt hat, wenn ich euch vergnügt finde, werd ich mit Lust zurück kehren an die Arbeit und die Mühe des Tags die mich erwartet. Antworte Sie mir im ganzen Umfang sogleich – wir kommen allenfalls in der Hälfte Septembers das nähere bis auf den kleinsten Umstand soll Sie wissen wenn ich nur Antwort auf dies habe. Aber ein unverbrüchlich Geheimniss vor der Hand auch gegen den Vater Mercken Bölling pp allen muss unsre Ankunft Überraschung sein. ich verlasse mich drauf. Hier vermuthet noch niemand nichts.

Weimar, d. 9. Aug. 1779 G.

Wie ich mir unsre Quartiere gedacht habe und was wir brauchen pp das alles soll in meinem nächsten Brief folgen wenn Sie mir erst ihre Ideen geschrieben hat.

Weimar, Mitte August 1779

So eine Antwort wünscht ich von Ihr liebe Mutter, ich hoffe es soll recht schön und herrlich werden. Also eine nähere

Nachricht von unsrer Ankunft. Ohngefähr in der Hälfte September treffen wir ein und bleiben ganz still einige Tage bey Euch. Denn weil der Herzog seine Tanten und Vettern die auf der Messe seyn werden nicht eben sehen möchte wollen wir gleich weiter und auf dem Mayn und Rhein hinab schwimmen. Haben wir unsre Tour vollendet; so kommen wir zurück und schlagen in forma unser Quartier bey Ihr auf, ich werde alsdenn alle meine Freunde und Bekannte beherzigen, und der Herzog wird nach Darmstadt gehen und in der Nachbaarschafft einigen Adel besuchen. Unser Quartier wird bestellt wie folgt. Für den Herzog wird im kleinen Stübgen ein Bette gemacht, und die Orgel wenn sie noch da stünde hinausgeschafft. Das grose Zimmer bleibt für Zuspruch, und das Peckin zu seiner Wohnung. Er schläfft auf einem saubern Strohsacke, worüber ein schön Leintuch gebreitet ist unter einer leichten Decke.

(Das Papier schlägt durch drum fahr ich hier fort.)

Das Caminstübgen wird für seine Bedienung zurecht gemacht ein Matraze Bette hinein gestellt.

Für Herrn v. Wedel wird das hintere Graue Zimmer bereitet auch ein Matrazze Bette pp.

Für mich oben in meiner alten Wohnung auch ein Strohsack pp wie dem Herzog.

Essen macht ihr Mittags vier, Essen, nicht mehr noch weniger, kein Geköch, sondern eure bürgerlichen Kunststück aufs beste, was ihr frühmorgens von Obst schaffen könnt wird gut seyn.

Darauf reduzirt sichs also dass wir das erstemal wenn wir ankommen iedermann überraschen, und ein paar Tage vorbeygehn eh man uns gewahr wird, in der Messe ist das leicht. In des Herzogs Zimmern thu sie alle Lustres heraus, es würde ihm lächerlich vorkommen. Die Wandleuchter mag sie lassen. Sonst alles sauber wie gewöhnlich und ieweniger anscheinende Umstände ie besser. Es muss ihr seyn als wenn wir 10 iahr so bey ihr wohnten. Für Bedienten oben im Gebrochnen Dach bey unsren Leuten sorgt sie für ein oder ein Paar Lager. Ihre Silbersachen stellt sie dem Herzog zum Gebrauch hin Lavor, Leuchter pp. keinen Caffe und dergleichen trinckt er nicht. Wedel wird Ihr sehr behagen, der ist noch besser als alles was Sie von uns Mannsvolck gesehen hat.

Also immer ein tiefes Stillschweigen, denn noch weis kein Mensch hier ein Wort. Was Ihr noch einkommt schreibe Sie mir. Ich will auf alles antworten, damit alles recht gut vorbereitet werde.

Merck darf noch nichts wissen.

Der Devin du Village ist mit Melchiors Schrift gestern angekommen. Auf Ihren vorigen lieben Brief zu antworten, hat es mir bisher an Zeit und Ruhe gefehlt. In demselben Ihre alten und bekannten Gesinnungen wieder einmal ausgedrukt zu sehen und von Ihrer Hand zu lesen, hat mir eine große Freude gemacht. Ich bitte Sie, um meinetwillen unbesorgt zu seyn, und sich durch nichts irre machen zu lassen. Meine Gesundheit ist weit beßer als ich sie in vorigen Zeiten vermuthen und hoffen konnte, und da sie hinreicht um dasienige, was mir aufliegt wenigstens großentheils zu thun, so habe ich allerdings Ursache damit zufrieden zu seyn. Was meine Lage selbst betrift, so hat sie, ohnerachtet großer Beschweernisse, auch sehr viel erwünschtes für mich, wovon der beste Beweiß ist, daß ich mir keine andere mögliche denken kann, in die ich gegenwärtig hinüber gehen mögte. Denn mit einer hypochondrischen Unbehaglichkeit sich aus seiner Haut heraus in eine andere sehnen, will sich dünkt mich nicht wohl ziemen. Merk und mehrere beurtheilen meinen Zustand ganz falsch, sie sehen das nur was ich aufopfre, und nicht was ich gewinne, und sie können nicht begreifen, daß ich täglich reicher werde, indem ich täglich so viel hingebe. Sie erinnern sich, der letzten Zeiten die ich bey Ihnen, eh ich hierhergieng, zubrachte, unter solchen fortwährenden Umständen würde ich gewiß zu Grunde gegangen seyn. Das Unverhältniß des engen und langsam bewegten bürgerlichen Kreyses, zu der Weite und Geschwindigkeit meines Wesens hätte mich rasend gemacht. Bey der lebhaften Einbildung und Ahndung menschlicher Dinge, wäre ich doch immer unbekannt mit der Welt, und in einer ewigen Kindheit geblieben, welche meist durch Eigendünkel, und alle verwandte Fehler, sich und andern unerträglich wird. Wie viel glüklicher war es, mich in ein Verhältniß gesezt zu sehen, dem ich von keiner Seite gewachsen war, wo ich durch manche Fehler des Unbegrifs und der Übereilung mich und andere kennen zu lernen, Gelegenheit genug hatte, wo ich, mir selbst und dem Schicksaal überlaßen, durch so viele Prüfungen ging die vielen hundert Menschen nicht nöthig seyn mögen, deren ich aber zu meiner Ausbildung äußerst bedürftig war. Und noch iezt, wie könnte ich mir, nach meiner Art zu seyn, einen glüklichern Zustand wünschen, als einen der für mich etwas unendliches hat. Denn wenn sich auch in mir täglich neue Fähigkeiten entwikelten, meine Begriffe sich immer aufhellten, meine Kraft sich vermehrte, meine Kenntniße sich erweiterten, meine Unterscheidung sich berichtigte und mein Muth lebhaffter würde, so fände ich doch täglich Gelegenheit, alle diese Eigenschaften, bald im großen, bald im kleinen, anzuwenden. Sie sehen, wie entfernt ich von der hypochondrischen Unbehaglichkeit bin, die so viele Menschen mit ihrer Lage entzweyt, und daß nur die wichtigsten Betrachtungen oder ganz sonderbare, mir unerwartete Fälle mich bewegen könnten meinen Posten zu verlaßen; und unverantwortlich wäre es auch gegen mich selbst, wenn ich zu einer Zeit, da die gepflanzten Bäume zu wachsen anfangen und da man hoffen kann bey der Ärndte das Unkraut vom Waizen zu sondern, aus irgend einer Unbehaglichkeit davon gienge und mich selbst um Schatten, Früchte und Ärndte bringen wollte. Indeß glauben Sie mir daß ein großer Theil des guten Muths, womit ich trage und würke aus dem Gedanken quillt, daß alle diese Aufopferungen freywillig sind und daß ich nur dürfte Postpferde anspannen laßen, um das nothdürftige und Angenehme des Lebens, mit einer unbedingten Ruhe, bey Ihnen wieder zu finden. Denn ohne diese Aussicht und wenn ich mich, in Stunden des Verdrußes, als Leibeignen und Tagelöhner um der Bedürfniße willen ansehen müßte, würde mir manches viel saurer werden. Möge ich doch immer von Ihnen hören, daß Ihre Munterkeit Sie, bey dem gegenwärtigen Zustande des Vaters, nie verläßt. Fahren Sie fort Sich so viel Veränderung zu verschaffen, als Ihnen das gesellige Leben um Sie herum anbietet. Es ist mir nicht wahrscheinlich, daß ich auf diesen Herbst mich werde von hier entfernen können, auf alle Fälle nicht vor Ende Septembers, doch würde ich suchen zur Weinlese bey Ihnen zu seyn. Schreiben Sie mir daher, ob diese vielleicht wegen des guten Sommers früher fallen möchte.

Leben Sie wohl. Grüsen Sie meine alten guten Freunde.

Weimar d. 11. Aug. 1781 G.

Rom d. 4. Nov. 86.

Vor allem andern muß ich Ihnen sagen liebe Mutter daß ich glücklich und gesund hier angelangt bin. Meine Reise die ich ganz im stillen unternahm hat mir viel Freude gemacht. Ich bin durch Bayern, Tirol über Verona, Vicenz, Padua, Venedig, Ferrara, Bologna, und Florenz hier hergekommen, ganz allein und unbekannt, auch hier observiere ich eine Art Inkognito.

Wie wohl mirs ist daß sich so viele Träume und Wünsche meines Lebens auflösen, daß ich nun die Gegenstände in der Natur sehe die ich von Jugend auf in Kupfer sah, und von denen ich den Vater so oft erzählen hörte, kann ich Ihnen nicht ausdrücken.

Alle diese Dinge seh ich freilich ein wenig späte, doch mit desto mehr Nutzen und viel in kurzer Zeit.

Wie lang ich bleibe weiß ich noch nicht, es wird darauf ankommen wie es zu Hause aussieht. Auf alle Fälle geh ich über die Schweiz zurück und besuche Sie. Da wollen wir uns was Rechts zu gute tun, doch bleibt alles unter uns.

Heute hab ich nicht Zeit viel zu sagen, nur wollt ich daß Sie schnell die Freude mit mir teilten. Ich werde als ein neuer Mensch zurückkommen und mir und meinen Freunden zu größerer Freude leben. [...]

Schreiben Sie mir bald und viel, wie es Ihnen geht und sonst was Neues, in der Fremde ist alles von Freunden und Lieben interessant.

Auch wann dieser Brief ankommt damit ich mich danach richten kann. Leben Sie wohl und lieben mich. G.

Diesmal, liebe Mutter, schreibe ich Ihnen mit eigner Hand, damit Sie sich überzeugen daß es wieder ganz leidlich mit mir geht.

Das Übel hat mich freilich nicht ganz ungewarnt überfallen, denn schon einige Zeit war es nicht völlig mit mir wie es sein sollte. Hätte ich im vorigen Jahr ein Bad gebraucht wie ich in früheren Zeiten getan; so wäre ich vielleicht leidlicher davon gekommen; doch da ich nichts Eigentliches zu klagen hatte; so wußten auch die geschicktesten Ärzte nicht was sie mir eigentlich raten sollten und ich ließ mich von einer Reise nach Pyrmont, zu der man mich bewegen wollte, durch Bequemlichkeit, Geschäfte, und Ökonomie abhalten, und so blieb denn die Entscheidung einer Krise dem Zufall überlassen.

Endlich, nach verschiednen katarrhalischen Anzeigen, zu Ende des vorigen Jahrs, brach das Übel aus, und ich erinnere mich wenig von den gefährlichen neun Tagen und Nächten, von denen Sie schon Nachricht erhalten haben.

Sobald ich mich wieder selbst fand ging die Sache sehr schnell besser, ich befinde mich schon ziemlich bei körperlichen Kräften und mit den geistigen scheint es auch bald wieder beim alten zu sein.

Merkwürdig ist daß eine ähnliche Krankheit sich teils in unsrer Nähe, teils in ziemlicher Entfernung in diesem Monate gezeigt hat.

Wie gut, sorgfältig und liebevoll sich meine liebe Kleine bei dieser Gelegenheit erwiesen werden Sie sich denken, ich kann ihre unermüdete Tätigkeit nicht genug rühmen. August hat sich ebenfalls sehr brav gehalten und beide machen mir, bei meinem Wiedereintritt in das Leben viel Freude.

Auch war mir der Anteil sehr tröstlich, den Durchlaucht der Herzog, die fürstliche Familie, Stadt und Nachbarschaft bei meinem Unfalle bezeigten. Wenigstens darf ich mir schmeicheln daß man mir einige Neigung gönnt und meiner Existenz einige Bedeutung zuschreibt.

So wollen wir denn auch hieraus das Beste nehmen und sehen wie wir nach und nach die Lebensfäden wieder anknüpfen.

Ich wünsche daß Sie diesen Winter recht gesund und munter zubringen mögen und da ich weder gehindert bin Gesellschaft zu sehen noch mich zu beschäftigen; so denke ich die paar traurigen Monate nicht ohne Nutzen und Vergnügen zuzubringen.

Hier die Affiche des Tancred. Kurz vor meiner Krankheit war ich damit fertig geworden. Grüßen Sie alle Freunde.

Weimar den 1. Februar 1801 G.

Nehmen Sie, liebe Mutter, tausend Dank für alles das Gute das Sie unserm August erzeigt haben! Ich wünsche daß die Erinnerung seiner Gegenwart Ihnen nur einen Teil der Freude geben möge die uns jetzt seine Erzählung verschafft. Wir werden dadurch ganz lebhaft zu Ihnen und meinen alten Freunden versetzt. Danken Sie herzlich allen die ihn so gütig aufnahmen. Dieser erste Versuch in die Welt hinein zu sehen ist ihm so gut gelungen daß ich für seine Zukunft eine gute Hoffnung habe. Seine Jugend war glücklich und ich wünsche daß er auch heiter und froh in ein ernsteres Alter hinüber gehe. Seine Schilderung Ihres fortdauernden Wohlbefindens macht uns das größte Vergnügen, er muß sie oft wiederholen. Auch ich befinde mich, bei mehrerer Bewegung, in diesen bessern Tagen recht wohl. Wir grüßen alle zum schönsten, besten und dankbarsten.

Weimar den 6. Mai 1805 G.

Caroline Herder, geb. Flachsland

»O Gott wie sind wir in allem nur Eins!«

»Und darum dürfen Sie stolz sein, die Geliebte und Schwester und Mutter und Pflegerin einer großen Seele gewesen zu sein«, schreibt Jean Paul an Caroline Herder, nachdem ihr Mann am 18. Dezember 1803 gestorben war. »Und darum«: Caroline Herder hatte nämlich ihr ganzes Leben in den Dienst des ideengewaltigen Anregers gestellt und selbst dort loyal zu ihm gestanden, wo er Unrecht hatte. Als kluge, geistvolle und impulsive Frau bot sie ihrem Mann Rückhalt in der Familie, in der bis 1790 acht Kinder geboren wurden (sieben Jungen, von denen einer früh starb, und ein Mädchen); zugleich nahm sie teil an seinem Tun und Denken und führte Verhandlungen und Korrespondenzen für ihn. Ihren Anfang hatte diese Ehe im Mai 1773 genommen, als Caroline Flachsland und Johann Gottfried Herder (1744-1803) in Darmstadt heirateten. Die als Tochter eines Amtsschaffners am 28. Januar 1750 in Reichenweyer im Elsaß geborene Caroline lebte seit 1768 in Darmstadt und gehörte zur »Gemeinschaft der Heiligen«, jenem Kreis der Empfindsamen um Johann Heinrich Merck. Dort hatte Goethe sie im Frühjahr 1772 kennengelernt, anderthalb Jahre nach seiner entscheidenden ersten Begegnung mit Herder in Straßburg. Freundschaftliche Gefühle auf beiden Seiten – »edel und wahrhaft gut« sei er, meint Caroline, und Goethe hält für sie, so wie ihm Herder in den ersten Jahren ein »Bruder« ist, das Wort »Schwester« bereit. 1776 rückt man einander wieder näher: Herder wird zum Generalsuperintendenten in Weimar berufen. Goethe hatte sich sehr für diese Berufung eingesetzt, und so wird Herder im Herbst 1776 der höchste Geistliche des kleinen Herzogtums. Herder fühlt sich jedoch von Anfang an nicht recht wohl in Weimar und ist unzufrieden mit Stadt, Hof und Amt. Auch die Nähe zu Goethe ist eher äußerlich, und es dauert bis 1783, ehe aus der wachsenden Entfremdung wieder freundschaftliches Einverständnis wird. Während Herders Italienreise, die er sieben Wochen nach Goethes Rückkunft aus dem ersehnten Land antritt, wird, besonders in den zahlreichen Briefen an seine Frau, noch einmal deutlich, wie verschieden der vergrämte Theologe und Geschichtsphilosoph und der naturforschende Dichter sind: Nähe und glückhafte (Über-) Einstimmung hier, problematische Distanz und ein oft schmerzliches Sich-selbst-Behaupten dort. Caroline, die im Grunde aufgeschlossener und kompromißbereiter als ihr Mann gewesen wäre, hatte in den Jahren ihrer intensiven Ehe gelernt, immer wieder gleicher Meinung mit dem rückhaltlos bewunderten Gatten zu sein. So erlahmt die Beziehung im Laufe der neunziger Jahre, als sich zwischen den Weimarer Klassikern immer klarere Fronten abzeichnen und Herder auf die »falsche« Seite geriet: zu Wieland, Jean Paul und Knebel – und nicht zu Goethe und Schiller. »Goethes Urteile sind meinem Mann feurige Pfeile«, teilt Caroline im Frühjahr 1801 Knebel mit. Nach Herders Tod bereitet sie seine Werke für eine Gesamtausgabe vor. Sie stirbt am 15. September 1809 in Weimar.

***

Weimar, 3. Dezember 1784

Hier schicke ich die Überreste der Lustbarkeiten voriger Tage. Mögen sie Ihnen zur rechten Stunde kommen. Bußtagsmäßiger ist das Knochenwerk das ich dem Manne überschicke und bitte die Übersetzung durchzusehen. Ich schäme mich ihn mit dieser Kleinigkeit so oft zu plagen. Wenn die Hennen so lange über den Eyern säßen als ich mich mit diesen Dingen beschäftigte, ohne daß es ein Ende wird, die jungen Hühner müßten theuer seyn. Adieu. G.

Zweieinhalb Monate nach der Geburt seines Sohnes begibt sich Goethe auf eine größere Reise, die ein Vierteljahr Abwesenheit von zu Hause und vom »guten Schatz« Christiane bedeutet. Er soll die Herzogin-Mutter Anna Amalia, die im September 1788 nach Italien gefahren war, abholen, wenn sie von Rom her kommend zurückreist. Am 10. März 1790 bricht Goethe zu seiner zweiten und letzten Italienreise auf und erreicht über Jena, Nürnberg, Augsburg und Verona am 31. März Venedig. Bald nach seiner Ankunft schreibt er an den Herzog, daß seiner »Liebe für Italien durch diese Reise ein tödlicher Stoss versetzt wird«. Denn »die erste Blüte der Neigung und Neugierde« sei abgefallen und Geliebte und Kind fehlen ihm. Am 6. Mai trifft Anna Amalia in Venedig ein, am 22. bricht die Reisegesellschaft von dort auf und kommt vier Wochen später, nach Zwischenhalten in Padua und Mantua, in Weimar an.

***

Venedig den 4. Mai 1790

Ihr Brief vom 19. April, liebe Frau, ist mir gestern in die Hände gekommen; es war das erste, was ich von Ihnen sah. Nun wird auch mein Blatt mit den Epigrammen angekommen sein und Ihr werdet daraus gesehen haben, daß ich nicht ganz müßig war. Das Büchlein ist schon auf hundert Epigramme angewachsen; wahrscheinlich gibt mir diese Reise noch eins und das andre. Ich bedaure sehr, daß der Mann krank und unbehäglich ist; nur ein paar Zeilen von seiner Hand hätten mich sehr erfreut. Ich kann nicht leugnen, daß manchmal diesen Monat über sich die Ungeduld meiner bemächtigen wollte. Ich habe aber auch gesehen, gelesen, gedacht, gedichtet, wie sonst nicht in einem Jahr, wenn die Nähe der Freunde und des guten Schatzes mich ganz behaglich und vergnügt macht. Seit acht Tagen ist sehr schön Wetter, nur das Grüne fehlt hier dem Frühling.

Der alte Zucchi beträgt sich sehr freundschaftlich gegen mich. Er hält mir Vorlesungen über den Adreßkalender und erklärt mir die wunderliche Konstitution dieses Staats, indes ich die venezianische Geschichte durchlaufe. An Gemälden habe ich mich fast krank gesehen, und wirklich eine Woche pausieren müssen.

Durch einen sonderbar glücklichen Zufall, daß Götze zum Scherz auf dem Judenkirchhof ein Stück Tierschädel aufhebt und ein Späßchen macht, als wenn er mir einen Judenkopf präsentierte, bin ich einen großen Schritt in der Erklärung der Tierbildung vorwärts gekommen. Nun steh' ich wieder vor einer andern Pforte, bis mir auch dazu das Glück den Schlüssel reicht. Die Meerungeheuer habe ich auch nicht versäumt zu betrachten, und habe auch an ihnen einige schöne Bemerkungen gemacht. Sobald ich nach Hause komme, fange ich an zu schreiben und hoffe, daß unterm Schreiben sich mir noch manches darbieten soll. Von anderm Fleiß und Unfleiß, von Abenteuern, Launen und dergleichen muß das epigrammatische Büchlein dereinst des mehrern zeugen.

Knebels Lage betrübt auch mich. Sie würde euch noch mehr betrüben, wenn ihr das ganze Innere von der Sache wüßtet, das ich aber nicht entdecken kann. Ich habe nach meiner Überzeugung gehandelt, und gewiß mehr als einmal, seine Zufriedenheit zu bewirken, ernstliche Plane gemacht. Es war aber nicht möglich, sie zu vollführen. Was noch zu tun ist, will ich immer gern tun.

Die Herzogin erwarte ich in einigen Tagen. Was sie interessieren kann, hat sie bald gesehen, und auf Neapel kann Venedig nicht schmecken. Vor Pfingsten, hoffe ich, kommen wir hier weg und sind in dem halben Juni zu Hause. Meine Gesinnungen sind häuslicher, als Sie denken.

Weit und schön ist die Welt, doch o! wie dank' ich dem Himmel, Daß ein Gärtchen beschränkt zierlich mir eigen gehört.

Bringet mich wieder nach Hause! Was hat ein Gärtner zu reisen? Ehre bringt's ihm und Glück, wenn er sein Gärtchen besorgt.

Grüßen Sie den Mann herzlich und die Kinder. An August liegt ein Blättchen bei. Wenn Sie mir auf diesen Brief bald etwas sagen wollen, so schicken Sie es auf Trient poste restante.

Ich danke Ihnen für die Inlage, die Sie mir schickten; sie enthielt die Nachricht, daß mein Kleiner wieder besser ist; er war vierzehn Tage sehr übel. Es hat mich sehr beunruhigt, ich bin daran noch nicht gewohnt.

Daß Sie aber in Ihrem Briefe, meine Liebe, die hohen Trümmern und Künste heruntersetzen und uns dafür Fleiß, Mühe und Not anpreisen, soll als eine Hausfrauenlaune verziehen werden. Diese drei letzten allerliebsten Schwestern sind freilich des Menschen Gefährten, aber warum soll man nicht alles verehren, was das Gemüt erhebt und uns durchs mühselige Leben hindurchhilft! Wenn ihr das Salz wegwerft, womit soll man salzen!

Den 5. Mai

Meyer ist eben angekommen, und sagt, die Herzogin werde morgen hier sein. Ich schließe den Brief nicht eher, als bis sie angelangt ist. Die Gegenwart des alten auferstandnen Schweizers macht mir die größte Freude. Nun kann ich hoffen, daß ihn das Schicksal erhält und in ihm auch für mich eine schöne Zierde des Lebens.

Den 7. Mai

Gestern abend ist die Herzogin gesund hier angekommen, gesund ist alles ihr Gefolge. Bury ist auch mit hier. Lebt wohl! Lange bleiben wir nicht aus. G.

Mantua den 28. Mai 1790

Nun ist die Herzogin im Begriff, aus Italien zu gehn. Wir haben bisher sehr vergnüglich gelebt. Venedig, Padua, Vicenza, Verona und Mantua sind besucht und durchsucht worden. Meyer ist nach der Schweiz, Bury bleibt hier. Euern Brief Venedig poste restante habe ich erhalten. Ich danke euch; er hat mir viel Freude gemacht. Wenn ich nur nicht hören müßte, daß dich eine böse Krankheit heimgesucht hat. Ich hoffe euch wohl zu finden. Für die Gesinnungen gegen meine Zurückgelaßnen danke ich euch von Herzen; sie liegen mir sehr nahe und ich gestehe gern, daß ich das Mädchen leidenschaftlich liebe. Wie sehr ich an sie geknüpft bin, habe ich erst auf dieser Reise gefühlt.

Sehnlich verlange ich nach Hause. Ich bin ganz aus dem Kreise des italienischen Lebens gerückt. Den 1. Juni sind wir in Trient und wahrscheinlich den 15. oder 16. in Weimar.

Von Augsburg schreibe ich noch einmal. Lebt wohl. Ich hoffe auf einen guten Sommer und frohen Herbst unter euch. Grüßt alles. Besonders Augusten. Euern Bedienten wird die Herzogin in Diensten nehmen.

Macht allenfalls ein Couvert um inliegenden Brief und schickt ihn an Sutor. G.

Kaum einen Monat zu Hause, bricht Goethe zur östlichsten Reise seines Lebens auf. »Der Herzog lässt den Geheimrat v. Goethe nach Schlesien kommen. Dem wäre es unstreitig bei seinem Christelchen hier wohler«, teilt Frau von Stein dem Freund Knebel mit. Herzog Carl August befindet sich bei seinem Regiment, im preußischen Feldlager. In Schlesien war angesichts der drohenden Auseinandersetzung mit Österreich ein beträchtliches Armeekorps versammelt worden, um dem in Reichenbach eröffneten Kongreß von preußischer Seite Nachdruck zu verleihen. Goethes

Reise beginnt am 26. Juli, wird für einen Aufenthalt in Dresden unterbrochen und endet am 9. August zunächst in Breslau. Vom 3. bis 10. September führt ihn die Reise noch weiter nach Osten. Auf der Friedrichsgrube in Tarnowitz besichtigt Goethe die erste Dampfmaschine des Kontinents. Am 6. Oktober ist er wieder in Weimar.

***

An Johann Gottfried und Caroline Herder

Ich habe lange von dir nichts gehört, lieber Bruder, bin wieder hier in Breslau, nachdem wir von einer Reise nach Tarnowitz, Krakau, Wilitzka, Czenstochowa glücklich gestern zurückgekommen sind. Ich habe in diesen acht Tagen viel Merkwürdiges, wenn es auch nur meist negativ merkwürdig gewesen wäre, gesehen. An dem Grafen Reden, dem Direktor der Schlesischen Bergwerke, haben wir einen sehr guten Gesellschafter gehabt. Nun sind wir wieder hier in dem lärmenden, schmutzigen, stinkenden Breslau, aus dem ich bald erlöst zu sein wünsche. Noch will nichts rücken, von der Abreise des Königs wird gar nichts gesprochen, indessen wünscht sich alles nach Hause, weil doch kein Anschein ist, daß es zum Ernste kommen könnte. Ob der Kurier, der aus Petersburg jede Stunde erwartet wird, Epoche macht, wird sich zeigen.

Auch bei mir hat sich die vis centripeta mehr als die vis centrifuga vermehrt. Es ist all und überall Lumperei und Lauserei, und ich habe gewiß keine eigentlich vergnügte Stunde, bis ich mit euch zu Nacht gegessen und bei meinem Mädchen geschlafen habe. Wenn Ihr mich lieb behaltet, wenige Gute mir geneigt bleiben, mein Mädchen treu ist, mein Kind lebt, mein großer Ofen gut heizt, so hab' ich vorerst nichts weiter zu wünschen. Der Herzog ist sehr gut gegen mich, und behagt sich in seinem Elemente.

Lebt wohl. Es erwähnt kein Brief, daß eure Familienkette um ein Glied oder ein Paar vermehrt worden sei. Der neue Ankömmling wurde, deucht mich, früher erwartet. Lebt wohl. Grüßt Augusten und die übrigen.

Breslau den 11. September 1790 G.

Im Oktober 1792 hatten die Franzosen Mainz und Frankfurt eingenommen; Frankfurt war sechs Wochen später bereits wieder in deutschen Händen, Mainz jedoch noch immer besetzt. Am 12. Mai 1793 verläßt Goethe Weimar, um, wie es Herzog Carl August gewünscht hatte, nun an der Belagerung von Mainz teilzunehmen. Nach einem Aufenthalt bei seiner Mutter in Frankfurt trifft Goethe am 27. Mai im Hauptquartier Marienborn bei Mainz ein, wo das preußische Kürassierregiment des Herzogs steht. Am 23. Juli müssen die französischen Truppen Mainz übergeben. Einen Monat später ist Goethe wieder in Weimar.

***

An Johann Gottfried und Caroline Herder

Eure Briefe, meine Lieben, mit dem zweiten Teile kamen eben an, als ich den ersten übergeben mochte. Der Herzog dankt und grüßt. Nach dem letzten Überfall und veränderten Lager haben wir uns wieder angebaut. Ich habe ein hübsches Zelt, gerade gegen Sonnenaufgang gerichtet, bringe die einsamen Stunden des heißen Tages in einer großen, mit Fichtenreis beschützten Laube zu, die der Herzog zum Speisesaal errichten ließ. Oft bin ich im Hauptquartier; der General Kalckreuth setzt sein gütiges Betragen gegen mich ununterbrochen fort. Ich sehe viel Menschen, höre und sehe, was begegnet und bin sehr zufrieden hier zu sein und mich mit so vielen in Geduld zu fassen, da ihr in der Ferne gewiß ungeduldiger seid. An Übergabe der Stadt, wie an Belagerung ist noch so bald nicht zu denken.

Dem Bürgergeneral wünscht' und hofft' ich euren Beifall, und ist mir um so lieber, daß ihr es gut zuerst habt spielen sehen. Die kleinen Produktionen haben den Vorteil, daß sie fast ebenso geschwind geschrieben als erfunden sind. Von dem Moment, in dem ich die erste Idee hatte, waren keine drei Tage verstrichen, so war es fertig. Ich hoffe, es soll mich weder ästhetisch noch politisch reuen, meiner Laune nachgegeben zu haben.

Ich habe meinen Genius verehrt, daß er mich unterwegs sowohl als in Weimar den Propheten nicht antreffen ließ. Die Welt ist groß; laßt ihn lügen drin! – Wo sich dieses Gezücht hinwendet, kann man immer voraus wissen. Auf Gewalt, Rang, Geld, Einfluß, Talent pp. ist ihre Nase wie eine Wünschelrute gerichtet. Er hofiert der herrschenden Philosophie schon lange. Dagegen hat aber auch Kant seinen philosophischen Mantel, nachdem er ein langes Menschenleben gebraucht hat, ihn von mancherlei sudelhaften Vorurteilen zu reinigen, freventlich mit dem Schandfleck des radikalen Bösen beschlabbert, damit doch auch Christen herbeigelockt werden, den Saum zu küssen.

Denn so ist es beschaffen, so wird es bleiben und also –. Die Obelisken und Asterisken an Reineke gehe ich fleißig durch, und korrigiere nach Einsicht und Laune. Ohne diese Beihülfe des kritischen Bleistifts wäre ich nicht imstande meinen Verbesserungswillen zu richten und zu fixieren. Lebet wohl. Empfehlt mich den Herzoginnen und den Freunden.

Anfangs war hier sehr kühles Wetter, nun ist es heiter und heiß, was ich denn sehr wohl ertragen kann. Grüßt die Kinder. Tausendmal Adieu.

Bei Marienborn den 7. Juni 1793 G.

Immer wieder kam es zwischen dem Ehepaar Herder und Goethe zu Unstimmigkeiten. Den endgültigen Bruch bedeutete der Brief vom 30. Oktober 1795, in dem Goethe einen ungewöhnlich scharfen Ton anschlägt. Viele Jahre zuvor, am 11. Mai 1784, hatte Goethe einen Brief an Caroline Herder, in dem es ebenfalls um offizielle Angelegenheiten ging, mit dem Satz beschlossen: »Behalten Sie mich als Freund lieb, wenn ich Ihnen als Minister fatal werden muss. G.« Nun bleibt auch keine Freundschaft mehr.

***

Nicht um Ihre Meinung zu lenken sondern um Ihnen die meinige vorzulegen, ergreife ich die Feder und erspare dadurch dem guten Knebel die Unannehmlichkeit an einer Sache teil zu nehmen, in der er sowenig als ich raten und helfen kann. Mit Ihnen zu sprechen möchte in diesen leidenschaftlichen Augenblicken nicht rätlich sein; wir werden einander nicht überzeugen. Sie haben mir schon geschrieben was ich nicht lesen sollte ich müßte erwarten zu hören was ich nicht hören darf.

1. Versprach der Herzog in der Punktation für die Kosten des Studierens der Kinder und für ihr Unterkommen zu sorgen.

2. Gaben die Herrschaften den Kindern, was nicht in der Punktation steht, solange sie im elterlichen Hause waren gewisse bestimme Zuschüsse.

3. Da Gottfried auf die Akademie ging war es Ihre Pflicht den Herzog davon zu benachrichtigen, um die Bestimmung einer Summe, um terminliche Auszahlung zu ersuchen. Der Herzog konnte sich alsdann erklären und durch Stipendien und sonst sich diese Ausgabe erleichtern.

4. Dies geschah nicht und ebensowenig ward der Herzog wegen der übrigen Kinder begrüßt, da er doch künftig für sie zu sorgen zugesagt hatte.

5. Vielmehr schickten Sie Augusten nach der Schweiz, ein Schritt der an sich gut und notwendig sein konnte, keineswegs aber jedermanns Beifall erhielt.

6. Nunmehr, nach Verlauf einiger Jahre, verlangen Sie eine nicht benannte, aber doch, wie es scheint, namhafte Summe auf einmal vom Herzog, um den Ausfall zu decken, der durch die Entfernung Ihrer Kinder in Ihrer Kasse entstanden sein mag und behaupten der Herzog sei schuldig Ihnen alles was Ihnen fehlt zu erstatten.

7. Die Worte: ich will für die Kosten des Studierens der Kinder und für deren Unterkommen sorgen, können nicht heißen: macht mit und aus euern Kindern was ihr wollt, gebt für sie aus was ihr wollt, macht mir am Ende von drei vier Jahren die Rechnung, ich will jeden Schritt außer dem väterlichen Hause, jede Art von Aufwand bezahlen, und wie ich die jungen Leute hernach finde sie versorgen. Weder im Gerichtshof der Ehre noch des Gewissens können sie so ausgelegt werden.

8. Ich wiederhole und sage: durch die Versäumnis der Anzeige zur rechten Zeit, durch Forterhebung der jährlichen Gaben, durch das Verlangen eines Kapitals als Anleihe, durch Annahme außerordentlicher Beihülfen, welche die Herzoginnen, soviel ich weiß, in der Zwischenzeit den Kindern gereicht haben, durch völlige Vernachlässigung des Rates und der Meinung des Herzogs über die Bestimmung Ihrer Kinder, ist die Sache so verwirrt und getrübt worden, daß die Liquidität Ihrer Forderung wohl schwerlich darzustellen sein möchte.

9. Der Herzog, ohne sich aufs Vergangne einzulassen, bietet Ihnen ganz neuerlich an: die Promotionskosten Gottfriedens zu bezahlen, und Augusten und Adeln sich besonders zu attachieren. Ihre Sache war, nach meiner Einsicht, dieses Anerbieten mit Vertrauen anzunehmen. Das Geld zur Promotion mußte irgendwo herkommen, Augusten konnte

nicht schaden einige Zeit in einer Kanzlei zu arbeiten, jedem Geschäftsmann wäre es nütze und in Kursachsen müssen die welche beim Bergwesen angestellt sein wollen ihren ganzen Cursum iuris machen. Adel, von dem Sie ganz schweigen, hatte in Eisenach den schönsten Raum sich zu belehren und sich zu zeigen und das Beispiel von baldiger Versorgung junger Leute, die das Glück hatten sich näher um den Herzog zu beschäftigen und sich hervor zu tun, gab beiden Kindern die besten Aussichten.

10. Hätte man sich dadurch dem Herzog genähert, den alten Faden wieder angeknüpft, so würde eine nochmalige Vorstellung Ihrer gegenwärtigen gedrängten Lage und ein bescheidnes Gesuch wegen des Vergangnen am Platze gewesen sein und, wie ich den Herzog kenne keine ungünstige Aufnahme gefunden haben.

11. Anstatt dessen lehnen Sie, aufs eiligste, mit einer Gleichgiltigkeit die an Verachtung grenzt jenes bedeutende Anerbieten ab, bringen Augusten ohne weiters auf die Akademie, um eine, auf den Schweizer Bergen angefangene Spielerei, unter dem Titel von Mineralogie und Naturgeschichte, fortzusetzen, sagen nahezu: wir wollen weder euern Rat noch Beistand, weder Aussicht noch Versorgung; wir wissen was wir zu tun haben, wir werden es tun, aber wir wollen euer Geld. Sie beleidigen den Herzog, die Herzogin, benachrichtigen mich von Ihren übereilten Schritten und fordern mich unter Vorwürfen und Drohungen auf für Sie und die Ihrigen wirksam zu sein, in dem Augenblick da Sie mir die Gelgenheit dazu aus den Händen reißen.

12. Wie ich hiernach Ihre heftigen leidenschaftlichen Ausfälle, Ihren Wahn als wenn Sie im vollkommensten Rechte stünden, Ihre Einbildung als wenn niemand außer Ihnen Begriff von Ehre, Gefühl von Gewissen habe ansehen muß, das können Sie sich vielleicht einen Augenblick vorstellen. Ich erlaube Ihnen mich, wie einen andern Theaterbösewicht

zu hassen, nur bitte ich mich klar zu deuten und nicht zu glauben, daß ich mich im fünften Akte bekehren werde.

13. Soviel von der gegenwärtigen Lage. Durch des Herzogs Anerbieten war Ihre Zukunft zum Teil gedeckt, das Vergangne (das wir überhaupt einander nicht vorrechnen wollen) ließ sich durch irgend ein Arrangement ins gleiche bringen und wir konnten wieder zu einer heitern Aussicht gelangen. Aber der Schaden liegt viel tiefer. Ich bedaure Sie daß Sie Beistand von Menschen suchen müssen die Sie nicht lieben und kaum schätzen, an deren Existenz Sie keine Freude haben und deren Zufriedenheit zu befördern Sie keinen Beruf fühlen. Freilich ist es bequemer in extremen Augenblicken auf Schuldigkeit zu pochen als durch eine Reihe von Leben und Betragen das zu erhalten wofür wir doch einmal dankbar sein müssen. Glauben Sie doch daß man hinter allen Argumenten Ihrer Forderungen Ihr Gemüt durchsieht. Das soll gewiß gut Blut machen wenn August bei seinem kurzen Hiersein jedem der es hören will sagt: er wähle das Bergwerksfach weil man nicht wisse wie lange die gegenwärtige Verfassung bestehe und man immer Bergleute brauchen werde. Diese Familiengesinnungen sollen einen Fürsten reizen Kinder heranziehen zu helfen und zu versorgen.

So denke ich und so werde ich denken wenn nicht ein Wunder oder eine Krankheit meine Organe verändert, wie Sie denken sehe ich aus Ihren Briefen, meine Absicht ist nicht auf Sie zu wirken. Ich werde keine Replik auf dieses Blatt lesen und von dem Vergangnen kein Wort mehr sprechen.

Können Sie sich in Absicht auf die Unterhaltung und Versorgung der Kinder dem Herzog nähern, können Sie wegen der Zukunft und wegen des Vergangnen billige Vorschläge tun, so lassen Sie mich sie durch Knebeln wissen. Ich weiß wohl daß man dem das Mögliche nicht dankt von dem man das Unmögliche gefordert hat; aber das soll mich nicht abhalten für Sie und die Ihrigen zu tun was ich tun kann.

Weimar den 30. Oktober 1795 G.

Charlotte v. Schiller, geb. v. Lengefeld

»... um Ihrentwillen auch zum Orkus«

Noch eine Lotte in Goethes Leben, aber diesmal eine, die keine Erschütterungen irgendwelcher Art in ihm auslöste. »Er ist gar freundlich und weich gestimmt, und wir haben manche gute freundliche Gespräche in der Loge; zuweilen muß ich ihn trösten, wenn er die ästhetischen Erscheinungen nicht mit Zufriedenheit sieht. Und zuweilen teilen wir uns unsere Ansichten über die Welt und Dinge mit und sind recht gute Freunde« (Brief vom 24. März 1811 an Prinzessin Caroline, Herzog Carl Augusts einzige Tochter). Klug, gebildet, von praktischer Vernunft, urteilsfähig, dabei zurückhaltend und bescheiden – da war es leicht, mit Goethe gut Freund zu sein, von dem Charlotte in ihren Briefen oft als dem »Meister«, »unserem geliebten Meister«, spricht. Sie war zur Bewunderung bereit, ohne selbst in Erscheinung zu treten. Goethe kannte die spätere Frau Schillers seit seiner frühen Weimarer Zeit; Frau von Stein war mit ihrer Mutter befreundet, die als Witwe des Oberforstmeisters von Lengefeld in Rudolstadt, in der Nähe von Kochberg, lebte. Dort, in Rudolstadt, kam Charlotte von Lengefeld am 22. November 1766 zur Welt, drei Jahre nach ihrer Schwester Caroline (1763-1847), die ein ganz anderes Temperament besaß und ihren Weg als Schriftstellerin gehen sollte. 1787 trafen die Lengefelds zum ersten Mal mit Friedrich Schiller zusammen, woraus jenes merkwürdige Glück zu dritt entstand, bis Schiller, inzwischen zum Professor für Geschichte in Jena berufen, Charlotte im Februar 1790 heiratete. Und dann, im Sommer 1794, beginnt das Jahrzehnt jener Freundschaft, die in Geistesgeschichte und Literatur Epoche machte und für Goethe und Schiller, so verschieden sie waren, zur erfüllenden Herausforderung wurde. Charlotte sagt es in ihrer zurückhaltenden Art: »Sein gleiches freundschaftliches Verhältnis mit Schiller macht mir viele Freude, und es ist beiden dadurch ein neuer schöner Lebensgenuss aufgegangen« (an Fritz von Stein, 10. Februar 1796). Weimar und Jena, Jena und Weimar – Schillers wohnen seit 1799 in Weimar, und Goethe sucht all die Jahre regelmäßig Jena als Ort der Sammlung und Konzentration auf. Auch Charlotte Schiller, die sich nach der Nobilitierung ihres Mannes 1802 wieder »von« schreiben kann, ist in das Hin und Her einbezogen. Am 9. Mai 1805 wird es durch Schillers Tod unterbrochen. Einige Monate später schreibt die Witwe an den Verleger Cotta: »Goethe [...] kann jetzt mit Fassung mich sehen. [...] Es ist ja das einzige, was uns bleibt, mit unsern Freunden zu leben, und in der Erinnerung an das, was wir verloren. – Über Schiller hat er mir noch nicht gesprochen, aber ich fühle, daß sein Andenken ihm nahe ist, und daß es ihm auch schmerzlich, doch aber wohl ist, mich zu sehen.« Auch die Witwe ist oft bei Goethe zu Gast, beide Schwestern nehmen teil an seinen Vorlesungen und Mittwochskränzchen, und Ende Dezember 1808 berichtet Christiane, seit zwei Jahren Goethes legitime Gattin, ihrem Sohn von einem Essen bei Charlotte von Schillers Schwester (in zweiter Ehe verheiratet mit dem Architekten von Wolzogen): »... und ich habe die Schillern und Wolzogen recht lieb gewonnen ...« Denen aber fehlen Verstand und Verständnis für eine Frau wie Christiane, und besonders Charlotte, die eng mit Frau von Stein befreundet ist, zeichnet mit der Ungerechtigkeit des »edlen« Charakters mit am Zerrbild von Goethes Frau. Ihre letzten Jahre lebt Charlotte nicht mehr in Weimar. Am 9. Juli 1826 stirbt sie bei ihrem zweitältesten Sohn Ernst in Bonn.

***

Ihr Brief meine Liebe, traf mich zur guten sonnigen Stunde, deren wir uns nicht oft zu rühmen haben und machte mir sie noch erfreulicher, hätte nur nicht zugleich die Nachricht von Schillers Übel wieder eine Wolke davor gezogen. Da wir geistiger Weise so froh zusammen vorschreiten, warum können wir es nicht auch dem Körper nach? Selbst diesmal, wenn wir zusammen hier gewesen wären, hätte es uns gewiß doppelte Zufriedenheit gegeben. Es sind manche gute und liebenswürdige Menschen hier, und da ich doch gewöhnlich sehr einsam lebe, so tut es wohl auch einmal in eine größere, besonders so sehr zusammengesetzte Masse zu schauen. Von allen Gegenden Deutschlands sind Menschen da, die in ihrer Denkart sehr kontrastieren. Anfangs habe ich viel Bekanntschaft gemacht, zu Ende wird man lässiger. Gearbeitet hab ich dagegen nichts, die Zerstreuung hat ihre völligen Rechte behauptet. Heute über acht Tage bin ich wahrscheinlich schon auf dem Wege, und Ihnen um so viel näher. Möchte ich Sie doch Beide recht wohl und munter finden!

Karlsb. d. 25. Jul. 95. Goethe

Ihre liebe Hand war mir heute auf dem Couvert nicht erfreulich zu sehen, noch weniger der Inhalt Ihres Briefs.

Fast sollte ich glauben, daß der hohe Barometerstand Schillern ebensosehr zuwider sei als ihm der niedere günstig ist, wie ich bemerken konnte da ich in Jena war. Möchte er doch bald wieder hergestellt sein.

Zur Unterhaltung schicke ich einen Brief von Humboldt, der recht viel Interessantes enthält. Schade daß ich gerade eine bedeutende Stelle nicht lesen konnte! Ich habe sie rot vorgestrichen, vielleicht haben Sie die Güte sie sich von Schillern in einer leidlichen Stunde diktieren zu lassen, da er mit der Hand besser als ich bekannt ist.

Faust rückt alle Tage wenigstens um ein Dutzend Verse.

Gestern habe ich meine camera obscura wieder zurechte

gestellt und bei Betrachtung des Apparats meinen Gang in diesem Teile der physikalischen Wissenschaft bezeichnet. Man sieht recht die Umwege die man gemacht hat, wenn man die Mittel und Werkzeuge deren man sich zu seinem Zweck bediente, noch alle vor sich sieht.

Ich richte mich ein bei Ifflands Hiersein zahlreiche Gesellschaft zum Frühstück zu sehen, wozu Sie auch schönstens eingeladen sind, die Jahrszeit ist günstig, da er fünf Wochen später kommt als das vorige Mal, und mein Haus ist groß genug, da ich alle Zimmer und den Garten brauchen kann; ich werde dagegen die Abendessen aufgeben.

Dann habe ich noch meinen Pachter in das Roßlaer Gut und Professor Thouret in die hiesige Schloßdekoration einzuführen, ist das geschehen, so werde ich nach dem Beispiel des Kaisers Asverus sagen:

Beschlossen hab ich es, nun gehts mich nichts mehr an! und zu Ihnen hinüber eilen. Möchte ich Sie doch beide recht wohl mit den Kindern im Garten finden.

August grüßt Karln auf das schönste.

Man sagt Richter werde auch zu gleicher Zeit mit Iffland eintreffen, nicht weniger bedrohen manche fürstliche Personen unsern theatralischen Jahrmarkt mit ihrer Gegenwart.

Leben Sie recht wohl und versäumen unsere geistreichen Frühstücke nicht.

Weimar am 18. April 1798 G.

An Charlottes Schwester, Caroline von Wolzogen

Ich habe noch nicht den Mut fassen können Sie zu besuchen. Wie man sich nicht unmittelbar nach einer großen Krankheit im Spiegel besehen soll; so vermeidet man billig den Anblick derer die mit uns gleich großen Verlust erlitten haben. Nehmen Sie für sich und ihre Schwester die herzlichsten Grüße aus diesem Blatt und lassen mich ein Wort von Ihrer Hand sehen!

Weimar, den 12. Juni 1805 Goethe

Es gehört eine Überwindung dazu, liebe teilnehmende Freundin, wenn man nach langem Schweigen wieder einmal sich äußern soll. Ihre guten Worte fordern mich indessen auf und ich kann nicht ganz stumm bleiben.

Wir haben diese Zeit her ganz eigentlich gemühet, getrieben das was getan sein mußte und weiter keine Freude daran gehabt als daß es getan war. So gingen die schönen und mitunter sehr schönen Tage hin, ohne innere Belohnung und ohne Hoffnung einer äußern.

Dabei zeigte sich noch etwas sehr Bedenkliches, was aber, wie mich deucht, bloß durch eine einsamkrittliche Hypochondrie erzeugt wird. Mir erschienen nämlich nicht allein das Publikum, sondern auch Gönner, Freunde, Freundinnen, selbst die nächsten, immer unter jener Gestalt des Tyrannen, der den Becher so lange in den Strudel wirft bis der arme Taucher zugleich mit dem Becher ausbleibt.

Da ich mir ein so kühnes Gleichnis erlaubt habe; so verzeihen Sie mir gewiß, wenn ich nur weniges hinzufüge. Was zunächst hier zu tun ist, beschäftigt uns noch einige Wochen; dann will ich möglichst eilen, nach Karlsbad zu kommen, weil mein jetziger leidlich behaglicher Zustand doch nur ein Scheinwesen ist, das ehe man sich's versieht, in eine sehr unerfreuliche Wirklichkeit umschlagen kann.

Indessen muß ich notwendig noch einmal meine weimarischen Lieben besuchen und sehen: denn ich finde höchst nötig mich von gewissen hypochondrischen Einflüssen zu befreien. Denken Sie einmal, daß mir seit einiger Zeit nichts mehr Vergnügen macht, als Gedichte zu schreiben, die man nicht vorlesen kann! Das ist denn doch, wenn man's genau besieht, ein pathologischer Zustand, von dem man sich je eher je lieber befreien soll. Leben Sie recht wohl, gedenken und verzeihen Sie.

Jena den 27. April 1810 G.

Ihr letzter freundlicher Brief, teuerste Freundin, ist zur guten Morgenstunde angekommen und mir sehr erquicklich gewesen. Man sollte wirklich nicht alles mit sich selbst verarbeiten, sondern manchmal eine kleine Beschwerde führen, damit man so freundlich zurecht gewiesen und über sich selbst aufgeklärt würde. Kaum darf ich hoffen, Sie wieder zu sehen. Doch ob ich mich gleich ganz leidlich befinde, so darf ich mir nicht viel zumuten, und für kurze Zeit in Weimar wieder anzuknüpfen, um sich sogleich wieder loszureißen, wäre etwas das mich mehr agitierte als vieles andre. Nehmen Sie deswegen vorläufig ein herzliches Lebewohl. Mögen Sie mich in meiner Abwesenheit erfreuen, so erzeigen Sie den Meinigen etwas Gefälliges, die ich wieder, wahrscheinlich länger als billig ist, allein lasse. Verschaffen Sie meiner Frau das Glück, Frau von Humboldt kennen zu lernen, und empfehlen mich dieser lieben Freundin aufs allerbeste, die ich leider bei ihrer Durchreise nicht begrüßen kann. Tausend Gutes und Liebes an Frau von Wolzogen! Wie ich im Wagen sitze, um von hier abzufahren, so wird schon wieder für die Freundinnen gearbeitet, und zu Michael werden sie genötigt sein, mit dem alten Wilhelm die Wanderschaft anzutreten, wo sie mancherlei irdischen und himmlischen Heiligen begegnen sollen. Glücklicherweise habe ich wieder eine von der ersten Sorte adoptiert und ich hoffe sie nicht übel auszustatten. Leben Sie recht wohl und empfehlen mich an guten Orten und Enden. Da ich nicht weiß, ob ich Herrn Cotta hier sehe; so lege ich ein Briefchen für ihn bei. Grüßen Sie ihn zum schönsten und bereden ihn, daß er den Umweg nicht scheue.

Jena den 5. Mai 1810 G.

An Charlottes Schwester, Caroline von Wolzogen

Das mir geneigtest anvertraute Manuskript liegt schon einige Tage neben mir, ich habe hineingesehen und mache dabei eine Erfahrung von der man sich in jüngern Jahren nichts träumen läßt; ich finde ganz unmöglich es durchzulesen, und werd es Ihnen leider ohne weiteres zurückschicken müssen. Durch diese Empfindungen werd ich nur aufmerksamer auf das was mir schon einige Zeit her begegnet, daß ich nämlich ins längst Vergangene nicht zurückschauen mag. Mit dem abgedruckten Briefwechsel geht es mir ebenso, er macht mir eher eine traurige Empfindung, die, wenn ich sie mir verdeutlichen will, sich ohngefähr dahin auflöst, daß in hohen Jahren, wo man mit der Zeit so haushältig umgehen muß, man über sich und andere wegen vergeudeter Tage höchst ärgerlich wird.

Jenes Manuskript laß ich daher noch kurze Tage bei mir liegen, teile Meyern obige Bemerkung mit, und läßt sich das Gefühl durch Reflexion nicht beschwichtigen, so erhalten Sie die Hefte ungesäumt zurück, mit höchst dringender Bitte um Verzeihung eines unerwarteten Seelenereignisses, dessen ich nicht Herr werden kann.

Erhalten Sie, verehrte Freundin, mir ein unschätzbares Wohlwollen und setzen Sie Ihre aufmunternde Teilnahme an demjenigen fort, was ich allenfalls noch anbieten und überliefern könnte.

Mich angelegentlichst empfehlend treu angehörig

Weimar den 29. September 1829 J. W. v. Goethe

Silvie v. Ziegesar

».. . diesen Sommer in Karlsbad ein Liebchen gehabt«

Sie ist seine »liebe Freundin«, er der »Freund«, und das Geburtstagsgedicht zum 21. Juni 1808, als Silvie dreiundzwanzig Jahre alt wird, mündet in die Anrede: »Tochter, Freundin, Liebchen ...« Unter diesem Dreiklang hat sich Goethe immer wieder gern verliebt. Silvie von Ziegesar (1785-1855) war die Tochter des Beamten und Geheimrats von Sachsen-Gotha-Altenburg und späteren Generallandschaftsdirektors von Sachsen-Weimar August Friedrich Carl Freiherr von Ziegesar. Ihr Vater lebte als Erbherr auf Drakendorf bei Jena, wo ihn Goethe seit 1776 immer wieder besuchte. Im gesellschaftlichen Verkehr mit der Familie in den Jahren 1802/1803 lernte Goethe Silvie näher kennen und fühlte sich wohl im Kreis der jungen Mädchen, den sie und ihre beiden fast gleichaltrigen Freundinnen bildeten, Pauline Gotter nämlich, die spätere zweite Frau des Philosophen Schelling, und Louise Seidler, die freundliche Porträtmalerin. Und die drei jungen Frauen hingen mit jugendlicher Sentimentalität und Verehrung an Goethe. Im Sommer 1808 sollte Silvie die Liebchen-Stufe erreichen und auf Wochen hinaus den Platz eines Ober-»Äugelchens« einnehmen, und das in einem Kursommer, der reich war an »Äugelchen«, sprich liebäugelnden Begegnungen mit Frauen. Silvie von Ziegesar war die »Primadonna dieser vulkanischen Phase« (Johannes Urzidil), vulkanisch, weil Goethe von Franzensbad aus den erloschenen Vulkan Kammerbühl auf acht Ausflügen besuchte. 1808 in Böhmen, eine bewegte Zeit: vom 15. Mai bis zum 9. Juli in Karlsbad, vom 9. bis 21. Juli in Franzensbad, wieder in Karlsbad bis zum 30. August und noch einmal in Franzensbad bis zum 12. September. Einige Wochen davon gehörten ganz dem Ziegesarschen Kreis, zu dem sich auch Pauline Gotter gesellte. Die zwar nicht eigentlich schöne, aber jugendlich anmutige Silvie mit dem »länglichen Gesicht, eine Erscheinung, weiß und schlank«, bezaubert den Dichter; einiges von Silvie färbt auf die Ottilie der eben entstehenden »Wahlverwandtschaften« ab. Schäkernde Vertrautheit, schäkernde Höflichkeit – der Sommer klingt noch lange nach. Einige Jahre später, 1814, wird Silvie von Ziegesar den Theologen Friedrich August Koethe heiraten.

***

Karlsb. d. 22. Juli 1808, früh sechse

Wie ich herüber gekommen weiß ich selbst nicht. Die Nacht war herrlich, der Weg so gut er sein kann, die Pferde rüstig, der Kutscher brav. Ich war in Gedanken bei Ihnen geblieben und merkte nicht daß es fortging; endlich schlief ich abwechselnd und das liebe längliche Gesichtchen war mit aller seiner Freundlichkeit und Anmut gegenwärtig, von dem rundlichen war gar nichts zu spüren. Nun besorg ich in Eile einiges für Sie. Die Federn schneidet Riemer und ein armseliges Büschelchen lege ich bei gegen die schöne, reiche, geringelte Gabe. Sie sollen mir's aber gewiß nicht in allem so zuvortun.

Was ich von leiblicher Speise senden wollte wird mir verkümmert. Die Zunge ist vermufft, Krebse, die schön da sind, rät man mir ab zu schicken, weil sie in der Hitze abstehn würden. Daher muß ich an Geistiges denken das, wie Sie wissen besonders in die Ferne wirkt. Hierbei folgt also: Ein Sonett von Riemer der sich angelegentlichst empfiehlt, ein Fläschchen Kölner Wasser einen Flakon der Schatulle damit zu füllen, ein Schächtelchen Franz Meyrischer Pfeffermünze, item eine Prise Tee, ferner andre getrocknete Pflanzen, doch nicht zum Aufguß bestimmt.

Der Kutscher will abgefertigt sein, sonst könnte ich noch lange fortfahren. Empfehlen Sie mich aufs allerschönste Ihren verehrten Eltern und Ihrer ganzen Umgebung. Durch Frau von Bock bitte um einige Worte, besonders um ein schon gebetenes. Tausendmal Adieu! Liebe, liebe Silvie. G.

Als mich, liebste Silvie, der Eilbote aus Ihrem freundlichen Tale wegrief ahndete ich nicht was mir bevorstehe. Der Tod meiner teuren Mutter hat den Eintritt nach Weimar mir sehr getrübt. Nur mit wenig Worten empfehle ich mich heute Ihrem Andenken und wünsche daß die mitfolgenden schneidenden Instrumente nichts am Gewebe Ihrer Freundschaft lostrennen mögen.

Weimar, den 21. September 1808 G.

An einem sehr bewegten Morgen liebe Silvie nur ein Wort. Ihr freundlich-sorglicher Brief ist über Erfurt an mich gelangt. Mir geht es freilich sonderbar genug. Die Geschäfte nach meiner guten Mutter Ableben fordern meine Gegenwart in Frankfurt, nach Paris werde ich dringend eingeladen, der Kaiser beehrt mit dem Zeichen der Ehrenlegion Ihren Freund, das sind alles Winke und Reizungen die mich nach Südwest locken, da ich sonst mein Heil nur in Südost zu suchen pflegte. Dem sei wie ihm wolle! Diesen Winter wünsche und hoffe ich in Weimar zuzubringen, fleißig zu sein und die lieben Nachbarn zu besuchen. Diese Freude hoff ich soll mir nächste Woche werden. Adieu süßes Kind!

Weimar, den 15. Oktober 1808 G.

Bettina Brentano, verh. v. Arnim

»... da Du mir ewig blühst«

»Bettina Brentano, Sophiens Schwester, Maximilianens Tochter, Sophie La Roches Enkelin, wünscht dich zu sehen, l. Br., und gibt vor, Sie fürchte sich vor dir, und ein Zettelchen, das ich ihr mitgäbe, würde ein Talisman sein, der ihr Mut gäbe. Wiewohl ich ziemlich gewiß bin, dass sie nur ihren Spaß mit mir treibt, so muß ich doch tun, was sie haben will – und es soll mich wundern, wenn dirs nicht ebenso wie mir geht.« Das schreibt am 23. April 1807 der alte Wieland, einstiger Freund der eben verstorbenen Sophie von La Roche, Vertrauter der letzten Lebenstage von Bettinas ältester Schwester Sophie, dem weniger alten »lieben Bruder« Goethe, der einst die Maxe verehrt hatte und nun der Verehrung Bettinas anheimfällt. Am gleichen Tag besucht sie ihn: Für die unruhige Bettina war das langersehnte Zusammentreffen ein glückhaftes Ereignis an einem Ort, »wo mirs zum erstenmal wohl war« (an Goethe, 15. Juni 1807) – für Goethe eine hübsche, ihm schmeichelnde Begegnung. Bettina – Anna Elisabeth – wird am 4. April 1785 als siebtes Kind von Maximiliane und Peter Brentano in Frankfurt geboren; ihre Mutter stirbt 1793, der Vater 1797. Ihre Goethe-Begeisterung setzt früh ein; als ihr 1805 die Briefe an ihre Großmutter in die Hände kommen, in denen Goethe sich über ihre Mutter äußert, und als sie 1806 das Vertrauen der Frau Rat gewinnt, die ihr von ihrem Sohn erzählt, da steht das Leben dieser irrlichternden Mignon-Gestalt fast ausschließlich unter einem Zeichen: Goethe. Der »familiären« Vergangenheit wegen beansprucht Bettina ein Recht auf nähere Verwandtschaft zu Goethe; nach ihrem zweiten Besuch in Weimar, im November 1807, nennt sie ihn Du. Die geistreiche junge Frau mit dem bizarren Wesen hat ein »erfülltes Herz«, ihre

»Seele lodert«, und Goethe ist für sie Gottheit und »Herr meiner Seele«, auch »süßer warmer fester Trost«. Sie möchte vieles sein, seiner ganzen Familie, aber vor allem ihm: »Kind«, »artig gut Mädgen« und »liebes Herz«, und weil sie ihn »achte und liebe und ehre«, glaubt sie auch, daß keiner Goethe besser kenne und so liebe wie sie. Bettina durfte sich in ihrer Liebe zu Goethe einiges herausnehmen, auch mit Bezug auf dessen Frau, die zwanzig Jahre älter ist als sie. Der verehrungs- und liebesgewohnte Goethe nimmt das alles mit heiterem Amüsement entgegen – falls er es nicht einfach übergeht. »Deine Briefe sind mir sehr erfreulich, sie erinnern mich an die Zeit wo ich vielleicht so närrisch war wie du, aber gewiß glücklicher und besser als jetzt«, schreibt ihr der Sechzigjährige am 3. November 1809 und wie eine Ergänzung dazu ein halbes Jahr später: »... denn eigentlich kann man dir nichts geben weil du dir alles entweder schaffst oder nimmst.« Im August 1810 besucht ihn Bettina während seines böhmischen Aufenthalts in Teplitz. Da mag, wie es denn zu solchen Sommern gehört, auch Goethe ein wenig geschmachtet haben; Bettinas spätere Ausführungen deuten jedenfalls darauf hin, und Christiane hatte bereits zu Beginn des Kursommers Befürchtungen über zu viele »Äuglichen« gehegt. 1811 kommt es dann zum Bruch, und das, obwohl Bettina gerade jetzt, nachdem Goethe sie um die Aufzeichnungen der Gespräche mit seiner Mutter gebeten hatte, Nähe und Freundschaft erwartete. Als Bettina, seit dem März 1811 mit Achim von Arnim verheiratet, beim Besuch einer Kunstausstellung taktlose Bemerkungen macht, kann sich Christiane nicht mehr beherrschen; es kommt zum öffentlichen Skandal mit anschließendem Hausverbot für das Ehepaar von Arnim. Trotz aller Versuche von Bettinas Seite ergibt sich keine eigentliche Annäherung mehr, wenn auch – nach Christianes Tod – ein lockerer Kontakt wiederhergestellt wird. »– ich fühl es jezt wohl, dass es nicht leicht war, mich in meiner Leidenschaftlichkeit zu ertragen«, schreibt Bettina 1817 an Goethe. Für Goethe steht die Absage an Bettina im Zusammenhang mit seiner Absage an die eruptiven romantischen Erscheinungen, die ihm, so schön sie sein mochten, zu toll und zu verrückt, zu ausgefallen waren. Bettina, die Mutter von sieben Kindern wurde und nach dem Tod ihres Mannes (1831) mit ihrer eigenen literarischen Tätigkeit begann, lenkte ihren leidenschaftlichen Enthusiasmus später in eine gemäßere Richtung, indem sie sich unter anderem für die Emanzipation der Frauen, die Abschaffung der Todesstrafe einsetzte und gegen soziales Elend ankämpfte. Sie starb am 20. Januar 1859 in Berlin.

***

Sie haben sich, liebe Bettine, als ein wahrer kleiner Christgott erwiesen, wissend und mächtig, eines jeden Bedürfnisse kennend und ausfüllend. Ihre Schachtel kam kurz vor Tische, verdeckt trug ich sie dahin wo Sie auch einmal saßen und trank zuerst Augusten aus dem schönen Glase zu. Wie verwundert war er als ich es ihm schenkte! Darauf wurde Riemer mit Kreuz und Beutel beliehen. Niemand erriet woher. Auch zeigte ich das höchst künstliche und zierliche Besteck, da wurde die Hausfrau verdrießlich daß sie leer ausgehen sollte. Nach einer Pause um ihre Geduld zu prüfen zog ich endlich den Gewandstoff hervor, das Rätsel war aufgelöst und jedermann im Lob und Preise Bettines fröhlich.

Wenn ich also noch umwende; so habe ich immer nur Lob und Dank da capo vorzutragen. Das ausgesuchte zierliche der Gaben war überraschend. Kunstkenner wurden herbeigerufen die artigen Balgenden zu bewundern, genug es entstand ein Fest als wenn Sie eben selbst wieder gekommen wären.

Und nun hoffe ich bald Nachricht wie Sie die gute Mutter gefunden haben, wie Sie ihrer pflegen und was für Unterhaltungen im Gange sind. Der lieben Meline Mützchen kam früher. Ich darfs nicht laut sagen es steht aber niemand so gut als ihr. Herrn Stollens Attention auf dem blauen Papier hat Ihnen doch Freude gemacht. Adieu mein artig Kind! Schreiben Sie bald daß ich wieder was zu übersetzen habe.

Weimar den 9. Januar 1808 G.

Du bist sehr liebenswürdig, gute Bettine, daß du dem schweigenden Freunde immer einmal wieder ein lebendig Wort zusprichst, ihm von deinen Zuständen, und von den Lokalitäten in denen du umherwandelst einige Nachricht gibst, ich vernehme sehr gern wie dir zumute ist und meine Einbildungskraft folgt dir mit Vergnügen sowohl auf die Bergeshöhen als in die engen Schloß- und Klosterhöfe. Gedenke meiner auch bei den Eidechsen und Salamandern.

Eine Danksagung meiner Frau wird bei dir schon eingelaufen sein, deine unerwartete Sendung hat unglaubliche Freude gemacht und ist jede einzelne Gabe gehörig bewundert und hochgeschätzt worden. Nun muß ich auch schnell für die mehreren Briefe danken die du mir geschrieben hast und die mich in meiner Karlsbader Einsamkeit angenehm überraschten und unterhielten. Damals schickte ich ein Blättchen an dich meiner Mutter, ich weiß nicht ob du es erhalten hast. Diese Gute ist nun von uns gegangen und ich begreife wohl wie Frankfurt dir dadurch verödet ist. Meine Frau war dort, es ist ihr wohl gegangen, doch hat sie dich recht eigentlich vermißt, dagegen hat sie dein Andenken von München her gar sehr erfreut.

Herr von Humboldt hat uns viel von dir erzählt. Viel das heißt oft. Er fing immer wieder von deiner kleinen Person zu reden an, ohne daß er so was recht Eigentliches hätte zu sagen gehabt, woraus wir denn auf ein eignes Interesse schließen konnten. Neulich war ein schlanker Architekt von Kassel hier, auf den du auch magst Eindruck gemacht haben.

Dergleichen Sünden magst du denn mancherlei auf dir haben, deswegen du verurteilt bist Gichtbrüchige und Lahme zu warten und zu pflegen. Ich hoffe jedoch das soll nur eine vorübergehende Büßung werden, damit du dich des Lebens desto besser und lebhafter mit den Gesunden freuen mögest.

Laß uns von Zeit zu Zeit ein Wort vernehmen, es tut immer seine gute und freundliche Wirkung wenn auch der Gegenhall nicht bis zu dir hinüberdringt. Meine Frau höre ich hat dich eingeladen, das tu ich nicht und wir haben wohl beide recht. Lebe wohl, grüße freundlich die Freundlichen und bleib uns Bettine. Adieu!

Weimar den 22. Februar 1809 G.

Nun bin ich, liebe Bettine, wieder in Weimar ansässig und hätte dir schon lange für deine lieben Blätter danken sollen, die mir alle nach und nach zugekommen sind besonders für dein Andenken vom 27. August. Anstatt nun also dir zu sagen wie es mir geht, wovon nicht viel zu sagen ist; so bringe ich eine freundliche Bitte an dich. Da du doch nicht aufhören wirst mir gern zu schreiben und ich nicht aufhören werde dich gern zu lesen; so könntest du mir noch nebenher einen großen Gefallen tun. Ich will dir nämlich bekennen daß ich im Begriff bin meine Bekenntnisse zu schreiben, daraus mag nun ein Roman oder eine Geschichte werden, das läßt sich nicht voraussehn; aber in jedem Fall bedarf ich deiner Beihülfe. Meine gute Mutter ist abgeschieden und so manche andre die mir das Vergangene wieder hervorrufen könnten, das ich meistens vergessen habe. Nun hast du eine schöne Zeit mit der teuren Mutter gelebt, hast ihre Märchen und Anekdoten wiederholt vernommen und trägst und hegst alles im frischen belebenden Gedächtnis. Setze dich also nur gleich hin und schreibe nieder was sich auf mich und die Meinigen bezieht und du wirst mich dadurch sehr erfreuen und verbinden. Schicke von Zeit zu Zeit etwas und sprich mir dabei von dir und deiner Umgebung. Liebe mich bis zum Wiedersehn.

Weimar den 25. Oktober 1810 G.

Du erscheinst von Zeit zu Zeit, liebe Bettine, als ein wohltätiger Genius, bald persönlich, bald in allerlei guten Gaben. Auch diesmal hast du viel Freude angerichtet, wofür dir der schönste Dank von uns allen abgetragen wird. Möge dir es recht wohl ergehen und alles was du gelobest und dir gelobt wird Glück und Segen bringen.

Daß du mit Zeltern dich näher gefunden hast macht mir viel Freude. Du bist vielseitig genug aber auch manchmal ein recht beschränkter Eigensinn, und besonders was die Musik betrifft hast du wunderliche Grillen in deinem Köpfchen erstarren lassen, die mir insofern lieb sind weil sie dein gehören, deswegen ich dich auch keineswegs deshalb meistern noch quälen will.

Von denen guten Sachen die ich dir verdanke ist schon gar manches einstudiert und wird oft wiederholt. Überhaupt geht unsre kleine musikalische Anstalt diesen Winter recht ruhig und ordentlich fort.

Eine sehr schöne und öfter wiederholte Vorstellung des Achille von Paer haben wir auch gehabt. Brizzi von München war vier Wochen hier und jedermann war zufrieden.

Von mir kann ich dir wenig sagen als daß ich mich wohl befinde, welches denn auch sehr gut ist. Für lauter Äußerlichkeiten hat sich von innen nichts entwickeln können. Ich denke das Frühjahr und einige Einsamkeit wird das Beste tun. Ich danke dir zum schönsten für das Evangelium iuventutis, wovon du mir einige Perikopen gesendet hast, fahre fort von Zeit zu Zeit wie es dir der Geist eingibt.

Und nun lebe wohl und habe nochmals Dank für die warme Glanzweste. Meine Frau grüßt und dankt zum schönsten. Riemer hat wohl schon selbst geschrieben.

Jena. Wo ich mich auf vierzehn Tage hinbegeben. Den
11. Januar 1811 G.

Ottilie v. Goethe, geb. v. Pogwisch

»... sprightly, intelligent, and graceful«

Ottilie von Goethe: ein sehr beweglicher Charakter und eigentlich fürs Großstädtische geschaffen. Dahin fuhr sie auch so gern, in die große Stadt, nach Berlin: »... vielleicht gibt ihr das erreichte Ziel, wieder durchs Brandenburger Tor eingefahren zu sein, wenigstens einige Milderung der Hast ohne die man sie freilich kaum denken kann. Du tust ihr, weiß ich, alles zur Liebe; das Beste kann freilich nicht ohne Aufregung ihres aufgeregten Wesens geschehen«, schreibt Goethe seinem Freund Zelter, als Ottilie gerade wieder für mehrere Wochen in Berlin »west« (9. Januar 1824). Kein Zweifel – Goethe mochte »dieses liebe wunderliche Wesen« sehr, das fast fünfzehn Jahre neben und mit ihm lebte; und sie liebte und verehrte den Vater und war eine kluge Leserin seiner Altersdichtungen. Ein Jahr nach Christianes Tod kommt sie als neue Frau in Goethes Haus; am 17. Juni 1817 fand die Hochzeit mit August statt, Ottilie wurde »Frau Kammerrätin«. Sie stand im einundzwanzigsten, er im achtundzwanzigsten Lebensjahr. Die Ehe wurde nicht glücklich. August, der »Dämmerfürst«, wie ihn seine Eltern manchmal genannt hatten, von praktisch-vernünftigem Sinn, äußerlich robust wirkend und allmählich dicker werdend, und die helle, geistvolle und mitunter geradezu unsinnig begeisterungsfähige Art des »zarten Pflänzchens« Ottilie passen nicht zusammen. Der Schwermütige und die »Leichtmütige«. Ottilie Wilhelmine Ernestine, am 31. Oktober 1796 als Tochter des preußischen Majors Wilhelm Julius von Pogwisch in Danzig geboren, wuchs, nach der Scheidung ihrer Eltern, zusammen mit ihrer Schwester Ulrike auf. Seit 1809 lebte sie, ohne ein richtiges Zuhause zu haben, mit ihrer Mutter, die Hofdame der Herzogin Louise war, in Weimar. Die Besucher im Haus am Frauenplan sind sich einig: die junge Frau, die auf manchen anziehend wirkt, besitzt Esprit, sie ist sehr liebenswürdig und eine außerordentlich angenehme Gastgeberin; ihr Verhältnis zu Goethe wird, von gelegentlichen Exzessen abgesehen, als aufopfernd und rücksichtsvoll empfunden. Zu den Exzessen, denen Goethe meist verständnisvoll gegenübersteht, gehört die Anglomanie der sprachgewandten Ottilie, die sich in ihrer Liebe zur englischsprachigen Literatur und zu Briten und Iren, meist sehr jungen, äußert. So wird der junge Charles Sterling nach Augusts Tod Vater von Ottilies zweiter Tochter, die noch im Säuglingsalter stirbt. Mit August hat Ottilie drei Kinder: Walther, Wolfgang und Alma; den Tod ihres Mannes hat sie jedoch als Befreiung empfunden. Die Verbindung zu ihrem Schwiegervater, so sehr sie Vater-Tochter-Beziehung ist, hat für sie existentiellere Bedeutung. Nach Augusts Tod im Herbst 1830 und nachdem Goethe, wie üblich nach tiefen seelischen Erschütterungen, schwer krank geworden ist, schreibt Ottilie am 11. Dezember an ihre Freundin Adele Schopenhauer: »... und doch war etwas Stärkendes, Erhebendes für mich darin, ihm [dem Vater Goethe] etwas zu sein.« In den letzten Jahren rücken der alte Mann und die noch junge Frau, die ihn auch in seinen allerletzten Lebensmomenten begleitet, noch mehr zusammen. Ottilie liest Goethe nicht nur viel vor, sie bringt ihm auch die Welt herein, erzählt, was sich an Erzählenswürdigem aus dem Leben des Residenzstädtchens Weimar nach Hause tragen läßt. Wie ein Refrain heißt es in Goethes Tagebuch immer wieder: »Später Ottilie.« Mitte der dreißiger Jahre verläßt Ottilie Weimar und lebt, zwischendurch oft auf Reisen, vor allem in Wien, sich für die Literatur des Jungen Deutschland einsetzend, das Werk des Schwiegervaters verteidigend. Am 26. Oktober 1872 stirbt sie in ihrer Dachwohnung des Goethehauses in Weimar.

***

Dein ausführliches Schreiben, meine liebe Tochter, hat mir sehr viel Vergnügen gemacht und ich erwidere dir sogleich einiges in Hoffnung euch bald wieder zu sehen. Wenn du das Schwesterchen einige Zeit bei dir beherbergen willst, so wird es mir sehr erfreulich sein, besonders wenn es in die Zeit fällt, wo ich auch zu Hause bin, da wir uns denn, wie ich hoffe, recht gut vertragen werden. Daß die Sibyllen in der östlichen Luft sich wohl befanden freut mich sehr, so wie es ganz natürlich schien, da sie sich ihres Ursprungs dorther wieder erinnern mußten. Die Wirkung dieser Gedichte empfindest du ganz richtig, ihre Bestimmung ist, uns von der bedingenden Gegenwart abzulösen und uns für den Augenblick dem Gefühl nach in eine grenzenlose Freiheit zu versetzen. Dies ist zu einer jeden Zeit wohltätig, besonders zu der unseren. Ebenso darf ich dir die fünf Stanzen fernerhin empfehlen. Wie jene Gedichte das Gefühl, die Einbildungskraft erweitern, so eröffnen diese dem Nachdenken einen unendlichen Raum, und lassen alles, was wir nur erfahren haben, wie in tausendfältigen Spiegeln wieder erblicken.

Vor allen Dingen aber möchte ich euch wohl in Weimar wiedersehen, ich richte mich ein, daß es nach Verlauf einer Woche möglich sein wird; freilich habe ich zu tun, bis das Versäumte der unglücklichen vierzehn Tage wieder eingeholt wird. Mit einiger Anhaltsamkeit wird sich es auch wohl geben.

Mittlerweile ist ja wohl auch der Kleine von seiner erkünstelten Krankheit genesen.

Wenn mich die liebe Mutter Donnerstag besuchen wollte, so richtete ich mich darauf ein, je eher ich es weiß desto besser ist es, sonst ist es auch Mittwoch abends Zeit durch die Boten. Der Eurige

Jena den 21. Juni 1818 G.

Liebe Tochter, mit freundlichstem Dank für deine lieben Zuschriften sende ich hiebei ein Glas für Ulriken mit den besten Grüßen; wenn sie daraus trinkt, soll sie meiner gedenken.

Es tut mir sehr leid, daß ihr nicht in mobilen Zuständen seid, sonst sähe ich es gern, wenn ihr mich besuchtet und Walthern mitbrächtet, der sich in einem fremden Garten auch wohl behagen würde. Indessen da es nicht sein kann, so lasset euch zu Hause wohl sein wie es nur immer gehen will. Von meinen Küchen-Angelegenheiten sag ich folgendes: Die Wirtin des Fürstenkellers hat sich entschlossen für mich zu kochen, und zu Anfange finde ich es recht leidlich.

Krebse schickt mir nicht mehr, die Reise scheint ihnen nicht ganz zu bekommen, aber mit Blumenkohle wäre mir gedient. Zum Frühstück aber wünschte ich wohl eine geräucherte Zunge, kalte Beefsteaks; auch sonstige Cotelettes, kleines Gebackenes, gehacktes Fleisch, oder wie man es nennen mag, könnte mir wohlgefallen.

Übrigens ist der Regen keines Menschen Freund, aber wohl der Tiere; denn das Gras wächst schön und die Biertrinker haben sich auch nicht zu beklagen, daß die Gerste nicht gerät. Ich fahre wenig spazieren, weil es wirklich draußen nicht lockend ist. In kurzer Zeit macht sich das wohl anders und ich bin gern hier, weil meine Geschäfte gut gehen und immer etwas Unerwartetes und Neues hinzukommt.

[...]

Da du eine Freundin bist von Poesien, frisch wie sie aus der Pfanne kommen, so sende dir ehestens ein paar Bogen noch ganz naß unter der Presse weg.

Das Beste treulich wünschend

Jena d. 12. Juni 1820 G.

Wo ich wohne
Zeigt die Melone;
Am Paradiese
Zunächst der Wiese
Liegt ein Garten;
Da warten
Hübsche Kinder auf mich.
Ich aber denk an dich,
In aller Tugend und Zucht
Schick ich die Frucht.

Jena 20. Jun. 1820 G.

Ich konnte dir gestern, meine liebe Tochter, nur mit flüchtigen Worten sagen, daß wir zu kommen abgehalten seien. Nun sollst du das Nähere vernehmen. Tieck und Rauch sind zugleich angekommen und jeder hat eine Tonmasse gehäuft, um den Papa zu porträtieren; diese Blöcke, zwar nicht so fest wie Felsen, aber doch schwer genug, lassen sich nicht transportieren, also finden wir uns durchaus gehindert, deiner freundlichen Einladung zu folgen. Beide Künstler sind zwar höchst expedit, doch läßt sich nicht voraussehen, wie weit die Arbeit sich verziehen und ziehen könne; sie gedenken auf alle Fälle über Weimar zurückzugehen und dich zu begrüßen.

Sie speisen mittags im Gasthause und sind morgens und abends gar mäßig; darum halte ein mit deinen Wohltaten und sende nichts vor nächstem Mittwoch abends, denn bis dahin weiß ich auszureichen.

Schultz und Schinkel sind beide gleichfalls gar lieb und wert; letzterer hat den Aufriß seines Theaters mitgebracht und von den Grundrissen etwas hier gezeichnet; du wirst dich verwundern, solches zu sehen.

In der Hauptsache ist es seltsam genug zu betrachten, wie zwei Künstler denselben Gegenstand behandlen; was hieraus erfolgen kann, läßt sich gar nicht übersehen; ich hoffe, du sollst auch Freude daran haben.

Nun lebe schönstens wohl und grüße Walthern zum besten; versäume nicht Ulriken etwas Guts zu sagen.

August, wenn er kommt, wird nicht wenig erbaut sein von dem, was indessen geschehen ist.

treulichst

Jena, den 19. August 1820 Goethe

Wenn ich auch, meine liebe Ottilie, diese ganze Zeit her nicht an dich gedacht hätte, welches doch oft genug bei manchem guten Ereignis geschah, so hättest du doch gestern an deines Königs Geburtstag mir immer gegenwärtig sein müssen; wie du denn auch von morgens bis abends und zwar in der besten liebenswürdigsten Gesellschaft bei mir warst.

Nun vernimm aber, wie hoch man den König verehrt, indem sein Fest nicht schlechtweg nur einmal, sondern dreifach gefeiert worden, und zwar deshalb, weil seine Verehrer über die Art und Weise sich nicht vereinigen konnten.

Ernste bedeutende Männer beschlossen sogleich eine ansehnliche Summe zum Stiftungs-Kapital des neuen Hospitals anzufügen; andere, mehr weltlich gesinnt, wozu auch Rehbein sich gesellte, gaben einen großen Schmaus im neuen Traiteur-Hause. Das Schönste kam aber doch hier oben bei uns zu Stande, wo ein Tanztee von Herren und Damen zahlreich besucht ward. Es ist wahr, man trank Tee und tanzte; allein später ward ein kaltes Abendessen an kleinen Tischen aufgestellt, köstlich bereitet und mit gutem Wein geschmückt, da denn zuletzt der König, unter dem Schall der Champagnerpfröpfe, dreimal hoch lebte, wozu die lärmenden Trompeten den Ausschlag gaben.

Ich gelangte erst um Mitternacht zu Hause, woraus du erraten wirst, daß außer Tanz, Tee, Abendessen und Champagner, wovon ich nichts mitgenoß, sich noch ein Fünftes müsse eingemischt haben, welches auf mich seine Wirkung nicht verfehlte. Der Tanz war anmutig und wohlbelebt; prächtige, zierliche, niedliche Tänzerinnen mehrerer Nationen taten sich hervor, dich hätte ich wohl zu einer sehr artigen Polin gesellen mögen.

Überhaupt trifft diesmal so vieles zusammen, daß du dich auch ganz wohl gefunden hättest. Des Großherzogs Anwesenheit gibt unserer Terrasse entschiedene Bedeutung; hier oben wohnen meist nur Freunde des Hauses, und so ist man immer in guter und ansehnlicher Gesellschaft. Für den Fürsten fand sich einiges Anziehende, der Herzog von Leuchtenberg nahm keinen Anstand sich auch etwas Hübsches auszusuchen; und wenn der Graf St. Leu besser auf den Füßen wäre, so, dächt ich, könnte auch ihn das allgemeine Schicksal der Bezauberung hinreißen, welche sogar unsern Nachbar v. Helldorf ergriffen.

Zum völligen Schluß dürfte noch eine Verlobung statt finden; die Braut wäre hübsch und reich genug, der Bräutigam nicht von den Schlimmsten; dem ich das doppelte Glück gerne gönnen wollte.

Hiermit bin ich also am Ende meiner Komödie, die sich wenigstens auf eine befriedigende Weise nach altem Herkommen abzuschließen trachtet. Lebe wohl, schreibe mir bald mit ähnlicher Konfidenz. Ich habe nicht Lust zunächst von hier wegzugehen; schöne Wohnung, die beste Nachbarschaft und seit einiger Zeit das herrlichste Wetter. Von meinem Befinden will ich nichts sagen; aus Vorstehendem erhellt, daß meine Gebrechen mich wenigstens nicht hindern vergnügt, ja beinahe glücklich zu sein. Grüße Ulriken, deren Name als vorzüglichstes Ingredienz dieser Zustände sich täglich beweist. Küsse die Kinder und wiederhole die Zusage von vielen Pfeffernüssen. Der Gemahl wird sich reisefertig halten, denn wie ich nach Hause komme, mag er sich denn auch einmal auf seine Weise in der lieben Welt umsehn. Alles Gute mit euch.

Marienbad den 4. August 1823 Der treue Apapa

Dein Schreiben, allerliebste Tochter, kam wie aus einer andern Welt in dieses extemporierte Tags-Interesse, wo im Wirbel der verschiedensten Elemente sich ein gewisses Irrsal bewegt, das die Übel vermehrt, von welchen man sich befreien möchte. Denke nun zwischendurch vieles Würdige, das man erst erkennt, wenn es vorüber ist, so begreifst du das Bittersüße des Kelchs, den ich bis auf die Neige getrunken und ausgeschlürft habe.

Wie ernst und groß Lord Byrons Abschied in solchen Augenblicken mir erschienen, fühlst du mit; es war, als wenn man auf einer Maskerade das Wichtigste, was nur aufs Leben einwirken möchte, unvermutet erführe.

Daß mein Gedicht an ihn, mit reinem Gemüt und Sinn geschrieben und abgesendet, wohl empfangen sein werde, war ungezweifelt; daß aber, durch die wunderbarste Verwicklung der Wert dieser Zeilen erhöht und die Erwiderung so bedeutend sein sollte, das konnte nur eine dämonische Jugend bewirken, die etwas Frohes und Freundliches bezweckt und, selbst mehr als sie will und weiß, am Ende zu ihrem eigenen Erstaunen zu vollbringen berufen ist.

Ich freute mich schon, als August mir von seinem guten Willen gegen Sterling schrieb; vom ersten Augenblicke an war ich ihm geneigt, und daß er sich so in uns alle hereinfügt, ist mir eine wahre Lust. Verzeihung! – aber das Zusammensein so guter verständiger und geistreicher Menschen, als wir sind, war mitunter so stockend als möglich, zu meiner Verzweiflung; es fehlte ein Drittes oder Viertes, um den Kreis abzuschließen.

Marienbad den 18. August 1823

Und so sag ich nunmehr, meine Liebe, die letzten Worte in Marienbad. Wenn dieses Blatt mit etwas tristen Betrachtungen anfing, so kann ich nun dagegen mit recht heitern Empfindungen schließen. Alles ist mir über Wissen und Wollen gut gelungen, befriedigend für Herz, Geist und Sinn, wie man sonst zu reden pflegt.

Madame Milder hab ich singen hören, im engen Kreise, kleine Lieder, die sie groß zu machen verstand; es ist auch gut, daß man dergleichen Musterstücke nur unerwartet vernimmt. Madame Szymanowska, ein weiblicher Hummel mit der leichten polnischen Fazilität, hat mir diese letzten Tage höchst erfreulich gemacht; hinter der polnischen Liebenswürdigkeit stand das größte Talent gleichsam nur als Folie oder, wenn du willst, umgekehrt. Das Talent würde einen erdrücken, wenn es ihre Anmut nicht verzeihlich machte.

So geh ich nun von Marienbad weg, das ich eigentlich ganz leer lasse; nur diese zierliche Tonallmächtige und den Grafen St. Leu noch hier wissend. Alles andere, was mich leben machte, ist geschieden, die Hoffnung eines nahen Wiedersehens zweifelhaft. Mittwoch den 20. geh ich von hier ab, Rat Grüner kommt mich wegzunehmen und zu dem toten und doch als pis aller so interessanten Gestein zurückzuführen.

Auch in diesem alten Irdischen, so wie im neusten Himmlischen, hab ich köstliche Erfahrungen gemacht; schöne Zusammenstellungen sind mir geworden, woran mir ganz alleine leid tut, daß ich dir davon nichts mitteilen kann. Hast du aber Geduld, so wird bei stiller Winternacht eine gewisse Vertraulichkeit nicht ausbleiben, die doch immer den Vorteil hat, daß der Vertrauende in einen Bezug zu der Vertrauten kommt, der ich weiß nicht was für Eigenheiten mit sich bringt. Möge das alles werden, wie ich's denke und wünsche.

Von Eger hört ihr das Mehrere; August mag alles so einrichten, daß ich den 13. in Jena sein kann, und so wird sein Ausflug, bei wahrscheinlich günstigem Spätjahr, erheiternd werden. Hierbei noch einige Gedichte.

Im schönsten Sinne dein liebender Vater

Marienbad den 19. August 1823 G.

Wenn ich, meine liebe Tochter, unsern Zustand aufrichtig vermelden soll, so geht es im Hause und in der Residenz eben so verwirrt zu als wenn du da wärst; Tableaus und Maskeraden, Picknicks und Bälle lassen die Menschen im Kleinen nicht zu sich kommen, so wie ich denke daß dir's im Großen geht. Nun kannst du dir aber was zugute tun wenn du vernimmst, daß in allen diesen Fastnachtsnöten du immer als Hülfsheilige angerufen wirst; da es mir etwas wunderlich vorkam, daß du auf einmal in den Geruch des Paradieses kommen solltest, so hab ich mich nach deinen Verdiensten genau erkundigt; sie bestehen, wenn es dir noch nicht genau bekannt sein sollte, daß du jedermann deine Kleider, Bänder und Blumen borgst und zuletzt mit der schlechtesten Maske vorlieb nimmst. Da nun dies von jeher der Weg war kanonisiert zu werden, so würde ich dir zu solcher geistlichen Standeserhöhung Glück wünschen, wenn du nicht jetzt in Berlin für alles weimarische Entbehren deinen Erdenlohn dahinnähmest.

Vor allen Dingen sollst du alsdann gelobt werden, daß du so fleißig dein Tagebuch fortsetzest und uns, durch gute Benutzung deiner Zeit, wegen deiner Abwesenheit einigermaßen entschädigst. August wird dagegen, wenn auch lakonischer, sich zu revanchieren suchen.

Durch den schnellen Abdruck der Anzeige meines neuen Heftes möge den besorgenden Freunden der schönste Dank werden; nächstens hoff ich dagegen ein Exemplar zu übersenden.

Nun aber wirst du wunderbar finden, daß der Verfasser des Paria mich gestern besucht und mir eine Abschrift seines Stücks überreicht hat; ich las es gleich und es hat mir sehr wohl gefallen. Auf dem Theater muß es sich recht gut ausnehmen; auch hier könnte man es sehr schicklich besetzen. Du schreibst mir wenn du es gesehen hast. Besonders aber wünsch ich etwas mehreres von Hermann und Dorothea zu erfahren; mein Berliner Theaterfreund hat sich noch nicht darüber herausgelassen ob er gleich sonst fortfährt sein Amt höchst lobenswürdig zu verwalten. Wenn du ihm begegnen solltest sagt ihm ja etwas Freundliches darüber.

Nun aber, wirst du, meine Gute, einen recht verbindlichen Dank ausrichten, für eine reichliche Sendung der wundervollsten Spargel. Ich genieße sie mit besonderm Appetit und die Zeit wird nicht gar zu lang bis zu Augusts Frühlingsernte, deren Fülle mir manchmal vorgerechnet wird. Sei den Gebern deshalb sehr freundlich, die du leicht erkennen wirst.

Bei dieser Gelegenheit ist billig zu sagen, daß Ulrike ihr kulinarisches Regiment mit Sorgfalt und Anstand zu führen weiß. Karpfen in polnischer Sauce gerät besser als bisher. Kannst du aber ein ganz echtes Rezept von dorther senden, so werden die Bemühungen vielleicht noch bessern Fortgang haben.

Nach einer neuen diätetischen Einrichtung bleib ich die Abende allein, kann etwas vor mich bringen und bin weniger aufgeregt als durch gesellige Unterhaltung. Mittags aber speist immer ein Freund mit uns und das ist sehr erheiternd. Schon hat uns die Frau Großmama die Ehre erzeigt und sich wie es schien ganz wohl bei uns gefallen.

Die Kinder haben durch ihre Gunst die Tiere gesehen; Walther erzählt gern vom Elefanten und Krokodil, Wolf aber will sie nicht gelten lassen; das Pferd bleibt unter allen solchen Geschöpfen das einzige dem er einige Neigung schenkt.

Gedenke meiner im Besten vor deinem teuren Wirte und den lieben Seinigen; grüße sämtliche Freunde, versichere sie meines Wohlbefindens, das hoff ich dauern soll wenn ich mit Mäßigung zu leben fortfahre. August meldet das Weitere.

treulichst

Weimar den 18. Januar 1824 G.

Ulrike v. Levetzow

»... und sie in sich bewahret«

»Daß ein Mann wie Goethe in seinen Jahren noch einmal recht liebt, ist bei so viel Einbildungskraft nicht unmöglich. Freilich ist zu bedenken, daß ein junges Mädchen ihn vielleicht nicht so lieben kann und ihn und sich täuscht. Wenn er aber noch einige Jahre glücklich sein könnte, so wäre es ihm doch zu gönnen.« Als Charlotte von Schiller am 28. November 1823 ihrem Sohn Ernst diese verständnisvollen Worte schreibt – im Monat zuvor hatte sie die Angelegenheit noch sehr geniert –, ist Goethe wieder schwer erkrankt. Andere hatten schroff und verständnislos reagiert, Sohn August etwa, der nur hofft, daß »sich die ganze Geschichte wie ein Traumbild auflösen werde« (an seine Frau Ottilie, 14. September 1823). Mehrere Wochen dauert die Krankheit, die zweite in diesem aufwühlenden Jahr 1823, das im Februar mit einer noch gefährlicheren begonnen hatte. Und zwischen den Krankheiten Gesundung und Liebe. Goethe verbringt den Sommer 1823 noch einmal in Böhmen; es ist sein letzter Kuraufenthalt überhaupt. Zwei andere Sommer in Marienbad waren vorausgegangen, »Vorbereitungen« zu diesem letzten. Schon 1821 und 1822 war in den Tagebüchern und den Briefen von Ulrike von Levetzow die Rede gewesen; aber spätestens jetzt wird aus der Neigung Liebe. Der Dichter kennt die Familie, ist Ulrikes Mutter Amalie schon 1806 in Karlsbad und 1810 in Teplitz begegnet und hat die beiden ersten Marienbader Sommer im gleichen Haus wie sie gewohnt, bei Graf Klebelsberg, den Frau von Levetzow in dritter Ehe heiraten wird. Von ihrem ersten Mann, dem Vater der am 4. Februar 1804 geborenen Ulrike und der zwei Jahre jüngeren Amalie, ist sie geschieden, ihr zweiter Mann, Vater der Kleinsten, ist tot. Nach Goethes überstandener Krankheit die Fülle des Daseins an einem Ort, an dem ihm alles behagt und er ein Wohlsein empfindet, das ihn – noch einmal – zur äußersten Beunruhigung der Gefühle befähigt: Er läßt sich hinreißen und hält bei Ulrikes Mutter brieflich um die Hand ihrer Tochter an, von Großherzog Carl August sekundiert. Ulrikes Mutter, eine diskrete, aufmerksame Frau, ist klug und weltgewandt; von einer Heirat wird nicht mehr gesprochen werden. Die Liebe bleibt. Als hold erscheint Ulrike dem Dichter in ihrem ganzen Wesen; »hold« steht als Signet über Goethes Ulrike-Erlebnis, und in dem Wort klingt etwas von der Gnade an, mit der es bedeutungsgeschichtlich verwandt ist. Goethe versteckt seine Liebe nicht, reist der Familie nach Karlsbad nach, die Gerüchte beginnen zu blühen. Und ganz so leidenschaftslos, wie sich die Beziehung in der Erinnerung der greisen Ulrike von Levetzow (die auch später keine Lust zum Heiraten hatte und erst am 13. November 1899 stirbt) ausnimmt, dürfte sie – grenzenlose Naivität vorbehalten – auch von ihrer Seite nicht gewesen sein. Als »Tag des öffentlichen Geheimnisses« ging der 28. August 1823 in die gemeinsame Geschichte ein, als Goethe Frau von Levetzow und ihre drei Töchter zu einem Ausflug einlud. Die wußten freilich, daß es sein Geburtstag war, und machten ihm, ebenfalls ohne den eigentlichen Anlaß zu erwähnen, Geschenke: eine Tasse und ein böhmisches Glas, darin eingraviert die Namen der drei Mädchen – Kultgegenstände künftiger Erinnerung, treu bewahrt. Gleich nach seiner Abreise von Karlsbad am 5. September 1823 beginnt Goethe mit der Niederschrift seiner wohl berühmtesten Elegie, der »Marienbader Elegie«. Am 19. September, zwei Tage nach seiner Rückkunft in Weimar, ist sie beendet. In leidenschaftlicher Verklärung wird die Trennung von der »lieblichsten der lieblichsten Gestalten« betrauert, beklagt wie eine Vertreibung aus dem Paradies. Bleibt im Gedicht auch »ein unbezwinglich

Sehnen«, das zuletzt ins Grenzenlose und Abgründige führt – daß er auch das überstanden hat, erfüllt den Menschen Goethe mit wehmütigem Stolz.

***

Ihr holder Brief, meine Teure, hat mir das größte Vergnügen gewährt, und zwar doppelt wegen eines besonderen Umstands. Denn wenn auch der liebende Papa seiner treuen schönen Tochter immer gedenkt, so war doch seit einiger Zeit Ihre willkommne Gestalt lebendiger und klarer vor dem innern Sinne als je. Nun aber entwickelt sich's! Es sind gerade die Tage und Stunden, da Sie mein auch in einem höheren Grade gedachten und Neigung fühlten es auch aus der Ferne auszusprechen.

Dreifachen Dank also, meine Liebe, zugleich die besten Wünsche und Grüße der guten Mutter, deren ich, als eines glänzenden Sterns meines früheren Horizonts, gar gern gedenke. Der treffliche Arzt der sie völlig herstellt soll auch mir ein verehrter Aesculap sein.

Und so bleiben Sie überzeugt daß meine schönste Hoffnung fürs ganze Jahr sei in den heitern Familienkreis wieder hinein zu treten und alle Glieder so wohlwollend-freundlich gesinnt zu finden als da ich Abschied nahm, und ein würdiger, neuerworbener Freund das unwillkommne Scheidegefühl, durch teilnehmendes Geleit, einigermaßen zu beschwichtigen suchte.

Vergessen darf ich hierbei nicht der süßen Nachkost, die mir in der Entfernung durch ihn zu Teil ward, die ich aber mit niemanden teilte.

Und also meine Liebste nehm ich Ihre töchterlichen Gesinnungen auch für die nächste Zeit in Anspruch. Möge mir an Ihrer Seite jenes Gebirgstal mit seinen Quellen so heilbringend werden und bleiben als ich wünsche Sie froh und glücklich wieder zu finden. treu anhänglich

Weimar d. 9. Januar 1823 J. W. v. Goethe

An Ulrikes Mutter, Amalie v. Levetzow

Indem ich von Eger abzugehen mich bereite lege ich ein Blatt vor mich hin, greife nach der Feder und finde sogleich wie viel zu sagen, wie wenig auszusprechen ist. Denken Sie sich, liebe, teure Freundin, die vergangnen mehreren Wochen, besonders aber die letzteren, so werden Sie jeden Tag von meiner Dankbarkeit durchwoben finden die ich jetzt einzeln weder ausdrößeln möchte noch könnte; ich schiebe daher alles Ihrem lieben Gemüte zu das wird an meiner Stelle das Beste tun.

Und wenn ich mich nun zu der Tochter wende so geht es mir ebenso; doch da sie selbst mit Worten nicht freigebig sein mag so verzeiht sie mir wohl wenn ich diesmal auch zurückhalte. Doch wenn mein Liebling (wofür zu gelten sie nun einmal nicht ablehnen kann) sich manchmal wiederholen will was sie auswendig weiß, das heißt das Innerste meiner Gesinnung, so wird sie sich alles besser sagen als ich in meinem jetzigen Zustand vermöchte. Dabei, hoff ich, wird sie nicht ableugnen daß es eine hübsche Sache sei geliebt zu werden, wenn auch der Freund manchmal unbequem fallen möchte.

Alle Leute berufen mich über meine gesunde Heiterkeit, ich danke jedermann zum allerschönsten; denn ich hör es gern, da es mich an alle die Heilmittel erinnert durch die sie mir geworden ist. Sollte sie sich aufrecht erhalten, so bringe ich sie zur Quelle zurück, sollte sie sich verlieren, so weiß ich wo ich sie wieder finden könnte.

Amelien sagen Sie das Freundlichste für den letzten Abend; ich habe nie gezweifelt daß sie sei wie sie sich da gezeigt hat. Sagen Sie ihr ferner: daß wenn sie (ohne im mindesten sich zu genieren) nur das Übermaß vermeiden mag, alsdann nicht leicht ein junges Frauenzimmer sich selbst, den Ihrigen, den Freunden, so wie der Gesellschaft erwünschter und angenehmer sein könnte.

Bertha, der holde Herankömmling, hat so schöne tiefe Töne in ihrem Organ; möge sie beim Vorlesen an mich denken und den Perioden, wo es sich schickt, tief anfangen, um hernach den Ausdruck in die Höhe steigern zu können.

Verzeihung! daß ich aus der Ferne den Schulmeister mache; wie gern geschäh es in der Nähe! Denn wenn ich natürliche Vorzüge, glücklich eingeleitete Bildung bemerke, so kann ich mich nicht enthalten mit wenigen Worten auf die nächsten Hindernisse hinzudeuten von denen man sich oft länger als billig aufhalten läßt.

Dem Grafen Taufkirchen gönn ich alles Gute, besonders die vollständigste Schatulle von ganzem Herzen; aber verzeihen kann ich ihm nicht daß er uns, obgleich mit interessanten Geschichten, um eine Abend-Vorlesung gebracht hat, worauf ich mich, vielleicht mit noch jemand, besonders gefreut hatte. Möge bei solchen Übungen Ulrike meiner freundlich gedenken, sich an das Wenige was ich bemerkt habe mit Neigung erinnern, so wird in kurzer Zeit der Bedeutsamkeit ihres Vortrags, dem ihre natürliche Anmut soviel Gefälliges gibt, gewiß nichts abgehen.

Und so wär ich denn doch wieder in dem lieben Kreise aus dem ich mich herauszuwinden trachtete, wieder am runden Tisch, zwischen Mutter und Tochter, den Schwestern gegenüber, in häuslicher Vertraulichkeit.

Nun aber mahnt mich der Raum abzuschließen. Ein neues Blatt darf ich nicht nehmen, sonst ging es ins Unendliche fort. Danken aber muß ich noch bündig und herzlich für die Blicke die Sie mich in Ihr früheres Leben tun ließen, ich fühle mich dadurch näher verwandt und verbunden. Auch der Tochter möcht ich noch sagen: daß ich sie immer lieber gewonnen, je mehr ich sie kennen gelernt; daß ich sie aber kenne und weiß was ihr gefällt und mißfällt, wünscht ich ihr persönlich zu beweisen, in Hoffnung glücklichen Gelingens. So am Ende wie am Anfang treu anhänglich G.

Eger d. 9. Sept. 1823

Aus der Ferne

Am heißen Quell verbringst Du Deine Tage
Das regt mich auf zu innerm Zwist;
Denn wie ich Dich so ganz im Herzen trage
Begreif ich nicht, wie Du woanders bist.

10. S. 1823 G.

Näher betrachtet hätt ich denn doch besser getan noch ein Blatt anzufangen, denn gar mancherlei macht sich zum Abschluß nötig; oder vielmehr es ergibt sich daß man gar nicht abschließen kann.

10. S. 1823. G.

Herren Grafen Klebelsberg empfehlen Sie mich zum allerschönsten und erzählen ihm wie ich gerade mit dem vierrädrigen Füllhorn seiner Sendung angekommen bin, und so viel Genießbares mitgenossen haben. Da ich denn für mein Teil zum schönsten danke. Wie für so vieles andere.

10. S. 1823 G.

Auch nach Marienbad an Groß-Papa und Mama empfehlen Sie mich zum besten. Beruft mich das Glück im nächsten Jahre dorthin, so meld ich's bei Zeiten und bitte um gutes Unterkommen. Eine Schlafstätte wie die heurige würde dankbar anerkannt.

10. S. 1823 G.

Und nun noch einen Hauptpunkt! Inständigst bitte mich wissen zu lassen wenn Sie den Ort verändern und wohin. Was ich zunächst wünsche läßt sich leicht erraten.

10. S. 1823 G.

Damit das Halbdutzend voll sei muß ich noch aussprechen daß die köstliche Tasse, das holde Glas mich schon hier durch ihren Anblick erfreut nicht getröstet. Es war ein schöner Tag des öffentlichen Geheimnisses!

10. S. 1823 G.

An Ulrikes Mutter, Amalie v. Levetzow

Sogleich nach Empfang Ihres lieben und liebenswürdigen Briefes, meine teuerste Freundin, bereite ich mich dafür zu danken, da ich Sie noch in Karlsbad weiß. Unvergeßlich gewiß sind die von Ihnen so lebhaft bezeichneten Tage! Die Anmut jener Zustände war von der Art daß sie uns immer gegenwärtig bleiben müssen; wie die Sommertage eintreten wünsch ich sie jedesmal wiederholt und auch in der Zwischenzeit werden meine Gedanken und Erinnerungen oft genug in Ihre Nähe geführt. Diesmal haben mich schon wiederkehrende Freunde von Ihrem Wohlbefinden unterrichtet, aber leider nur oberflächlich, nicht näher wie ich wünschte.

Gestehen will ich denn auch daß gerade diesen Sommer wo ich das Marienbader Gestein abermals durchsah und ordnete, mir jene schönen Stunden wieder aufs lebhafteste hervortraten, als die lieben Freundinnen sogar der starren Neigung des Bergkletterers und Steinklopfers freundlichst zulächelten und auch liebenswürdig auflachten wenn die duftenden, genießbaren tafelförmigen Kristallisationen sich hie und da eingereiht fanden.

Unendlich hat es mich gefreut auch von Ulrikens lieber, zarter Hand einige Züge geneigten Erinnerns zu sehen. Wie glücklich waren die Stunden die ich an ihren holden Fingern abzählen durfte.

Die sonst so genannte liebe Kleine möcht ich nun auch

herangewachsen, unter den Augen der guten Mutter ausgebildet sehen. Der neckischen Mittleren, der ich zu ihrem gegenwärtigen ernsten Zustand alles Glück wünsche bin ich noch zum Ehrentage etwas Freundliches schuldig das nicht ausbleiben wird.

Meine nachsichtigen Lieben nehmen mich ja wie ein, in Reifen geschloßnes Gefäß, ruht es auch im Finstern ganz im stillen, so verbessert sich doch sein Inhalt. Möge es mir gelingen von Zeit zu Zeit hievon Beweise zu geben.

Das mit Namen und Andenken so reich verzierte Glas steht mir immer zur Seite verwahrt, nur bei ganz besondern Gelegenheiten wird es hervorgenommen, und gibt mir jederzeit den erfreulichsten Anblick.

Wenn Sie den Ort verändern haben Sie die Güte mir es anzuzeigen.

Beigehendes glaube ich meinen Entfernten schuldig zu sein.

treu angehörig

Weimar d. 29. Aug. 1827 J. W. v. Goethe

Ich erwartete mit Freuden meinen Geburtstag, wo sich werte Freunde, wie mir wohl bekannt war, zu einem anmutigen Fest herkömmlich bereiteten; aber es sollte mir eine Überraschung werden, die mich beinahe aus der Fassung gebracht hätte und doch immer eine Empfindung zurückließ, als wäre man einem solchen Ereignis nicht gewachsen.

Des Königs von Bayern Majestät kamen den 27. August in der Nacht an, erklärten am folgenden Morgen, daß sie ausdrücklich um dieses Tages willen hergekommen seien, beehrten mich, als ich grad' im Kreise meiner Werten und Lieben mich befand, mit Ihro höchster Gegenwart, übergaben mir das Großkreuz des Verdienstordens der Bayerischen Krone und erwiesen sich überhaupt so vollständig teilnehmend, bekannt mit meinem bisherigen Wesen, Tun und Streben, daß ich es nicht dankbar genug bewundern und verehren konnte. Ihro Majestät gedachten meines Aufenthaltes zu Rom mit vertraulicher Annäherung, woran man denn freilich den daselbst eingebürgerten fürstlichen Kunstfreund ohne weiteres zu erkennen hatte. Was sonst noch zu sagen wäre, würde mehrere Seiten ausfüllen.

Die Gegenwart meines gnädigen Herrn des Großherzogs gab einem so unerwarteten Zustand die gründlichste Vollendung, und jetzt, da die Erscheinung vorüber geflohen ist, habe ich mich wirklich erst zu erinnern, was und wie das alles vorgegangen und wie man eine solche Prüfung gehöriger hätte bestehen sollen. Was man aber nicht zweimal erleben kann, muß wohl so gut als möglich aus dem Stegreif durchgelebt werden. Die überbliebenen schönsten Gefühle und bedeutendsten Zeugnisse geben auf alle Fälle die Versicherung daß es kein Traum gewesen.

W. d. 29. Aug. 1827 G.

Marianne v. Willemer, geb. Jung

»... ich freue mich der Vergangenheit«

Einen Tag nach Goethes Tod am 22. März 1832 schreibt Eckermann an Marianne von Willemer und informiert sie über die genaueren Todesumstände: »... denn ich weiß, Sie waren ihm besonders wert, er hat noch wenige Tage vor seinem Hinscheiden Ihrer gedacht ...« Da lag die erste Begegnung Goethes mit Marianne über siebzehn Jahre zurück, und seit der zweiten und zugleich letzten waren mehr als sechzehn Jahre vergangen. Was waren das für gehegte Erinnerungen, die bis ans Ende lebendig blieben? Der Briefwechsel zwischen Goethe und Marianne von Willemer könnte einen zu Wehmut stimmen. Aus ihm läßt sich ablesen, wie aus Momenten glückhafter Erfüllung schlagartig Erinnerung wird. Goethe hatte beschlossen, daß es so sein sollte, Marianne hatte sich damit abzufinden. Goethes Entscheidung war aus innerer Notwendigkeit gefallen, im Bewußtsein, daß sein Leben längst entworfen und er diesem Entwurf als Dichter, Schriftsteller und öffentlich wirkender Mann einiges, ja alles schuldete. Und es war nicht das erste Mal, daß seine Einsicht und Vernunft ihn an anderen schuldig werden ließen. Hier versuchte Goethe nun früh genug haltzumachen, so »daß ich, ohne Willkür und Widerstreben, den vorgezeichneten Weg wandle und um desto reiner meine Sehnsucht nach denen richten kann, die ich verlasse«. So schreibt er am 6. Oktober 1815 an Johann Jakob Willemer, zehn Tage nach dem Abschied von ihm, seiner Frau und seiner ältesten Tochter, die sie begleitet hat. Am 11. Oktober ist Goethe wieder in Weimar. Eine dritte Reise – 1816, nach Christianes Tod – wird gleich zu Beginn durch einen Unfall gestört, abgebrochen und aufgegeben. Die beiden Reisen in Rhein-Main-Gegenden von 1814 und 1815 aber bedeuten Goethe viel; über dem lyrischen Werk und der Liebe dieser Jahre steht der Name Marianne, nachzulesen im »West-östlichen Divan«, besonders in seinem Mittelstück, dem »Buch Suleika«, an dem Marianne mittelbar und direkt beteiligt ist. Im August 1814 hatten Willemer und Marianne Goethe, der seinen Kursommer in Wiesbaden verbrachte, besucht; im September und Oktober war Goethe bei seinen Aufenthalten in Frankfurt wiederholt bei Willemers zu Gast, auch auf ihrem bei Offenbach gelegenen Sommersitz, der Gerbermühle. Am 18. Oktober sahen sie von dort aus die Freudenfeuer, die zum Jahrestag der Schlacht bei Leipzig entzündet worden waren; das Datum wurde auch für sie zum Gedenktag. Kurz zuvor, am 27. September, hatte Willemer Marianne geheiratet. Johann Jakob Willemer (1760-1838), Schriftsteller und Bankier in Frankfurt, war seit langem mit Goethe bekannt und stand in lokkerem Briefwechsel mit ihm. Der Mann, der durch Zeit, Schicksal und Beruf umgetrieben wurde, hatte seine erste und seine zweite Frau verloren. Bevor er Marianne heiratete, hatte sie als Pflegetochter in seinem Haus gelebt. Marianne, vermutlich am 20. November 1784 als Tochter eines Instrumentenbauers und einer Schauspielerin in Linz an der Donau geboren, war zusammen mit ihrer Mutter Ende 1798 nach Frankfurt gekommen, wo sie als Schauspielerin, Sängerin und Tänzerin regelmäßig im Frankfurter Nationaltheater auftrat. Mit der Aufnahme in Willemers Haus fanden die Auftritte ein Ende, ihre hohe musische Begabung wird aber weiter gefördert. Marianne erhält Gesangsunterricht, Clemens Brentano gibt ihr Gitarrestunden; in späteren Jahren wird sie selbst Gesangsschülerinnen haben. Goethe mag den Schalk, die Heiterkeit und die Energie, die zu Marianne gehören. Im zweiten Jahr ihrer Freundschaft kommt, in gesteigerter Form, Liebe hinzu: Der nicht mehr junge Dichter und die junge Frau finden im Wort zusammen, auf Goethe-Hatem antwortet Marianne-Suleika. Dieses Gelingen in Einklang und Verstehen hat beide zutiefst getroffen. Nach einem schönen Sommer stellt Goethe Abstand her. Marianne, die sich wie Willemer, der merkt, was Goethes Verlust für sie bedeutet, vergebliche Hoffnungen auf ein Wiedersehen macht, hat mit Depressionen zu kämpfen. Die Erinnerung an die so radikal verlorene Gegenwart bleibt auf erschütternde Art lebendig. Nach einer Zeit des Schweigens setzt der Briefwechsel wieder ein. Aufmerksam begleitet man einander, fragt hin und wieder nach den Wegen, die der andere geht. Aus still-zärtlicher Höflichkeit, schonender Behutsamkeit leben die Gebärden, die man füreinander hat. Beide ahnen, mit welchen Schatten der andere zu leben hat. Marianne von Willemer stirbt am 6. Dezember 1860.

***

An Mariannes Stieftochter, Rosine Städel, geborene Willemer

In Hoffnung daß Sie den teuren Freunden alles getreulich ausrichten werden, wovon ich nicht den tausendsten Teil auszusprechen im Stande bin, schreib ich, liebe Rosette, diesen Brief. Da ich denn gleich, wie bisher, mich in die Poesie flüchten und ausrufen muß:

> Wo war das Pergament? der Griffel wo?
> Die alles faßten; doch so war's – ja so!

Nachdem uns denn die Freunde verlassen hatten, fingen die bisher nur drohenden Übel an förmlich auszubrechen, es entstand ein Brustweh, das sich fast in Herzweh verwandelt hätte, natürliche Folge der Heidelberger Zugluft und veränderlichen Schloßtemperatur, worüber mir unberufen und ungefragt Herr Dr. Nägele die genauste Auskunft gab, so daß ich, mit einiger Resignation die gegenwärtigen, mit einiger Vorsicht die künftigen Gebrechen in lauter Heil und Glück umwandlen könnte. Inwiefern es gelingt kann ich vielleicht zukünftig vertrauen.

Aus dem Niedergeschriebnen aber ist ersichtlich daß ich mit grundgelehrten Leuten umgehe, welche sich zwar an dem was uns mit äußeren Sinnen zu fassen erlaubt ist gerne ergötzen, zugleich aber behaupten daß hinter jenen Annehmlichkeiten sich noch ein tieferer Sinn verstecke; woraus ich, vielleicht zu voreilig schließe, daß man am besten täte etwas ganz Unverständliches zu schreiben, damit erst Freunde und Liebende einen wahren Sinn hineinzulegen völlige Freiheit hätten.

Da jedoch jenes bekannte wunderliche Blatt durch seine prosaische Auslegung einigen Anteil gewonnen, so stehe hier die rhythmische Übersetzung:

Dieses Baums Blatt, der, von Osten,
Meinem Garten anvertraut,
Gibt geheimen Sinn zu kosten,
Wies den Wissenden erbaut.

Ist es Ein lebendig Wesen,
Das sich in sich selbst getrennt?
Sind es Zwei, die sich erlesen,
Daß man sie als Eines kennt?

Solche Frage zu erwidern
Fand ich wohl den rechten Sinn;
Fühlst du nicht an meinen Liedern,
Daß ich Eins und Doppelt bin?

Kaum als ich dieses geschrieben erfreute mich eine lange Unterredung mit Hofr. Creuzer deren Resultat war: es sei am besten getan etwas Faßliches und Begreifliches, Gefälliges und Angenehmes, ja Verständiges und Liebenswürdiges vorauszusetzen, weil man viel sichrer sei alsdann den rechten Sinn herauszufinden, oder hineinzulegen.

Hiermit nun, liebe Rosette, (Sie erlauben mir doch diesen zierlichen Namen, daß ich zugleich meine Neigung und mein Vertrauen ausdrücke) überliefre ich Ihnen, mit den sämtlichen Geheimnissen der neuen Philologie, auch meine eignen, zu beliebigem Privatgebrauch. Lassen Sie mich bald etwas vernehmen was den Rezepten des Herrn Dr. Nägele zu Hülfe kommen könnte.

Immer in Ihrer Nähe. Angeeignet Goethe
Heidelb. d. 27. Sept. 1815

Weimar, 27. Oktober 1815

Der lieben Kleinen

Ein Spiegel er ist mir geworden,
Ich sehe so gerne hinein
Als hinge des Kaisers Orden
An mir mit Doppelschein.

Nicht etwa selbstgefällig
Such ich mich überall:
Ich bin so gerne gesellig,
Und das ist hier der Fall.
Wenn ich nun vorm Spiegel stehe
Im stillen Witwerhaus,
Gleich blickt, eh ich michs versehe,
Das Liebchen mit heraus.
Da kehr ich mich um! Und wieder
Verschwand sie die ich sah,

Dann blick ich in meine Lieder,
Gleich ist sie wieder da.
Die schreib ich immer schöner
Und mehr nach meinem Sinn,
Trutz Krittler und Verhöhner
Zu täglichem Gewinn.
Ihr Bild in reichen Schranken
Verherrlichet sich nur,
In goldnen Rosenranken
Und Rähmchen von Lasur.

Den schönsten Augenblick der Täuschung erlebt ich. Der verehrte Freund tritt ins Zimmer, die geliebte Freundin hofft ich im Hinterhalte. Da fühlt ich recht daß ich ihr noch immer angehöre. Sagen Sie mir bald ein Wort. Hierbei wieder Fragmente; das Ganze folgt bald als Zeugnis fortwährender Unterhaltung mit der Entfernten. Und so fort und für ewig

W. d. 26. März 1819 G.

Nein, allerliebste Marianne, ein Wort von mir sollst du in Baden nicht vermissen, da du deine Lieben Lippen wieder walten lässest und ein unerfreuliches Stillschweigen brechen magst. Soll ich wiederholen daß ich dich von der Gegenwart des Freundes unzertrennlich hielt und daß bei seinem treuen Anblick alles in mir rege ward was er uns so gern und edel gönnt. Ob du gleich schwiegst hatte ich allerlei zurecht gelegt, der Rückkehrende vermied und es blieb liegen.

Nun da du sagst, und so lieblich, daß du mein gedenkst und gern gedenken magst, so höre doppelt und dreifach die Versicherung daß ich jedes deiner Gefühle herzlich und unabläßig erwidre. Möge dich dies zur guten Stunde treffen, und dich zu einem recht langen Kommentar über diesen kurzen Text veranlassen. Wäre ich Hudhud ich liefe dir nicht über den Weg, sondern schnurstracks auf dich zu. Nicht als Boten, um mein selbst willen müßtest du mich freundlich aufnehmen. Zum Schluß den frommen liebevollen Wunsch

Eja! wären wir da!

W. d. 26. Jul. 1819 G.

Als Dank für ein Paar mit Blumen bestickte Hosenträger.

Der vollkommenen Stickerin

Ich kam von einem Prälaten,
Dem die herrlichsten Stolen
Über die Schulter hingen,
Worauf unverhohlen
Wundertaten
Der Heiligen auf und nieder gingen.

Mir aber war ein andres beschert:
Lieblichste Blumen-Gehänge,
Farbenglanz und Übergänge,
Wie Natur den Künstler belehrt.
Ein allerliebstes Frühlings-Gelände,
Mit Nadeln zierlich schattiert und gebrochen;
Daß, wäre selbst das Herz durchstochen,
Man es gewiß gar wohl empfände;
Und wird es nur zu Feiertagen
Süßer Namen und lieber Geburten tragen.

Marienbad. Am 28. August 1821 G.

An Johann Jakob und Marianne v. Willemer

Den teuren Freunden am Maine muß ich vor meinem Abschiede aus Böhmen noch ein freundliches Wort zurufen; ich glaube mich ihnen näher, indem die Stadt Eger, wo ich mich gegenwärtig aufhalte, unter demselben Breitegrad liegt als meine liebe Vaterstadt. Um aber zu dem gegenwärtigen Augenblick zu gelangen, muß ich geschichtlich verfahren und von den vergangenen Monaten einiges vorausschicken.

Nach meiner heftigen Krankheit waren die geistigen Kräfte gar bald wieder hergestellt; ich konnte, zu meiner und der Freunde Beruhigung, die mir obliegenden Geschäfte ordnungsgemäß betreiben, so daß ich gegen Pfingsten mich ziemlich frei gemacht hatte. Allein der Körper litt noch an einer gewissen Untätigkeit, die Muskelkraft war ins Stocken geraten, und niemals fühlte ich ununterbrochene Bewegung nötiger als eben da. Im stillen macht ich mir daher den Plan meine vaterländischen Freunde wieder zu besuchen, unangemeldet zu erscheinen, mich fest halten zu lassen, sodann über Mainz und Koblenz nach Bonn zu wallfahrten und an dem letzten Orte mit wissenschaftlichen Männern mich eine Zeitlang zu unterhalten, zu empfangen, zu geben und über gewisse Punkte, über die man sich nicht leicht allein verständigt, mit Meistern vom Fache mich zu vereinigen. Den Rückweg überließ ich der Folgezeit und bei mir war alles gehörig eingeleitet.

Allein der Entschluß des Großherzogs nach Marienbad zu gehen hob meinen ganzen Plan auf; seinen Wünschen, worin er seine Befehle kleidete, dem Verlangen der Großherzogin, dem Andringen der Ärzte, Freunde, Kinder, die nichts natürlicher fanden, als daß ich einen Heilort, der mir so wohltätig gewesen, notwendig wieder besuchen müsse, konnte ich, durfte ich nicht widerstehen; und so traf ich am 2. Juli zugleich mit dem Fürsten in Marienbad ein. Seine Gegenwart, immer aufregend und belebend, brachte bald den ganzen Kreis in Umtrieb; schöne geräumige Wohnungen, liebenswürdige Nachbarschaft, freier, fast ländlicher Aufenthalt, Bewegungen von morgens bis abends im Wandeln und Fahren, Eilen und Begegnen, Irren und Finden und für die Jugend zuletzt im Tanze gaben Zeit und Gelegenheit zum Erneuen älterer Verhältnisse, zum Anknüpfen neuerer, zum Suchen und Gesucht-werden, zu Unterhaltung, Vertraulichkeit, Neigung und was sich nicht alles durch einander flocht, daß man sich eben ganz vergaß, sich weder krank noch gesund, aber behaglich und beinahe glücklich fühlte.

Den Grafen St. Leu, ehemaligen König von Holland, der im Vertrauen auf Marienbad von Florenz gekommen war, traf ich, nach so vielen Jahren wieder, wie ich ihn verlassen hatte, wohlwollend und zutraulich. Wie bedeutend ist nicht der Umgang mit einem solchen Manne, der als einer der wichtigsten Mitspieler des großen Weltdramas, durch die Gewalt des Allherrschers genötigt auftrat, sodann abtrat seinem sittlichen Gefühl zu Folge. Damals als er sich vom Throne flüchtete, war er mein Wandnachbar in Teplitz, ich gewann seine Neigung, die er mir bis jetzt erhalten und diesmal erneut hat. Den Herzog von Leuchtenberg hab ich auch gesprochen, wo er sich über bedeutende Gegenstände unterhielt. Sinnig wohldenkende, gründlich unterrichtete, kenntnisreiche Männer pflogen mit mir länger oder kürzer belehrende Unterhaltung; und so find ich, wenn ich mir jetzt alles wiederhole, daß ich unendlich viel gewonnen, in manche Zustände hineingeblickt und vieles genossen habe.

Alles beruft mich wegen zusammenstimmender Freiheit des Geistes und Körpers; ich gestehe gern, daß ich mich so fühle und mich eben deshalb, wenigstens dem Sinne nach, zu jenen Gegenden wende, wo ich Anteil hoffen kann, ohne den jedes Behagen doch immer nichtig sein würde. Lassen Sie mich von Ihrer Seite, beste Marianne, auch wissen, wie Sie diesen Sommer zugebracht; der Freund gibt ja wohl auch einen Wink von seinem tätigen Befinden.

Schließen aber darf ich nicht ohne zu sagen, welche Genüsse mir die Musik dargereicht. Madame Milder von Berlin hat in vier kleinen Liedern eine Unendlichkeit vor uns aufgetan. Madame Szymanowska aus Warschau, die fertigste und lieblichste Pianospielerin, hat auch ganz Neues in mir aufgeregt. Man ist erstaunt und erfreut, wenn sie den Flügel behandelt, und wenn sie aufsteht und uns mit aller Liebenswürdigkeit entgegen kommt, so läßt man sich's eben so wohl gefallen. Neigung, Friede, Freude!

Eger am 9. September 1823

Sie haben, teuerste Marianne, meine wunderliche Sendung freundlich aufgenommen, den Inhalt empfunden und Ihr liebes Herz tut sich wieder auf, Ihr holder Blick wendet sich zu mir, und wie sollte gegenseitig dies nicht auch mein Fall sein. Leider muß die Entfernung manches fragmentarisch lassen; doch einige Worte über jenes Zeichen des treuen Andenkens können hier auch etwas tun.

Als ich des guten Eckermanns Büchlein aufschlug fiel mir S. 279 zuerst in die Augen; wie oft hab ich nicht das Lied singen hören, wie oft dessen Lob vernommen und in der Stille mir lächlend angeeignet was denn auch wohl im schönsten Sinne mein eigen genannt werden durfte.

In derselben Stunde fuhr ich mit meiner Schwiegertochter nach Belvedere und in den Grünhäusern brach ich die beiden Zweige, verknüpfte sie und mit wenigen, aber wohlempfundnen Reimen begleitet gingen sie ab.

Einer freundlichen Aufnahme blieb ich versichert, die Sie nun so liebenswürdig aussprechen und mich glücklich machen. Auch mir schwebt gar oft die Notwendigkeit des Wiedersehens vor. Nur in Gegenwart läßt sich das Beständige wie das Vergängliche fühlen und beurteilen; die Wahrheit der Verhältnisse bestätigt sich alsdann, wenn das Scheinbare unaufhaltsam verfliegt.

Lassen Sie mich nun vor das gar hübsche Bild hintreten, das, durch zwei frühere Flußansichten vorbereitet, eben so wie jene die Hauptstelle verbirgt wo [man] sich eigentlich hinbegeben möchte. Diesmal war mein erster Gedanke der Dame zu folgen die mit dem Knaben vorwärts an der linken Seite geht, mich um die Ecke zu schlagen, um bald am Ziel meiner Wünsche zu sein.

In diesem Augenblick wird freilich der Platz nicht so geräumig und reinlich aussehen, und der Herr Burgemeister selbst wird sich einigermaßen durchdrängen müssen. Es wird ohngefähr sein wie zu jener Zeit wo im Getümmel angehörige Stimmen erkannt, im Gewimmel verbundene Freunde gefunden wurden. Das war schön, sehr schön und gut. Auch schmückt der Sonnemond noch heute mein Schatzkästchen.

Hier trifft mich Ihr liebes Blatt und nun gleich mit vorstehendem, längstgeschriebenen auf die Post! Tausend Liebes und Gutes! treulichst

Weimar, Jubilate 9. *Mai* 1824 Goethe

Weimar, 15. November 1826

Was erst still gekeimt in Sachsen,
Soll am Maine freudig wachsen.
Flach auf guten Grund gelegt,
Merke wie es Wurzel schlägt!
Dann der Pflanzen frische Menge
Steigt in lustigem Gedränge.
Mäßig warm und mäßig feucht
Ist, was ihnen heilsam deucht.
Wenn du's gut mit Liebchen meinst,
Blühen sie dir wohl dereinst.

12. N. 1826 G.

Mit dem freundlichsten Willkomm die heitere Anfrage: wo die lieben Reisenden am 25. August sich befunden? und ob Sie vielleicht den klaren Vollmond beachtend des Entfernten gedacht haben?

Beikommendes gibt, von seiner Seite, das unwidersprechlichste Zeugnis. Vernehm ich hierauf das Nähere, vielleicht auch erhalt ich einen Auszug aus dem umständlicheren Tagebuch so erwidre noch manches, besonders vielfachen Dank für die so reichlich gespendeten Stachelfrüchte.

Begleitet von allen dornfreien Gefühlen die besten Wünsche!

treu angehörig

Weimar d. 23. Oktbr. 1828 Goethe

Dem aufgehenden Vollmonde!
Dornburg, d. 25. August 1828

Willst du mich sogleich verlassen!
Warst im Augenblick so nah.
Dich umfinstern Wolkenmassen,
Und nun bist du gar nicht da.

Doch du fühlst wie ich betrübt bin,
Blickt dein Rand herauf als Stern,
Zeugest mir daß ich geliebt bin,
Sei das Liebchen noch so fern.

So hinan denn! Hell und heller,
Reiner Bahn, in voller Pracht!
Schlägt mein Herz auch schneller, schneller,
Überselig ist die Nacht. G.

An Johann Jakob und Marianne v. Willemer

Anstatt ein langes Verzeichnis aller Hindernisse zu geben, die sich einem schriftlichen Besuch bei meinen teuren Freunden in den Weg stellten, versichere lieber, daß ich, wie früher den Mond, ebenso auch die Sterne, nicht weniger die Sonne zum Zeugen anrufen könnte, daß meine Gedanken immer dort sind, wohin sie lange gewidmet waren.

[...]

Was ich aber eigentlich zuerst von meinen weitgereisten Freunden erbitten wollte, war eine folgerechte Reiseroute mit beigefügten Datums. Erhielt ich diese, so würde ich mir die Freiheit nehmen, nach einzelnen Stationen und deren landschaftlichen Umgebungen, nach diesen und jenen Punkten, vielleicht nach der Witterung zu fragen, und dagegen treufreundlich vermelden, unter welchen Umständen, zu dieser oder jener Zeit, ich auch dorthin zu denken oder zu empfinden veranlaßt worden.

Der teure Freund erregt in seiner Nachschrift die allerliebsten Reiseträume und schließt sie mit einer wohlgesinnten Anfrage: was wohl nächsten Sommer meine Plane sein möchten? Darauf habe ich freilich zu erwidern: Plane darf ich nicht mehr machen, sondern habe von Augenblick zu Augenblick, mit der größten Besonnenheit, zu beachten, was von außen oder innen geboten wird. Die Ausgabe meiner Werke, die ich gewissenhaft behandle, legt mir eine schwere Pflicht auf; hiezu habe ich die Zeit, die mir vergönnt ist, sorgfältigst anzuwenden. Wahrscheinlich, wenigstens nach meinem Wunsche, bring ich einen Teil der Sommermonate wieder auf dem Land in der Nähe zu, wenn ich nicht zufällig nach außen gelockt werden sollte. Doch gebieten mir in meinen Jahren andere Winke, und das Willkürliche wird immer mehr von dem Notwendigen verdrängt.

Mögen, unter allen Umständen, meine Freunde mir gleich gesinnt bleiben, wie sie an mir und meiner Treue gewiß nicht zweifeln werden.

In diesen Stunden kamen denn die Süßigkeiten für die guten Enkel wohlgepackt und glücklich an; auch ist schon eine etwas lebhaftere Wahlverwandtschaft der guten Knaben gegen den stillen Großvater merklich; die Pfeffernüsse haben diese zarten Gefühle eingeleitet, die Brenten werden sie verstärken.

Doch wie die Blume nicht verdrießlich sein darf, daß dem Schmetterling und der Biene bei dem Hof, den sie ihr machen, eigentlich nur um die Süßigkeit ernst ist, die sie verheimlicht, so darf ich ja wohl auch der freundlichen Gesichter genießen, welche diesen schön geformten und wohlschmeckenden Freundesgaben zunächst gemeint sind. Vielmehr hab ich schönstens zu danken, daß mir in diesen trüben und noch immer allzu kurzen Tagen eine solche Anmut gegönnt worden. Tausend Grüße daher und alles Gute mit wiederholter Bitte vorerst um die einfache Reiseroute.

unwandelbar

Weimar den 12. Januar 1829 Goethe

Weimar, 14. April 1830

Wie aus Einem Blatt unzählig
Frische Lebenszweige sprießen:
Mögst in Einer Liebe selig
Tausendfaches Glück genießen!

Eben als Ihr lieber Brief, meine Teuerste, zu mir gelangte, war das zweite Fäßchen Honig angebrochen worden, und mein zweiter Enkel, welcher vorzüglich auf diese Süßigkeiten begierig ist, machte deshalb gar freundliche Gesichtchen.

Es ist mir diese Zeit her manches Gute begegnet und gelungen; ich finde mich in dem Falle, nach und nach Ordnung zu machen in allen Dingen um mich her, besonders auch so mancherlei poetische, literarische, naturhistorische Schriften als Supplement zu meinen bisher herausgegebenen Werken zu arrangieren. Der verständige gute Eckermann ist mir hierbei von besonderer Hülfe, auch von zutraulicher Aussicht auf die Zukunft.

Meine lieben Freunde denk ich mir nun wieder in den schönen Mühlenbesitz eingeführt, wenn schon die Witterung am Main kaum günstiger sein kann als bei uns. Von katarrhalischen Übeln teils bedroht, teils befangen, kommen wir nicht recht zum Bewußtsein, daß wir zwischen Frühling und Sommer wandeln.

Wenn meine liebe heitere Freundin ihre anmutigsten Stunden mit heiterer Jugend zubringt, so darf ich wohl das gleiche sagen; meine drei Enkel, zwei Knaben und ein Mädchen, sind wirklich wie heiteres Wetter, wo sie hintreten, ist es hell. Am Augenblick Freude, er sei wie er wolle; das teilt sich denn unmittelbar auch den Ältesten mit, und so wollen wir die guten Geister loben, die uns dergleichen Lichtlein angezündet haben.

Neugierig bin ich, ob Sie sich wieder mit dem Freunde dies Jahr in die Gebirge wagen? Es ist denn doch und bleibt grandios, wenigstens rechts und links, wenn wir auf bequemen Wegen durch das Unerforschliche dahin fahren. Legen Sie es ja auf ein hübsches, recht ausführlich-kommunikables Tagebuch an, wenn es der Fall sein sollte.

Kaum werd ich mich diesen Sommer aus Weimar begeben; die Witterung ist unsicher, und man muß in das, was man tun und leisten will, immer mehr Folge legen, wenn noch irgend etwas herauskommen soll, was man sonst aus dem Stegreife gar wohl zu produzieren wußte.

Jetzt will ich aber noch eine Bitte und Auftrag eigner Art hinzufügen.

Vor alten Zeiten hatte man Staatskalender der freien Reichsstadt Frankfurt, einige Fuß breit, mehre lang; das Wappen des Schultheißen stand oben quer vor, an der einen Seite die Schöffen-, an der andern die Ratsherrnbank, die dritte Bank unten quer vor, nach Standesgebühr und Würden, Vornamen, Namen, Wappen und was sonst bemerklich war.

Einen solchen Kalender wünscht ich mir nun von der Zeit, wo mein Großvater Schultheiß war; beschwören Sie Ihre dienstbaren Geister, einen solchen herbeizuschaffen; es gibt ihrer gewiß noch genugsame, und ich erböte mich zu irgend einer Freundlichkeit demjenigen, der durch Ihre geneigte Vermittelung; um einen Stab gewickelt käme er wohlbehalten bei mir an.

So weit schon vor einigen Tagen, und damit dies Blatt nicht fernerhin stocke und zaudere, wenn ich auch schon manches hinzusetzen möchte, nur noch die lebhaftesten Wünsche und treusten Grüße. and so for ever

Weimar den 7. Juni 1831 Goethe

[...]

Indem ich die mir gegönnte Zeit ernstlich anwende, die grenzenlosen Papiere, die sich um mich versammelt haben, um sie zu sichten und darüber zu bestimmen, so leuchten mir besonders gewisse Blätter entgegen, die auf die schönsten Tage meines Lebens hindeuten; dergleichen sind manche von jeher abgesondert, nunmehr aber eingepackt und versiegelt.

Ein solches Paket liegt nun mit Ihrer Adresse vor mir und ich möcht es Ihnen gleich jetzt, allen Zufälligkeiten vorzubeugen, zusenden; nur würde mir das einzige Versprechen ausbitten, daß Sie es uneröffnet bei sich, bis zu unbestimmter Stunde, liegen lassen. Dergleichen Blätter geben uns das frohe Gefühl daß wir gelebt haben; dies sind die schönsten Dokumente auf denen man ruhen darf.

Zu dem Kleinen Römerberg wünsche Glück. Auch die Erfahrung ist wichtig: daß, wenn wir uns in eine gewisse Freiheit zu setzen gedenken, sich gleich wieder ein neues Hindernis hervortut; ich könnte schmerzlich-lächerliche Beispiele hievon erzählen.

Da Sie es übrigens halten wie ich: den Tag zu sichern und zu schmücken wie möglich und dem Dulden sogleich eine Tätigkeit entgegenzusetzen, so bleiben Sie auch wie ich unwandelbar in freundlichster Neigung. Schreiben Sie öfter. Eine Korrespondenz die dauern soll muß nicht Zug für Zug gehen; man schicke doch ja ein Blatt nach, um irgend ein Stockendes flott zu machen. und so fortan!

Weimar den 10. Februar 1832 J. W. v. Goethe

29. Februar 1832

Frau Geheimrätin von Willemer
Gnaden
aufzubewahren. Frankfurt am Main

Vor die Augen meiner Lieben,
Zu den Fingern die's geschrieben –
Einst, mit heißestem Verlangen
So erwartet, wie empfangen –
Zu der Brust der sie entquollen
Diese Blätter wandern sollen;
Immer liebevoll bereit,
Zeugen allerschönster Zeit.

Weimar d. 3. März 1831 J. W. v. Goethe

Anhang

»Von dem Einzelnen – Liebe«

»Behalten Sie mich lieb und sagen mirs manchmal; das ist die beste Bewirtung der Abwesenden.« So schreibt der alte, berühmte Mann der »allerliebsten Freundin« Marianne von Willemer im Juni 1825, und wie so oft im schriftlichen Verkehr zwischen Weimar und Frankfurt wird auch dieser Brief von einem Geschenk begleitet, diesmal von drei Exemplaren der 1824 von Antoine Bovy gravierten Medaille mit Goethes Bildnis. Daß Liebe, mitgeteilte Liebe, »die beste Bewirtung der Abwesenden« sei, diese Erfahrung hat Goethe schon früh und immer wieder gemacht; Briefe, ob kurz oder lang, waren die Denkzeichen dafür. Gegen Ende seines Lebens zieht Goethe einmal die Summe aus den Erfahrungen seiner Erlebnisse mit Welt und Menschen und formuliert in den »Betrachtungen im Sinne der Wanderer« (»Wilhelm Meisters Wanderjahre«, 1829) die Maxime:

> Tüchtiger tätiger Mann, verdiene dir und erwarte
> von den Großen – Gnade,
> von den Mächtigen – Gunst,
> von Tätigen und Guten – Förderung,
> von der Menge – Neigung,
> von dem Einzelnen – Liebe!

Für Goethe haben sich diese fünf Kategorien erfüllt; die existentiell wichtigste aber, unter der sich letztlich alle anderen begreifen lassen, ist die Liebe. So wie Goethe seinen Freunden und Nächsten sagt, daß er sie lieb hat, so braucht auch er immer wieder die Versicherung, »daß ihr mich noch liebt« (an Charlotte Kestner, 27. August 1774). »Werde nie müde, mir zu sagen, daß du mich liebst«, bekommt Frau von Stein unter dem Datum des 23. Juli 1784 zu lesen, und wie aus einer Not heraus hatte es ein Jahr zuvor geheißen: »Lebe wohl, liebe mich und zeige mirs.« – »Liebe mich, damit ich mich des Lebens freue«, schreibt Goethe an Charlotte von Stein kurz vor seinem Aufbruch nach Italien; aus Italien selbst bittet der Fahnenflüchtige: »Liebe mich, sage mirs, daß ich lebe und mit Freuden wandle.« – »Erhaltet mir Eure Liebe, denn ich bedarf ihrer«, heißt es im Briefgespräch mit dem Ehepaar Herder (am 20. Juni 1784); »Behalte mich lieb und sag mir ein Wort« schließt der Brief vom 20. März 1791 an Fritz Jacobi. So mancher andere Beleg ähnlicher Art ließe sich anführen, aber aus allen würde immer das eine erhellen: Goethe ist nicht nur ein liebender Mensch, er verhält sich auch liebend. Dieser Grundzug in seinem Wesen bekommt von außen, durch die Zeit, in die Goethes Erwachsenwerden fällt, Unterstützung; Empfindsamkeit ist das Stichwort, Freundschaftskult eines seiner Attribute. Auf der Suche nach Mitmenschen, nach Seelenverwandten, begibt man sich gerade in der zweiten Hälfte des achtzehnten Jahrhunderts in Beziehungen, die eine Familienhierarchie herstellen – der Freund wird zum Bruder, die Freundin zur Schwester, der ältere Mensch zur Mutter oder zum Vater, der jüngere zur Tochter, zum Sohn. Und man wird erzogen, man erzieht. Auch Goethe lebt, darin seiner Mutter verwandt, in solchen Verhältnissen, die weit über das hinausgehen, was in ihnen empfindsame Mode und bloße Zeiterscheinung sein mag. Auch wenn er es in späteren Jahren nicht mehr so direkt zum Ausdruck bringt, wird Goethe sein ganzes Leben lang menschenbedürftig bleiben.

Menschenbedürftig: Goethe sucht den Dialog. Und so wie Goethes Schaffen im Grunde autobiographisch ist, so ist es auch im tiefsten Sinne dialogisch; das gehört zum naiven Dichter, als den Schiller ihn erkannt und beschrieben hat. Goethes Briefwerk ist ein Teil dieses Schaffens – gegen

14000 Briefe haben sich erhalten. Dabei sind gerade von den Briefen an Frauen viele verlorengegangen oder vernichtet worden: alles, was Goethe nach den Studienjahren in Leipzig an seine Schwester Cornelia geschrieben hat, die Briefe an die geliebte Freundin in Sesenheim, Friederike Brion, die Briefe und Zettelchen an seine Verlobte, Lili Schönemann; auch aus der belebenden Freundschaft mit der Zürcherin Barbara Schulthess ist fast nichts geblieben.

Goethe hat sich über Briefe sehr verschieden geäußert und ist zu verschiedenen Zeiten auch ganz anders mit ihnen umgegangen. Zunächst ist für ihn jeder Brief etwas Privates; das Herumzeigen mochte er nicht, und nur unter bestimmten Umständen hielt er die Publikation von Briefen oder Briefwechseln für sinnvoll. Er selbst hat mehrere Male rigoros unter den Aberhunderten von Schreiben, die er im Lauf der Zeit empfangen hatte, aufgeräumt. Die größte Vernichtungsaktion fiel in den Sommer 1797, bevor Goethe zur dritten Reise in die Schweiz aufbrach. Da machte er nicht nur sein Testament, sondern verbrannte fast alle Briefe, die ihn in den letzten fünfundzwanzig Jahren erreicht hatten. Auch gegenüber eigenen Briefen aus früheren, abgelebten Zeiten, die wieder in seinen Besitz gelangt waren, verhielt er sich noch im Alter streng und warf sie ins Feuer, da er, dem nur noch wenig Lebenszeit blieb, nun »ins längst Vergangene nicht zurückschauen mag« (an Caroline von Wolzogen, 29. September 1829). Wo aber dieses längst Vergangene mit lebendigen Erinnerungen verbunden ist, rücken Briefe als Zeichen und Zeugnisse in helles Licht, weil, wie Ottilie in ihrem Tagebuch notiert, »der schönste unmittelbarste Lebenshauch« in ihnen atmet (»Die Wahlverwandtschaften«, 1809), »weil sie das Unmittelbare des Daseins aufbewahren« (»Autobiographische Schriften. Aristeia der Mutter«, 1831); und: »Dergleichen Blätter geben uns das frohe Gefühl, daß wir gelebt haben; dies sind die schönsten

Dokumente, auf denen man ruhen darf« (an Marianne von Willemer, 10. Februar 1832).

»Daß wir gelebt haben.« Mit welcher Intensität spricht das aus Goethes Briefen, und wie berückend die Leseerfahrung, daß so Verschiedenes aus einem Geist gesprochen und selbst noch das Denken bei Goethe sinnlich ist. Goethe hat von sich gesagt (im Brief an Lavater vom 28. Oktober 1779, seine eigene Auffassung von Religion gegen die hochfliegende Lavaters anführend), er sei »ein sehr irdischer Mensch«, und meinte damit: »Ich dencke auch aus der Wahrheit zu seyn, aber aus der Wahrheit der fünf Sinne und Gott habe Geduld mit mir wie bisher.«

Die Wahrheit der fünf Sinne zeigt sich nicht zuletzt in scheinbaren Kleinigkeiten, die denn nichts anderes belegen als den behutsamen Umgang mit den Dingen und der Welt, dem Gegenüber und sich selbst. Friedrich Theodor David Kräuter, seit 1818 Goethes Privatsekretär, hat einst (am 26. Januar 1821) über ein solches Beispiel von Sorgfalt auf dem Gebiet des Briefeschreibens nach Berlin berichtet: »Da ich einmal diese lobenswerten Eigenheiten Goethes berühre, so füge noch hinzu: daß er Eleganz, Nettigkeit und gefälliges Aussehen auch bei dem kleinsten Geschäft anzubringen sich bemüht, und, weil seine Umgebung trotz dem besten Willen ihm mit ihrem Beistande nicht Genüge leistet, vieles mit eignen Händen macht, um es nach *seiner* Art getan zu sehen. So muß ich bei Briefen, sie mögen an Vornehme oder Geringe sein, stets mich bemühen an allen Seiten einen breiten gefälligen Raum zu lassen, und ich ernte jedesmal Lob ein, wenn es mir glückt, den Brief so einzuteilen, daß alle Seiten gleich voll sind. Alles wird unter seinen Händen zu einem Bilde ...« Sorgfalt – die hier, ganz nebenbei, als Kraft mit gestalterischem, ja schöpferischem Potential erkannt wird – im Kleinen wie im Großen. Goethe ist, auch als Künstler, ein sorgender Mensch, fürsorglich, tätig-fördernd. Bei passender Gelegenheit wird er dann gern didaktisch: »Verzeihung! daß ich aus der Ferne den Schulmeister mache; wie gern geschäh es in der Nähe!« schreibt er (am 9. September 1823) an die Mutter der geliebten Ulrike von Levetzow.

Zur Sorgfalt, der eine tiefempfundene Höflichkeit nicht fremd ist, gehört auch Goethes Vermögen, auf seinen Briefpartner, seine Briefpartnerin einzugehen – im Ton, in einzelnen Wendungen, in der Wahl der Gegenstände. Im schriftlichen Gespräch mit seiner Frau und Gefährtin Christiane mag es besonders deutlich werden. Das widerspricht übrigens nicht dem allgemeinen Eindruck von Aufrichtigkeit, den man aus der Lektüre von Goethes Briefen insgesamt gewinnt. Was beim ersten, flüchtigen Hinschauen manchmal nach Beschönigung und Verschweigen aussehen könnte, ist im Grunde immer von daher zu verstehen: Was ist, in diesem Moment und überhaupt, für den anderen das Zumutbare? In diesem Zusammenhang dürfen wir auch die beiden Briefe lesen, in denen, für den späten Goethe ungewöhnlich, plötzlich ein Du in die sonst in der Sie-Form gehaltene Korrespondenz einbricht. Das geschah als Reaktion auf Carl Friedrich Zelters ausführliches Schreiben unmittelbar nach dem Selbstmord von dessen ältestem (Stief-)Sohn, im Brief vom 3. Dezember 1812; und es geschah in der Antwort auf die aus stiller Lebenstrauer heraus geschriebenen Worte Marianne von Willemers am 26. Juli 1819. Beide Male war in der gegebenen Situation das Du für das Gegenüber das einzig Zumutbare. Bei Zelter sollte das Du bis ans Ende gelten; für Marianne ist es – vom außerhalb der Konvention stehenden lyrischen Du abgesehen – bei dieser einen Ausnahme geblieben.

Es ist eine banale Tatsache: Wo ein Brief mehr ist als Selbstbespiegelung oder Anweisunggeben und Auskunftholen, da ersetzt er die unmittelbare (Gesprächs-)Nähe. In seiner zweiten Lebenshälfte, deren letzte Jahre Goethe zunehmend im Zeichen von Einsamkeit wahrnimmt, erlangte der schriftliche Austausch für ihn immer mehr Bedeutung. Dank ihm empfand er sich als »in der Ferne gegenwärtig«, wie es etwa der Schlußgruß in einem Schreiben an Christian Gottfried Daniel Nees von Esenbeck (vom 24. April 1823) auf die vielfach variierte Formel brachte. Briefe schreiben also als Unterhaltung mit Abwesenden – Goethe hat das schon früh so ausgesprochen. Deshalb geht bereits der Dreißigjährige dazu über, eine ständig wachsende Zahl von Briefen zu diktieren, nicht etwa geschäftliche nur, auch private. »Verzeihen Sie, daß dieser Brief nicht von meiner eignen Hand ist. Ich habe mirs so angewöhnt, daß ich dicktire wenn ich mich mit Abwesenden unterhalte, daß mir das Schreiben recht zur Pein wird« (an Wolfgang Heribert von Dalberg, 2. März 1780). Ein Tagebucheintrag aus der gleichen Zeit gibt noch etwas mehr Hintergrund: »Was ich guts finde in Überlegungen, Gedancken ja so gar Ausdruck kommt mir meist im Gehn. Sizzend bin ich zu nichts aufgelegt. drum das dicktiren weiter zu treiben« (21. März 1780). Noch 1812 entschuldigt sich Goethe, daß er sich »einer fremden Hand bediene. [...] Ich bin niemals zerstreuter, als wenn ich mit eigner Hand schreibe: [...] weil die Feder nicht so geschwind läuft als ich denke.« Diktieren aber sei, »als wenn ich mit Ihnen spräche«. So an Gräfin Josephine O'Donell am 24. November 1812. Daß vom Diktat all jene Briefe ausgenommen waren, die einem Dritten keine Einsicht gestatten sollten, versteht sich. Die Briefe an Frauen gehören zu einem großen Teil in diese Kategorie. Auch später, als Diktieren längst die Regel war, bekam so manche Frau – etwa Silvie von Ziegesar, Bettina Brentano, Ulrike von Levetzow und ihre Mutter – Eigenhändiges zu lesen, während im vertrauten Austausch von häuslichen Mitteilungen und Reise- oder Badeneuigkeiten mit Christiane der Schreiber seine Dienste tat.

Sorgfalt und (schonende) Aufrichtigkeit zum einen, Teilnahme zum andern, in Goethes Briefen ein offen ausgesprochenes oder umschriebenes, aufschlußreiches Kennwort, in seinem Leben Grundstein der Existenz. »Man weiß erst, daß man ist, wenn man sich in andern wiederfindet.« Das ist gesagt mit Bezug auf andere Menschen, gültig aber auch mit Bezug auf alles, was außerhalb des einzelnen liegt (an Auguste Stolberg, 13. Februar 1775). – »Sey Du mir auch immerfort hold und gut liebe Schwester, mir wirds recht wohl, daß ich an euerm Buben und Haushalt wieder Theil habe« (an Caroline Herder, 18. Januar 1775). – »Lebe wohl. Schreibe mir bald, und behalte Anteil an uns« (an Karl Ludwig von Knebel, 20. Oktober 1782). – »... und du hörst bald von mir und sollst durch mich noch ein Stück Welt weiter kennen lernen« (an Frau von Stein aus Rom, 21. Februar 1787). Dazu das Gegenstück: »Was ich Ihnen schrieb, daß mir Ihre Reise nach Spanien statt einer eignen dahin gelten würde, geht wirklich schon durch Ihren letzten Brief in Erfüllung« (an Wilhelm von Humboldt, 4. Januar 1800). – »Schreibe mir von Zeit zu Zeit von deinen Beschäftigungen und von der Art derselben, damit ich mir vorstellen kann, wie du lebst, und wir einander nicht zu fremd werden« (an Fritz von Stein, 21. Dezember 1798). »... und freundliche Teilnahme mir erbittend.« (an Nees von Esenbeck, 27. September 1826). – »und so für und für in treulichster Teilnahme ...« (an Humboldt, 22. Oktober 1826).

Die schönste und auf Dauer fruchtbarste Teilnahme war für Goethe, wie könnte es anders sein, jene, die sich aus der Beziehung zu einem »tüchtigen tätigen Mann« (wie er oben in der Maxime aus den »Betrachtungen im Sinne der Wanderer« genannt wurde) ergab. Wenn er einem solchen Geistesgefährten und Werk-Weggenossen begegnete, war Goethe dankbar. Und er sprach es auch aus. »Daß wir uns gefunden haben, ist eines von den glücklichsten Ereignissen meines Lebens, ich wünsche nur, daß wir lange zusammen auf diesem Erdenrunde bleiben mögen, wie ich auch hoffe, daß Schiller ohngeachtet seiner anscheinenden Kränklichkeit mit uns ausdauern wird« (an Johann Heinrich Meyer, 3.-9. März 1796). Oder konkreter: »Für mich habe ich gegenwärtig den großen Vorteil, daß ich an Schiller und Meyer zwei Freunde gefunden habe, mit denen mich ein ähnliches, ja ich kann wohl sagen, ein gleiches Interesse verbindet. Jeder von uns mag gern in seinem Fache fortschreiten und bei der Verwandtschaft der Fächer ist der Fortschritt des einen auch Gewinn für den andern« (an Karl Jacobi, 16. August 1799). So finden wir in Goethes Korrespondenz, die ein Spiegel dieser Teilnahme ist, unter den Briefen an Frauen denn auch nichts, was sich vergleichen ließe mit dem Briefwechsel, wie er zwischen Goethe und Schiller, Goethe und Zelter oder mit dem Diplomaten Carl Friedrich Graf von Reinhard stattfand. Das Wissens-, Sach- und Weltinteresse bleibt, entsprechend den äußeren Bedingungen, denen Frauen in jener Zeit unterworfen waren, in den Briefen an Frauen zweitrangig. Nichts Vergleichbares – ja, aber dafür etwas so Unvergleichliches wie der Briefwechsel mit Frau von Stein, seiner »Seelenführerin«, für die er nicht genug Namen finden konnte, um ihrer habhaft zu werden. »Süße Unterhaltung meines innersten Herzens« hatte er sie genannt, und die Beziehung zu ihr war es, die Goethe zu tiefster Anteilnahme befähigte und auf alle andere »Unterhaltung« eines langen, schöpferisch tätigen Lebens vorbereitete. So daß bei allen Fehlern und Schwächen, die ihm freilich nicht abgehen, auch für Goethe das Schlüsselwort gilt (es findet sich im Reisetagebuch an Frau von Stein, Venedig, Oktober 1786, und dann in der »Italienischen Reise«), welches er insgeheim für jedes Wesen hat, das seine Existenz ganz erfüllt: »Was ist doch ein Lebendiges für ein köstliches herrliches Ding! Wie abgemessen zu seinem Zustande, wie wahr, wie seiend!«

Angelika Maass

Erläuterungen

Cornelia Schlosser

12.-13. Oktober 1765

Hr. von Bramarbas: Titelheld im Lustspiel »Bramarbas oder der großsprecherische Officier« des dänischen Komödiendichters Ludwig von Holberg. Zitat nach der Übersetzung in Gottscheds »Deutscher Schaubühne« (1741).

Schmitelgen ... Brevillier: Frankfurter Jugendfreundinnen oder -bekannte von Cornelia und Goethe.

Cane pejus et angue turpius: Schlimmer als Hund und Schlange. So bei Horaz (Epist. I, 17, 30); *turpius* (»schimpflicher«) ist ein Zusatz, *angue* statt »angui« ein Irrtum Goethes.

Reinecke ... Zairen: Reineke der Fuchs war der Spottname für den einen der zwei Brüder von Rhost, beide Jugendbekannte Goethes; der andere wird als »der Stallmeister sein Bruder« erwähnt. Sie hatten an einer Frankfurter Liebhaber-Aufführung von Voltaires Tragödie »Zaïre« (1732) mitgewirkt. Das Heldengedicht meint vermutlich Gottscheds Übertragung des niederdeutschen Tierepos »Reinke de vos« (1752).

Nach Schrift an den Vater. [...] In der knapp mitteilenden Nachschrift an seinen Vater erwähnt Goethe verschiedene Begegnungen dieser ersten Leipziger Tage, vor allem seine ersten Kontakte mit Professoren, von denen er sich beeindruckt zeigt. Einige der Mitteilungen schreibt Goethe in Lateinisch, der Sprache, die auch dem Vater, von seinem geliebten Italienisch abgesehen, sehr nahe war.

Jfr Tanten: Anna Christine Textor, eine der jüngeren Schwestern von Goethes Mutter.

Jfr Meixnern: Charitas Meixner, gleich alt wie Cornelia und mit ihr und ihrem Bruder befreundet; sie kam öfter aus Worms zu einem ihrer Onkel in Frankfurt auf Besuch.

6.-7. Dezember 1765

Transeat: Genug davon.

Hrn. Bißmannen und Hrn. Tymen: Lehrer der Geschwister Goethe, Bissmann für Musik, Thym für Schreiben und Rechnen, später auch für Geographie und Geschichte.

Grandison: »Sir Charles Grandison« (1754), moralisierender Briefroman des englischen Dichters Samuel Richardson. Der Begründer der im 18. Jahrhundert so beliebten Gattung des Briefromans ist auch Autor der im folgenden genannten Romane »Clarissa Harlowe« (1748) und »Pamela« (1740).

pp: Zwei oder mehr p aneinandergereiht heißt soviel wie »pergite« – »fahret fort«, »und so weiter«.

schreibe nur wie du reden würdest: ein Grundsatz des Schriftstellers und Philosophen Christian Fürchtegott Gellert (1716-1769) in seiner »Praktischen Abhandlung von dem guten Geschmacke in Briefen« (1751). Goethe gibt die bei seinem Universitätslehrer frisch erworbenen Kollegweisheiten sogleich an seine Schwester weiter.

Jetzt will ich antworten [...]: Weggelassen wurden Verse, in denen Goethe auf Frankfurter Begebenheiten reagiert, von denen ihm seine Schwester geschrieben haben muß.

Belsazer: vgl. übernächste Anmerkung.

der Britte: Shakespeare, dessen Werk Goethe in Leipzig zum ersten Mal begegnet. Das erwähnte und hier angewendete Versmaß ist der Blankvers.

[...]: Weggelassen wurden die zwanzig Verse, Alexandriner nun, die Goethe unter dem Titel »Versuch einer poetischen Ausarbeitung Belsazars« anführt. Es handelt sich um den Beginn des nicht erhaltenen Trauerspiels »Belsazar«; der junge Dichter hat es im kommenden Jahr verbrannt, wie aus dem folgenden Brief hervorgeht.

Kaufmann von London: »George Barnwell or the Merchant of London« (1731) des englischen Dichters George William Lillo.

Miß Saara: Lessings »Miss Sara Sampson« (1755).

Zayre: die bereits erwähnte Tragödie »Zaïre« (1732) von Voltaire.

Cenie: »Cénie, pièce dramatique« (1751) der französischen Dichterin Madame de Graffigny.

die Poeten nach der Mode: von Christian Felix Weisse (1751).
die Verschwörung wieder Venedig: »Venice preserved« (1682) des Engländers Thomas Otway.
Tartüffen: Molières »Tartuffe« (1669).
den Zuschauer: »The Spectator«, englische moralische Wochenschrift, 1711-12 von Joseph Addison und Sir Richard Steele herausgegeben.
Hrn Ohme Textor: Johann Jost Textor, der einzige Bruder von Goethes Mutter.
die beyden Magazinen: »Magasin des enfants, ou Dialogues entre une sage gouvernante et ses élèves« (1757) und »Magasin des adolescentes« (1760) – mit dem gleichen Untertitel – der französischen Schriftstellerin Jeanne-Marie Leprince de Beaumont.
Lett[res] de Md. Montague: der englischen Schriftstellerin Mary Pierrepont Montague (1763).
Pastor fido: Schäferdrama von Giambattista Guarini (1585).
Epistole di Cicerone: »Epistole famigliari di Cicerone« (1736).
Gerusaleme lib[erata]: »La Gerusalemme liberata« von Torquato Tasso (1575).
J studii delle donne: »Trattati degli studii delle donne« (1740) des Priesters und Pädagogen Giovanni Niccolò Bandiera.
Les Lettres de Pline: Briefe des Gaius Secundus Plinius in französischer Übersetzung. In der Bibliothek von Goethes Vater befand sich eine dreibändige Ausgabe, Paris 1721.
Runckel: Lisette Runckel, das »Runckelchen« aus dem ersten Brief.
Hippine: Nachtwächterhorn.

12.-14. Oktober 1767

Zahlwoche: die letzte Woche der Messe, in der die Zahlungen zu leisten sind.
der Hof: Friedrich August III., der junge Kurfürst von Sachsen, hielt sich vom 3. bis zum 13. Oktober in Leipzig auf.
brouillirt: verworren – *debrouilliren:* entwirren – *bigarrirt:* buntscheckig.
Mdll. Breitkopf: Theodora Sophie Constantia (1748-1818), die älteste Tochter von Johann Gottlob Immanuel Breitkopf, ein kluges, vielbelesenes Mädchen. Im Breitkopfschen Hause, wo er an

Liebhaberaufführungen und Musikveranstaltungen teilnahm, war Goethe oft anzutreffen.

Plus que les mœurs . . .: »Je gewählter die Sitten, desto verdorbener die Menschen.« Die Sentenz erinnert an Rousseau, ist aber dort (noch) nicht nachgewiesen.

Marlimuster: Muster für Stickarbeiten in Marly, einem lockeren, gazeartigen Gewebe.

von meiner kleinen Wirtin: Käthchen Schönkopf.

Schäferspiel: »Die Laune des Verliebten«.

Aminen: Amine, Figur in »Die Laune des Verliebten«.

Eglens: Egle ist die zweite weibliche Gestalt in diesem Schäferspiel.

mein Schäferspiel: Das bezieht sich hier auf die wenig weiter unten genannte »Amine«, ein früheres Schäferspiel und eine verlorene Frankfurter Knabendichtung, die Goethe dort zurückgelassen hatte.

die Höllenfahrt: »Poetische Gedanken über die Höllenfahrt Jesu Christi. Auf Verlangen entworfen von J. W. G.«, ohne Zustimmung Goethes 1766 in der im folgenden Satz erwähnten »vermaledeyten Wochenschrifft« – nämlich der Frankfurter Wochenschrift »Die Sichtbaren« – gedruckt.

Annette: die Gedichtsammlung »Annette« (1767, Handschrift) für Käthchen Schönkopf.

Belsazer . . . Joseph: Das im Brief vom 6. Dezember 1765 genannte Trauerspiel; sowenig wie diese Dichtung haben sich die dramatischen Entwürfe »Isabel«, »Ruth« und »Selima« erhalten, die wie das Prosaepos »Joseph« wohl biblische Themen behandelt haben.

Bogatzkyen: Carl Heinrich von Bogatzky, Erbauungsschriftsteller und Pietist in Halle, wo er im Franckeschen Waisenhaus lebte. 1767 war er allerdings schon seit dreizehn Jahren tot.

Behrisch: Ernst Wolfgang Behrisch (1738-1809), der zunächst als Student, seit 1760 als Hofmeister des jungen Grafen von Lindenau bis 1767 in Leipzig lebte, war Goethes Freund und Vertrauter.

dem Reiten und Fahren gänzlich entsagt: Ob Goethes »Lebensart« wirklich so »philosophisch« war, mag man bezweifeln; zumindest beim Reiten schwindelt er, wie der gerade noch glimpflich verlaufene Reitunfall von Ende Oktober beweist.

Hermannen: Christian Gottfried Hermann, der 1767 in Leipzig zum Doktor der Rechte promovierte, dann Assessor und 1794 Bürgermeister von Leipzig wurde.

Docktor Quiet und Docktor Merrymän: Dr. Quiet und Dr. Merryman gehören ebenso wie Dr. Diet zu den besten »Ärzten« – so will es jedenfalls ein englisches Scherzwort wissen.

Pandeckten: die fünfzig Bücher umfassenden »Pandectae« oder »Digesta«, der zweite Teil des »Corpus Juris Civilis«.

Instituten: »Institutiones«, der erste Teil des »Corpus Juris Civilis«.

Appendicem: Ein Anhang zu diesem Brief folgte nicht mehr.

Käthchen Schönkopf

1. November 1768

Landsmännin der Minna: »Minna von Barnhelm«. Lessings Lustspiel war Ostern 1767 erschienen. Goethe hatte in einer Liebhaberaufführung Ende November 1767 als Wachtmeister Werner mitgewirkt.

das Dach war gut ...: fast wörtliches Zitat aus »Minna von Barnhelm« (II, 2). Wer Franziska, Minnas Mädchen, und wer Just, den Bedienten des Majors, spielte, ist nicht bekannt.

nach Persien: wo der Wachtmeister zu Ruhm kommen und Franziska ihn zuletzt (als seine Frau) begleiten wollte.

30. Dezember 1768

Neujahrslied: »Neujahrslied. 1769«; der Sonderdruck des Mitte Dezember 1768 entstandenen Gedichts ist nicht überliefert.

auf Sie und noch jemand: vielleicht Christian Karl Kanne; Käthchen verlobte sich einige Monate später mit ihm.

Johannismänngen: Am Johannistag (24. Juni) wurden die Gräber mit Blumen geschmückt und auf den Brunnen vor der Leipziger Johannis-Kirche eine alte bekränzte Holzfigur gestellt. Die barocke Kirche existiert heute nicht mehr, sie wurde 1951 gesprengt; auf dem Friedhof hingegen hat sich das Grab von Käthchen Schönkopf, verheiratete Kanne, erhalten.

Ihre liebe Freundinn: Constantia Breitkopf.

12. Dezember 1769

Sollte das wahr seyn?: Käthchen heiratete erst Anfang Mai 1770.

Das grosse Buch: unklar, um welches Buch es sich handeln könnte.

Hagedornen: wohl die zweite Auflage von Friedrich von Hagedorns »Poetischen Werken« (1769).

Friederike Oeser

13. Februar 1769

in einen gespaltnen Baum: wie Ariel in Shakespeares »Sturm« (I, 2).

aufgebracht wie Wieland: vielleicht eine Anspielung auf die Tatsache, daß Christoph Martin Wieland (1733-1813) sich, wie Wilhelm Bode es einmal formuliert hat, »in frischer Jugend wie ein fanatischer Mönch geberdet und ›die schwärmenden Anbeter des Bacchus und der Venus‹ heftig angegriffen hatte«?

sagt Paris: unbekannt; vielleicht mit Bezug auf zwei moralische Schriften von François de Paris (1740).

Ulysses Kräuterbüschel: das Wunderkraut Moly, mit dem Hermes – wie Homer in der Odyssee erzählt – Odysseus vor dem Zauber der Kirke schützt (Od. 10, 287ff.)

Gessners Welten: die ideale Unschuldswelt in den »Idyllen« (1756) Salomon Gessners.

Rhingluff: »Der Gesang Ringulphs des Barden. Als Varus geschlagen war« (1768) von Carl Friedrich Kretschmann.

Gleim, und Weisse: Johann Wilhelm Ludwig Gleim, auf dessen »Preussische Kriegslieder [...] (1758), und Christian Felix Weisse, auf dessen »Amazonenlieder« (1760) Goethe hier anspielt.

chiffonirt: chiffonné – zerdrückt, zerknautscht, zerknittert.

Ossian: angeblich ein gälischer Barde aus dem 3. Jahrhundert. Der schottische Dichter James Macpherson gab 1765 die »Works of Ossian« heraus, die im wesentlichen aber seine eigene Schöpfung waren; das wußte man damals aber noch nicht.

Gerstenbergs Skalden ... Ugolino: Heinrich Wilhelm von Gerstenbergs »Gedicht eines Skalden« (1766) und seine Tragödie »Ugolino« (1768).

wie ihr Advocat meynt: Lessing in »Laokoon: oder über die Grenzen der Mahlerey und Poesie« (1766).

Meine Lieder: »Lieder mit Melodien Mademoiselle Friederiken Oeser gewiedmet von Goethen«, eine schön geschriebene handschriftliche Sammlung von zehn Gedichten, die Goethe Friederike geschenkt hatte.

Meister Junge: Aufwärter und Modelltischler an Oesers Zeichenschule in Leipzig. Junge hatte Goethe auf seiner Heimreise nach Frankfurt begleitet, da Goethes Gesundheit angeschlagen war.

Susanna Catharina v. Klettenberg

26. August 1770

Wie eine ganze Reihe anderer Briefe aus Straßburg ist auch dieser nicht im Original, sondern als Entwurf in einem Konzeptheft erhalten.

mit der kristlichen Gemeine: Der 26. August war ein Freitag, und Goethe hatte wohl an Andacht und Abendmahl in der St. Thomaskirche teilgenommen. Ob er danach je noch einmal zum Abendmahl gegangen ist, ist sehr ungewiß.

Schaupfennige: bei Krönungen und anderen festlichen Anlässen unter die Menge geworfene (Denk-)Münzen.

denen frommen Leuten hier: Zum Kreis der Straßburger Pietisten hatte Goethe Empfehlungen von Frankfurt.

hällisch: In Halle war das Zentrum der pietistischen Richtung von Philipp Jakob Spener, dem einstigen Begründer des Pietismus in Frankfurt (um 1670), und seines Schülers August Hermann Francke; diese Richtung stand im Gegensatz zu dem Herrnhuter Kreis des Grafen von Zinzendorf, zu dessen Anhängern Susanna von Klettenberg gehörte.

Wie offt hab ich … Vetter: ungewiß, ob es sich bei ** um Johann Georg Hebeisen in Straßburg und beim Vetter um einen Sohn von Tante Melber, einer Schwester von Goethes Mutter, handelt.

*Herr **:* wohl Johann Daniel Salzmann, das Haupt der vom Studentenkreis um Goethe besuchten Tischgesellschaft bei den Jungfern Lauth.

Mosheimen oder Jerusalemen: Professor der Theologie in Göttingen der eine, Hofprediger und theologischer Schriftsteller in Braunschweig der andere; beide standen der Aufklärung nahe.

Chymie: gemeint sind Chemie und Alchemie. Das – nun allerdings bald erlöschende – Interesse für Alchemie war durch die Lektüre angeregt worden, auf die ihn Susanna von Klettenberg aufmerksam gemacht hatte, die während Goethes Krankheit nicht nur um sein leibliches, sondern vor allem um sein seelisches Heil besorgt war.

Friederike Brion

15. Oktober 1770

Konzept: Der Anfang des Briefes ist, bis zur »zweiten« Anrede, in Klammern gesetzt und dürfte also im definitiven Brief fehlen.

Weyland: Friedrich Leopold Weyland, Medizinstudent und Goethes Tischgenosse in Straßburg.

Wanzenau: Dorf in der Nähe von Straßburg, am Weg nach Sesenheim.

Liebe und Treue unsrer Prinzessinnen: Märchenmotiv, daß die Liebe der Fee den fernen Liebhaber zurückzieht.

die Rolle: unbestimmbar; man mag, aber das ist rein spekulativ, einen Zusammenhang mit dem weiter unten erwähnten Schattenbild sehen: vielleicht hat die Rolle eine (von Goethe angefertigte) Zeichnung von Friederike Brion oder ihren Schattenriß enthalten.

Ihrer lieben Schwester: wahrscheinlich Maria Salomea (1749-1807), nicht Jacobea Sophie (1756-1838), die Jüngste.

Sophie von La Roche

ca. 20. November 1772

solchen Engeln: die im nächsten Abschnitt erwähnten zwei Töchter, Maximiliane und Luise.

Jerusalems Todte: Carl Wilhelm Jerusalem (1747-1772), der sich am 30. Oktober erschossen hatte und dessen Schicksal Eingang in die »Werther«-Dichtung fand. Jerusalem hatte 1765/66 gleichzeitig mit Goethe in Leipzig Jura studiert, in Wetzlar war man sich wieder begegnet. Vom 6. bis 10. November war Goethe in Wetzlar gewesen.

Baron Kielmansegg: Christian Albrecht Freiherr von Kielmannsegg (1748-1811), der in Wetzlar Jerusalem und auch Goethe nahestand.

12. Mai 1773

Merck und Comp.: Merck und Goethe gaben zusammen einen Nachdruck der »Works of Ossian« heraus (in vier Bänden, 1773-1777). Für den ersten Band radierte Goethe die Titelvignette.

Leysering: Franz Michael Leuchsenring (1746-1827), hessen-darmstädtischer Prinzenerzieher, der im Kreis der Darmstädter »Empfindsamen« als Apostel und Missionar von Sophie von La Roches Gefühlskult keine rühmliche Rolle spielte.

Ihres teuern Abwesenden: Frau von La Roches Mann hielt sich in Wien auf.

Ende Mai 1774

Apartinenzien: Besonderheiten.

Wieland: Bezieht sich auf Wielands Reaktion auf Goethes Satire »Götter, Helden und Wieland« (erschienen im März 1774); die Sache kam aber wieder ins Lot, und die Polemik wurde beigelegt.

wächsern Desert Parterrgen: Tafel-Aufsatz, der mit Wachsblumen eine Gartenanlage nachbildet; meint hier Wielands Singspiel »Alceste«, gegen das sich Goethes Satire richtete.

Seschianischen Pallast: Anspielung auf das herzogliche Schloß in Weimar, das am 6. Mai 1774 abgebrannt war, und Wielands Roman »Der Goldene Spiegel oder die Könige von Scheschian« (1772).

die Unbequemlichkeiten guter Hoffnung: Cornelia Schlossers erstes Kind, Maria Anna Luise, die fröhliche »Lulu«, geboren am 28. Oktober 1774, die sich später bei der Lektüre des »Fräuleins von Sternheim« herzlich langweilen wird.

Die liebe Max: Maximiliane von La Roche lebte nun als Frau von Peter Anton Brentano in Frankfurt.

27. Juli 1775
Hrn. v. Hohenfeld: Christoph Willibald von Hohenfeld, kurtrierischer Minister und Domdechant der Domstifte zu Bamberg, Worms und Speyer. Goethe hatte ihn im Hause La Roche kennengelernt.
ihrem lieben Jungen: Georg Michael Anton, der erste Sohn der »Max«, geboren am 12. März 1775.
Crespel: der Rat Bernhard Crespel, einer der jugendlichen Verehrer von Sophie von La Roche, der als Freund des Hauses Brentano oft vermitteln und trösten konnte.

Charlotte Kestner

10. September 1772
der liebe Vater: Henrich Adam Buff (1711-1795).
meinen Buben: die sieben Brüder Lottes; der älteste, Hans (1757-1830), war Goethes besonderer kleiner Freund in Wetzlar.

11. September 1772
zu den liebsten Menschen: ins Haus von Sophie von La Roche in Thal-Ehrenbreitstein.

8. Oktober 1772
unerwartete Freude: Lotte hatte Goethe eine der blaßroten Schleifen geschickt, die sie bei ihrer ersten Begegnung mit ihm am Kleid getragen hatte.
ihr bild: Lottes Schattenriß.
unsre beyden Verliebten: Goethes Schwester Cornelia und ihr Verlobter Johann Georg Schlosser.

26.-31. August 1774
Strumpfwaschern: Strumpfwäscherin.
Schwäzzern: Schwätzerin.

schlocker Händgen: schlotterndes, hin und her schlenkerndes Händchen.

Carlinen, Lehngen: Caroline und Helene Buff, Lottes älteste und ihre nächstjüngere Schwester.

ein Gebetbuch, Schazkästgen: Hinweis auf den »Werther«, der bald erscheinen wird und der zeitweise außer der Bibel zum meistgelesenen Buch im deutschen Sprachraum und ein »Schatzkästchen«, das heißt Erbauungsbuch der ganz besonderen Art, werden wird.

Morgen denckt Ihr gewiss an mich: Der 28. August war auch Kestners Geburtstag.

die liebe Meyern: die Gattin des Hofrats Meyer in Hannover; Goethe hatte das mit Kestners befreundete Ehepaar bei einem Besuch in Frankfurt kennengelernt.

Gotter: sachsen-gothaischer Legationssekretär in Wetzlar.

Silhouetten: Goethes eigener Schattenriß.

Zimmermann: Johann Georg Zimmermann (1728-1795), aus Brugg in der Schweiz stammend, seit 1768 königlicher Leibarzt in Hannover, bedeutender Arzt und als Schriftsteller vor allem bekannt durch seine »Betrachtungen über die Einsamkeit« (1756) und durch das vierbändige Werk »Über die Einsamkeit« (1784/85).

den Buben: Lottes ältester Sohn, der im Frühjahr 1774 zur Welt gekommen war und den Rufnamen Georg – und nicht Wolfgang, wie Goethe es gern wollte – erhalten hatte.

Oktober 1774

es ist ausgegeben: »Werther« war zur Michaelismesse 1774 erschienen.

19. Juni 1775

Ihre kleinen: Zu Georg war 1775 ein zweiter Sohn, Wilhelm, hinzugekommen.

Gotthard den ich morgen besteige: Nachdem er Wassen und Andermatt als Zwischenstation passiert hatte, erreichte Goethe zusammen mit Jakob Ludwig Passavant, der ihn von Zürich aus begleitete, am Abend des 21. Juni das Gotthardhospiz. Am folgenden

Tag tat er den (auf einer Zeichnung festgehaltenen) »Scheideblick nach Italien«.

1. September 1785

in ienen Gegenden: in Pyrmont, wo sich das Herzogpaar Carl August und Louise von Sachsen-Weimar aufgehalten hatte, während Goethe seine erste Badekur in Karlsbad machte.

Der Todt eures Mädgens: die kleine Charlotte, 1783 geboren, am 21. Juni 1785 gestorben. Zehn Jahre nach Charlotte wird Kestners dann wieder ein Mädchen geboren. In Herders Familie war Luise das einzige Mädchen unter den zum damaligen Zeitpunkt fünf Jungen.

Johanna Fahlmer

18. Oktober 1773

die Ankunft des neuen Mädgens: Johanna Fahlmer hielt sich in Düsseldorf bei Fritz Jacobis Frau, Betty Jacobi, auf; am 17. Oktober kam allerdings statt des erwarteten Mädchens ein Junge zur Welt.

besonders einer: der Dichter Gottlob Friedrich Ernst Schönborn, der als dänischer Konsulatssekretär in Algier auf seiner Reise dorthin Goethe besuchte.

einen Ritt: das heißt vom westlich gelegenen Galgentor durch die Gemarkung zum östlich gelegenen Allerheiligentor.

die liebe Frau ... Lotte: Betty Jacobi und die Halbschwester der Brüder Jacobi.

Jahrmarckt: Goethes Schwank »Jahrmarktsfest zu Plundersweilern«, entstanden 1773, Erstdruck Herbst 1774.

Musenalmanach: auf das Jahr 1774, darin vier Gedichte Goethes.

Merkur: »Der Teutsche Merkur«, die neue, von Wieland herausgegebene Zeitschrift; darin Christian Heinrich Schmids unzulängliche Rezension des »Götz«.

Ein schöner neuer Plan: unklar.

Und mein gewonnen Drama: »Götz von Berlichingen«. Wieland, der mit Schmids Rezension nicht einverstanden war, hatte seine Entgegnung schon angekündigt. Die war zwar nicht so lange »hängig« wie ein Spruch am Kammergericht in Wetzlar, erschien aber erst im Juliheft 1774 des »Teutschen Merkur«. Und gewonnen hatte Goethe, weil er ein positives, Johanna Fahlmer ein negatives Urteil Wielands über den »Götz« prophezeit hatte.

ca. Ostermesse 1775

Offenbach: In Offenbach bei Frankfurt wohnten Lili Schönemanns Onkel und seine Familie. Lili war dort oft zu Besuch, und auch Goethe zog es dorthin.

Gerocks: Kaufmann Gerock und seine Töchter, Jugendbekannte Goethes.

24. und 26. Mai 1775

einem Uralten Spaziergang: der heutige Platz Le Nôtre.

Lenz: Jakob Michael Reinhold Lenz, den Goethe in Straßburg besuchte.

hier nah bey: im Gasthaus »Zum Wasserzoll« an der Ill, an dem der Weg nach Sesenheim, also auch zu Friederike Brion, vorbeiführte.

Vorstellung Erwins: wahrscheinlich eine Liebhaberaufführung von Goethes »Erwin und Elmire« (1775, damals noch ein »Schauspiel mit Gesang«).

Louise: Louise von Hessen-Darmstadt, die nach dem Tod ihrer Mutter am Hof ihres Onkels in Karlsruhe lebte. Sie war seit 1774 mit Carl August von Weimar verlobt, der sie darum nun besuchte; die Heirat fand dann am 3. Oktober 1775 statt.

durchgebrochnen Bären: der Bär Goethe, der sich nicht für Lilis Tierpark zahmer Geschöpfe eignet (vgl. das Gedicht »Lilis Park«, 1775).

Emmedingen: zur Schwester Cornelia nach Emmendingen, wo er bis zum 5. Juni bleibt.

22. November 1775

den H[erren] Diakres: Diakone der deutsch-reformierten Gemeinde, die den Nachlaß der im Jahr zuvor verstorbenen Susanna von Klettenberg verwalteten. Goethe vertrat die unmün-

digen Erben, die Kinder des Freiherrn von Trümbach, in einer Prozeßangelegenheit.
Fritz: Fritz Jacobi.

14. Februar 1776
Frau Aya: Goethes Mutter.
ohne Diarium: Goethes Tagebuch beginnt erst mit dem 11. März 1776.
Herder: Goethe hatte sich um diese Berufung Herders zum leitenden Geistlichen der Landeskirche sehr bemüht. Herder und seine Familie treffen am 1. Oktober 1776 in Weimar ein.
Louise: die Herzogin Louise.
Herzoginn Mutter: Carl Augusts Mutter, Anna Amalia, der geistige Mittelpunkt des »Weimarer Musenhofs«.
Friz u. alle meine Freunde: Von Fritz Jacobi, Merck und anderen hatte Goethe Geld geliehen.

6. März 1776
Schwärmer: unsichere Lesart, in der Handschrift undeutlich.
ein schön Logis: Bisher hatte Goethe als Gast des Kammerpräsidenten von Kalb gewohnt; im Sommer bezieht er eine Mietwohnung gegenüber dem »Gelben Schloß«, und Ende April erhält er das Gartenhaus im Park an der Ilm von Carl August zum Geschenk.

10. April 1776
ich hasse das Volck: Lili Schönemanns Verwandte; die Brüder planten eine reiche, sie geschäftlich fördernde Ehe. Im Frühsommer 1776 kam es zu einer Verlobung mit einem scheinbar passenden Kandidaten.

Lili Schönemann

14. Dezember 1807
Ihr lieber Brief: vom 21. September 1807, in dem »Ihre Freundin Elise v Türckheim«, wie sie unterschreibt, Goethe ihren Sohn

Karl und dessen Frau empfiehlt. Karl besucht Goethe am 30. September.

die beiden Familien: von Türckheim und die thüringische von Dürckheim.

den andern Angekündigten: Lilis Sohn Wilhelm.

Leiden und Prüfungen: Nach Ausbruch der Französischen Revolution war Lilis Mann zum Maire von Straßburg ernannt worden; 1793 verlor er sein Amt und wurde aus Straßburg verwiesen. Einer erneuten Verhaftung, die die Guillotine bedeutet hätte, entzog er sich, als Holzfäller verkleidet, durch Flucht auf deutsches Gebiet; Lili folgte ihm unter ähnlich abenteuerlichen Umständen mit den Kindern nach. In Erlangen erhielten sie Asyl, bis sie nach Straßburg zurückkehren konnten. Goethe erhielt von Lilis schwierigen Lebensumständen wohl vor allem durch die Schweizer Freundin Barbara Schulthess und seine Mutter Nachricht.

Auguste zu Stolberg

Ca. 18.-30. Januar 1775

keinen Nahmen geben: Goethe wußte zu Beginn seiner Korrespondenz mit Auguste Stolberg nicht, wem er schrieb. Die Adresse des Briefes lautet denn auch: »Der theuern Ungenandten«.

13. Februar 1775

galonirten Rock: mit Borten und Tressen besetzt.

einer niedlichen Blondine: Lili Schönemann.

wer und wo sie sind: Goethe wußte inzwischen, wer die Briefempfängerin war (Augustes Brüder werden es ihm mitgeteilt haben); er hält die Fiktion in diesem Brief noch aufrecht.

7.-10. März 1775

der 6. Merz: der 7. März, ein Dienstag.

einen Bau aufschlagen: Goethe wohnte in Offenbach bei der Familie des Musikers Johann André, wenn er sich auch meist bei Lilis Verwandten aufhielt. Es handelt sich entweder um den Bau einer

Fabrik, an der Lilis Vetter beteiligt war, oder des Bernhard-d'Orvilleschen Schlosses. Beide Bauten wären vom Andréschen Haus zu sehen gewesen.

eine Scene geschrieben: zu »Stella« oder zu »Faust«.

schick ich Ihnen eins geschrieben: »Stella«.

das ausgraben, und seziren: Gleich nach dem Erscheinen des »Werther« setzte eine wahre Flut von Kritiken, Ergänzungen, Lob- und Gegenschriften ein. Mit dem »Berliner ppp Hundezeug« ist die Parodie von Friedrich Nicolai gemeint. In seinen »Freuden des jungen Werthers ...« findet sich die Schlußanekdote von der »Erschießung« Werthers mit einer Pistole, die mit Hühnerblut geladen war.

meine Stube: Federzeichnung auf der unteren Hälfte des Blattes. Auf der Zeichnung seines Frankfurter Zimmers finden sich Staffelei und Notenpult, Mappen, Tischchen, Stuhl und Hocker; die Wand ist vollgehängt mit Blättern.

3. August 1775

Hier!: an Lilis Schreibtisch im Hause d'Orville in Offenbach.

Ich habe geschrieben: Frankfurt, den 25.-31. Juli.

Frizzen ... in seinem Unglück: Friedrich Leopold Stolberg war wie Goethe vor einer Liebesbeziehung geflüchtet. Zu Beginn der gemeinsamen Schweizer Reise erreichte ihn die Nachricht, daß seine Bewerbung endgültig abgelehnt worden war.

Schlacht bey Bergen: Am 13. April 1759 unterlagen bei diesem Dorf die Alliierten unter Ferdinand von Braunschweig den Franzosen unter Marschall Broglie.

dem ungeschickten Turn: der 1415 begonnene, aber erst 1867 nach dem Brand vollendete Turm des Domes.

Besemen: Besen.

Pannier: Reifrock.

Gräfin Bernsdorf: Augustes sechs Jahre ältere Schwester Henriette, verheiratete Bernstorff.

die vier Heumans Kinder: Die vier Gefährten der ersten Schweizer Reise, die Brüder Stolberg, Haugwitz und Goethe, nannten sich – nach der alten Sage »ein schöne und lüstige Histori von den vier Heymonskindern«, die Goethe als Kind aus einem

Volksbuch (1604) kennengelernt hatte – die vier neuen, auf Abenteuer ausziehenden Haimonskinder. Ihre Silhouetten erschienen 1777 im 3. Teil von Lavaters »physiognomischen Fragmenten«.

17.-24. Mai 1776

In meinen Garten: Goethe hatte den Garten mit dem Gartenhaus, den ihm Herzog Carl August geschenkt hatte, am 21. April 1776 bezogen.

Du bist kranck: Zu Beginn des Jahres war Auguste schwer erkrankt.

Husarn Rittmeister: Friedrich von Lichtenberg, Adjutant des Herzogs.

Lustschloss Belvedere: die herzogliche Sommerresidenz, etwa dreiviertel Stunden südlich von Weimar.

ihr Bruder: Ernst Carl Constantin von Schardt.

dem Prinzen: Carl Augusts jüngerer Bruder Constantin.

Philipp: Goethes vertrauter Diener und Faktotum Philipp Seidel (1755-1820), den er aus Frankfurt mitgebracht hatte und der ihm bis 1788 nicht nur diente, sondern auch seinem Haushalt vorstand.

der Mahler Kraus: Der gebürtige Frankfurter Georg Melchior Kraus (1737?-1806) lebte seit Anfang 1775 in Weimar und wurde bald Direktor der neugegründeten Zeichenschule.

Guiberts Tacktick: »Essai général de tactique« des französischen Generals Antoine Hippolyte de Guibert (1772, deutsch 1774).

Tiefurt: ein Dorf etwas außerhalb von Weimar, wo dem Prinzen Constantin kurz zuvor eine eigene Residenz eingerichtet worden war.

Friz wird gute Tage ...: Fritz Stolberg war während seines kurzen Aufenthalts in Weimar im Winter 1775 vom Herzog die Stelle eines Kammerherrn angeboten worden. Er trat die Stelle jedoch nicht an.

Meine Schwester: Es kam nur zu einem einmaligen Briefwechsel zwischen Auguste und Cornelia.

regierende Herzogin: Louise.

das ganze Dorf: Neckeroda.

17. Juli 1777
Todt meiner Schwester: am 8. Juni 1777.
Henrietten: Augustes Schwester.
Christels Frau: Christian Stolberg hatte einen Monat zuvor Louise von Reventlow geheiratet.

17. April 1823
Ihren edlen wackern Bruder: Friedrich Leopold Stolberg, wohl im Brief vom 2. Februar 1789.
tödlichen Krankheit: Vom Februar bis März 1823 war Goethe an einer Herzbeutelentzündung schwer erkrankt.

Charlotte v. Stein

28. Januar 1776
meine Briefe: wohl Briefe an Goethe aus der Vergangenheit, als eine Art Beichte gegenüber Frau von Stein.

12. Februar 1776
Ettersberg: Höhenzug bei Weimar, Jagdrevier des Herzogs Carl August.

25. März 1776
Naumburg: Stadt in Sachsen. Goethe ist unterwegs nach Leipzig (25. März bis 4. April); in der sächsischen Stadt Naumburg erinnert er sich an seine erste Reise dorthin, im Oktober 1765, als künftiger Student.

22.-24. Juli 1776
Hermannstein: ein Felsen (eine Porphyrkuppe) am Nordhang des Kickelhahns, eines der höchsten Berge des Thüringer Waldes, südwestlich der Stadt Ilmenau.

Anfang September 1776?
Der Brief wird zuweilen auch auf den April 1776 datiert.
wie Faden: eine sonst nicht belegte Redensart.

16. Juni 1777

meine Schwester todt: Cornelia war am 8. Juni gestorben. Goethe, der das Wochenende in Kochberg, dem Gut der Familie von Stein, verbracht hatte, vermerkt im Tagebuch: »Früh zurück. Brief des Todts m. Schwester. Dunckler zerissner Tag.«

8. November 1777

Was ist der Mensch: Der volle Wortlaut der Tagebucheintragung vom ersten Jahrestag seiner Ankunft in Weimar lautet: »Was ist der Mensch dass du sein gedenckst und das Menschenkind dass du dich sein annimmst.« Vgl. Psalm 8,5 und 144,3.

4. Dezember 1777

Goethe befindet sich auf seiner ersten Harzreise, allein zu Pferd, vom 29. November bis zum 19. Dezember.

Mein Abenteuer: nicht etwa die Besteigung des Brockens (die fand am 10. Dezember mit dem Förster vom Torfhause statt), sondern sein Besuch bei dem jungen Theologen Plessing in Wernigerode am Abend des 3. Dezember. Goethe versuchte, dem unglücklichen, hypochondrischen Mann einige Ratschläge zur besseren Bewältigung seines Lebens zu geben.

Frühjahr 1778

Das Gedicht, das Goethe nur in seiner zweiten Fassung in die »Schriften« (1789) aufnahm, hatte zum unmittelbaren Anlaß den Tod der Christiane Lassberg, die sich aus Liebeskummer am 16. Januar 1778 in der Ilm ertränkt hatte, nahe bei Goethes Gartenhaus, anscheinend ein Exemplar des »Werther« in der Tasche.

2. März 1779

Vom 28. Februar bis zum 12. März unternahm Goethe eine Dienstreise mit den Stationen Jena, Dornburg, Apolda und Buttstädt.

Dornburg: das Städtchen Dornburg mit den drei Schlössern der Herzöge von Weimar über dem Saaletal in der Nähe von Jena.

im Paradiese: Grünanlagen am Saale-Ufer bei Jena.

Misel: ein Wort, das Goethe aus dem Elsaß mitbrachte und das in der Weimarer Gesellschaft zu einem Modewort zur Bezeichnung hübscher, koketter Frauen wurde. Das Wort leitet sich ab von mûs = Maus, dazu Misel = Mäuschen.

dem Calvinischen Sakrament: Die katholische Kirche lehrt die Transsubstantiation, die Umwandlung von Brot und Wein in den Leib und das Blut Christi, während nach Calvin die Sakramente nur zeichenhafte Bedeutung haben und nur der Glaube des Empfangenden eine geistige Aneignung bewirkt.

Knebeln: Karl Ludwig von Knebel (1744-1834), Offizier in preußischen, dann weimarischen Diensten. Er hatte als Begleiter Carl Augusts und Constantins auf ihrer Reise über Frankfurt und Mainz nach Paris das erste Zusammentreffen Goethes mit dem Erbprinzen vermittelt. In Weimar entwickelte sich bald ein Freundschaftsverhältnis, das trotz kleiner Unstimmigkeiten bis zu Goethes Tod dauerte.

das Stück: »Iphigenie«.

Auslesung: Rekrutenaushebung.

das neue Schloss: das von Carl Augusts Großvater erbaute neue Dornburger Schloß.

6. März 1779

Ehehafften: Ehehaften waren ausreichend echte Gründe zur Befreiung vom Militärdienst.

das Drama ...: »Iphigenie«; die Web- und Strumpfwarenfabrikation, für die Apolda bekannt war, kämpfte mit Absatzschwierigkeiten, und es herrschte große Not.

24.-28. September 1779

ein leichtes Schattenbild: die leicht angetuschte Federzeichnung von Speyer auf der Rückseite des ersten Briefblatts.

Bleystifft Beylage: Der Brief vom 24. ist mit Bleistift geschrieben, der vom 25. mit Tinte.

Domher Beroldingen: Der Domherr war ein bekannter Kunstkenner und Sammler.

Sessenheim: Frau von Stein erfährt erst jetzt über Goethes Verhältnis zu Friederike Brion.

Lili: Lili Schönemann war gerade seit einem Jahr verheiratet und seit kurzem Mutter einer Tochter.
den schönen Grasaffen: ein Wort, das Goethe vor allem für Frau von Steins Kinder, allgemein für junge Frauen und Mädchen, gebrauchte.
L'Infante de Zamora: Komödie in drei Akten von Nicolas Etienne Framery, mit Musik von Giovanni Paësiello.

13. November 1779
Zum zweitenmal bin ich nun …: zum ersten Mal im Juni 1775. Damals, so sieht es Goethe später in der Erinnerung, habe ihn die Liebe zu Lili von einer Reise nach Italien abgehalten, nun halten ihn Charlotte und sein großer Aufgabenbereich in Weimar »vom gelobten Lande« ab.

30. November 1779
Schreibtisch: Frau von Stein war aus Kochberg nach Weimar zurückgekehrt und fand den kunstvollen Schreibtisch vor, den Goethe nach eigenen Entwürfen für sie hatte anfertigen lassen.
in und mit Lavatern: Vom 18. November bis zum 2. Dezember hielten sich die Reisenden in Zürich auf; Goethe wohnte bei Lavater.
Sirocko: Schirokko (scirocco), der warme Südwind, der in den Mittelmeerländern bläst.
Costnizer See: der Konstanzer, also der Bodensee.

6. September 1780
Vom 5. bis 10. Oktober weilte Goethe mit dem Herzog im Thüringer Wald. Am Abend des 8. schrieb er die Verse »Über allen Gipfeln ist Ruh …« an die Wand des Jagdhäuschens auf dem Kickelhahn.
in einer klingernden Sprache: griechisch.
des Städgens: Ilmenau.
das S: S – für den Anfangsbuchstaben ihres Nachnamens –, das Goethe vier Jahre zuvor eingemeißelt hatte.
den hundertköpfigen Gott: der indische Gott Vischnu.
der schönen Frau: der schönen – und geistreichen – Marquise von

Branconi, mit der er auf seiner zweiten Schweizer Reise zusammengetroffen war.

20. Februar 1781

Lessing gestorben: am 15. Februar in Braunschweig, im Alter von 52 Jahren.

12. März 1781

Vom 7. bis zum 14. März waren Goethe und der Herzog zu Gast bei dem Grafen und der Gräfin von Werthern-Neunheiligen; von der Neigung des Herzogs zur Gräfin erhoffte sich Goethe einen ähnlich veredelnden Einfluß, wie er ihn durch die Liebe zu Frau von Stein erfahren hatte.

Die Juden haben Schnüre: die Gebetsriemen oder Tephillin, die beim Morgengebet unter der Woche an Stirn und Arm gebunden werden.

dein holdes Band: ein Geschenk Frau von Steins; so bereits im Brief vom 8. März: »Ich habe das liebe Band im Schreiben um die Hand gebunden ...«

12.-15. Mai 1782

Auf einer zehntägigen Reise (8.-18. Mai) besuchte Goethe, seit einem Monat geadelt, im Auftrag des Herzogs die thüringischen Höfe; bei seinem politischen Auftrag handelte es sich um die Besprechung von Jenaer Universitätsangelegenheiten.

bey beyden Herzogen: die Brüder Carl August und Georg Friedrich von Sachsen-Meiningen, die gemeinschaftlich regierten.

in Kochberg: Frau von Stein hielt sich tatsächlich auf ihrem Gut auf, wo Goethe sie am 18. Mai besuchte, bevor er am 19. wieder in Weimar eintraf.

23. Juli 1782

meinem gestrigen Stück: Goethes Singspiel »Die Fischerin«. Die Aufführung, mit der Vertonung von Corona Schröter (1751-1802) – durch Goethes Vermittlung war die vielseitig begabte, schöne Sängerin 1776 von Leipzig nach Weimar gekommen –, fand am Abend des 22. Juli im Tiefurter Park statt. Dabei war auch die erste Vertonung des »Erlkönigs« zu hören, den Corona Schröter in der Rolle des Dortgen sang.

17.-19. September 1782

So lang ich dich gestern ...: Goethe war am 15. und 16. September in Kochberg gewesen.

in Rudolstadt: Frau von Stein hatte dort die mit ihr befreundete Frau von Lengefeld, die Mutter von Caroline und Charlotte (spätere Frau von Schiller), besucht.

nur die Ackerwand uns trennt: Ende Mai bezog Goethe das Haus am Frauenplan, wo er am 2. Juni zum ersten Mal übernachtete. An der Ackerwand wohnte seit 1777 Frau von Stein, und durch den Gartenausgang seines Hauses konnte Goethe in wenigen Momenten bei ihr sein.

Die Fischerinn ist gespielt: eine Wiederholung zu Ehren des Prinzen August von Gotha, der sich in Weimar aufhielt.

Blanckenhahn: Blankenhain, Städtchen zwischen Weimar und Kochberg.

Michäl: Michael, der 29. September.

17. November 1782

und ging nach deinem Steine: eine Steinplatte, die im Oktober 1782 am Lieblingsplatz der Frau von Stein angebracht worden war mit der Inschrift »Hier gedachte still ein Liebender seiner Geliebten«.

wie Melusine: die schöne Meerfee der Sage, die als Menschfrau von ihrem Mann in ihrer Nixengestalt überrascht wird.

Hufland: Johann Friedrich Hufeland, seit 1765 Geheimer Hofrat und Leibarzt in Weimar.

Schach: Diener im Steinischen Haus in Weimar.

20.-21. September 1783

Am 6. September war Goethe zu seiner zweiten Harzreise aufgebrochen, diesmal nicht allein, sondern von Charlottes jüngstem Sohn, Fritz von Stein (1772-1844), begleitet. Am 6. Oktober kehrt er nach Weimar zurück.

Frl. Stein: Sophie Charlotte von Stein, eine Schwester des Stallmeisters, Hofdame der Herzogin Anna Amalia.

der schönen Frau: die Marquise Branconi, die Goethe auf ihrem Gut Langenstein besucht hatte.

2. Oktober 1783

sehr schöne und gute Sachen: Bei seinem Aufenthalt in Kassel (bis zum 5. Oktober) begegnete Goethe erstmals dem Naturforscher Samuel Thomas Sömmering, dessen Sammlungen er sah.

27. März 1784

eine anatomische Entdeckung: »das os intermaxillare am Menschen!« nämlich, wie Goethe in einem Brief vom gleichen Tag Herder mitteilt. Die Existenz eines solchen Zwischenkieferknochens wurde von führenden Wissenschaftlern, unter anderem auch Sömmering, geleugnet. Für Goethe war die Entdeckung auch insofern wichtig, als er damit ein Argument für die Behauptung der Sonderstellung des Menschen im Verhältnis zum Tierreich widerlegen konnte.

17. Juni 1784

Auf seiner Reise nach Eisenach, wo der Ausschuß der Stände zu Verhandlungen zusammentrat, wurde Goethe wiederum von Fritz von Stein begleitet. Erneut war er nun für mehrere Wochen unterwegs und von Weimar abwesend.

Meine Felsen Spekulationen: Bis in seine letzten Jahre war Goethe an geognostischen, geologischen, mineralogischen und damit verwandten Fragen aktiv interessiert.

Wilhelm: »Wilhelm Meisters theatralische Sendung«.

die Memoires: die »Mémoires« Voltaires. Goethe hatte die »Mémoires« zur Lektüre erhalten und freut sich nun, daß er eines der ersten gedruckten Exemplare (nun mit dem Titel »La vie privée du roi de Prusse«, 1784) Charlotte schicken kann, weil es »so vornehm und mit einem so köstlichen Humor geschrieben« ist.

5. und 6. Oktober 1784

Vom 4. bis zum 15. Oktober war Goethe in Bergwerksangelegenheiten in Ilmenau; Fritz von Stein durfte ihn wieder begleiten.

Wilhelm: Das »5. Buch« von »Wilhelm Meisters theatralischer Sendung« wird am 16. Oktober abgeschlossen.

28. Oktober 1784

daß du so lange aussenbleibst: in Kochberg, wo Frau von Stein sich oft monatelang aufhielt.

Vaterland: seine Vaterstadt, die Goethe öfter als Vaterland bezeichnet.

10. Mai 1785

Die Zeit von Ende April bis Ende Mai 1785 bedeutet für Goethe eine Zeit tiefer Verstimmung. In einem Briefchen an Karl von Knebel vom 5. Mai heißt es: »Behalte mich lieb. Ich flicke an dem Bettlermantel der mir von den Schultern fallen will.« In die Beziehung zu Frau von Stein haben sich Momente der Entfremdung eingeschlichen.

der Ballon: 1783 hatten die Brüder Montgolfier mit ihrem Versuch, durch erwärmte Luft einen Ballon steigen zu lassen, Aufsehen erregt. In Weimar ließ sich der Hofapotheker Buchholz zu eigenen Experimenten anregen, was Goethe interessiert beobachtete.

8. November 1785

das Werck: das Silberbergwerk in der Nähe von Ilmenau, für dessen Wiederbelebung sich Goethe sehr eingesetzt hatte. Mit einer Rede Goethes war der neue Bergbau am 24. Februar 1784 eröffnet worden.

Albertingen: Albertine von Staff, die kurz nach Goethes Ankunft in Weimar als Hofdame nach Karlsruhe gegangen war.

Linnées Botanische Philosophie: Goethe, der sich bald auf die Suche nach der »Urpflanze« machen wird, erobert sich auch die Grundlagen der Botanik; Linnés »Philosophia botanica« (1751) ist ihm eine wichtige Hilfe dabei.

1. September 1786

Iphigenien: die dann in Italien eine gründliche Umarbeitung erfuhr und 1787 unter dem Titel »Iphigenie auf Tauris« im Druck erschien.

das Ende Werthers: Für die zweite Fassung (1787) wurde auch Werthers Tod etwas umgearbeitet.

7. November 1787

Tischbein: Am 29. Oktober war Goethe in Rom eingetroffen, am nächsten Tag zog er in die Wohnung des Malers Tischbein, am Corso Nr. 20, unter dem Namen Philipp Möller, seines Zeichens Maler, ein. Der aus Hessen gebürtige Johann Heinrich Wilhelm Tischbein (1751-1829) wird der Vertrauteste unter Goethes römischen Freunden sein.

13.-14. Dezember 1786

Moritz: Karl Philipp Moritz (1757-1793), Psychologe, Ästhetiker und Romanschriftsteller, später Professor für Altertumskunde in Berlin. Bekannt wurde er vor allem durch seinen autobiographisch-psychologischen Roman »Anton Reiser« (1785/86, der vierte Teil 1790). Vgl. den folgenden Brief.

20.-23. Dezember 1786

die kleine S[chardt]: Frau von Steins Schwägerin.

Oppels: Johann Siegmund von Oppel, Direktor der Landschaftskasse in Weimar.

dein Geburtstag: am 25. Dezember, an dem Frau von Stein vierundvierzig Jahre alt wurde.

29. Dezember 1786

Tischbein malt mich jetzo: das berühmte Bildnis »Goethe in der Campagna« (im August 1787 vollendet, heute im Städelschen Kunstinstitut in Frankfurt a.M.).

Dass Fritz nicht mehr...: Goethe hatte den kleinen Fritz 1783 in sein Haus genommen. Nach Goethes Abreise blieb er, unter der Aufsicht von Philipp Seidel, noch ein halbes Jahr dort; dann zog er wieder zu seinen Eltern.

6. Januar 1787

den ostensiblen Blättern: an den Freundeskreis in Weimar.

einen kolossalen Junokopf: ein Abguß nach dem Kolossalkopf aus Marmor der Juno Ludovisi. Goethe schenkte seinen Abguß bei seiner Abreise der Malerin Angelica Kauffmann; 1823 bekam er wieder einen Abguß geschenkt, der dem Junozimmer im Goethehaus in Weimar den Namen gab.

1. Juni 1787

Brief, den du mir zurückließest: Frau von Stein war am 5. Mai nach Bad Ems gereist. Auf dem Weg dorthin hatte sie in Frankfurt Goethes Mutter besucht.

dem Erbprinzen: Carl Friedrich von Sachsen-Weimar (1783-1853), Carl Augusts ältester Sohn. In Gesellschaft des Erbprinzen weilte Goethe, zusammen mit Herders zweitem Sohn August (1776-1838) und dem Erzieher des Erbprinzen, vom 20. Mai bis zum 7. Juni in Belvedere, südlich von Weimar.

mal à mon aise gesetzt: soviel wie: »so dass ich mich unbehaglich, fehl am Platz fühlte«.

8. Juni 1789

des Herzogs äußeres Verhältnis: Carl August war nicht nur für den Fürstenbund politisch tätig geworden, er hatte 1787 auch eine militärische Laufbahn in preußischen Diensten begonnen, zunächst als preußischer Generalmajor, seit Dezember 1787 als Chef des 6. Preußischen Kürassierregiments.

12. August 1805

Als Schiller am 9. Mai 1805 starb, bedeutete dies einen tiefen Einschnitt in Goethes Leben. Selbst noch nicht wieder gesund, reist Goethe mit Christiane am 2. Juli zur Kur nach Lauchstädt.

ein Teil meiner Karawane: Christiane reiste in Begleitung von Friedrich Wilhelm Riemer, damals Hauslehrer von Goethes Sohn, nach Weimar zurück; Goethe selbst reist mit August nach Halle.

die Glocke ...: Am 10. August fand in Lauchstädt eine Gedenkfeier für Schiller statt. Dabei wurde Schillers »Lied von der Glocke« vom Hoftheater Weimar szenisch aufgeführt; Goethes »Epilog« zur »Glocke« wurde bei der gleichen Aufführung gesprochen.

Apprehension: eigentlich »Besorgnis«, bei Goethe Ausdruck für ein Gefühl der Lebensangst, das ihn immer wieder – vor allem beim Tod geliebter Menschen – ergreift.

Zelter: Carl Friedrich Zelter (1758-1832); ursprünglich Baumeister in Berlin, dann Musiker, Komponist, seit 1800 Leiter der Singakademie, 1808 Gründer der Liedertafel, 1809 Professor für Musik an der Akademie für Künste. Zelter wurde zu einem der vertrautesten Freunde des alten Goethe, und der Briefwechsel zwischen ihnen ist das reiche, auch themenreiche Dokument einer ungetrübten Freundschaft.

10. August 1807

Seit dem 28. Mai befindet sich Goethe in Karlsbad.

kleine romantische Erzählungen: Bereits diktiert hatte Goethe »Die neue Melusine«, »Die gefährliche Wette«, »Der Mann von funfzig Jahren«; ein Schema zur »Pilgernden Thörin« wird entworfen.

Müllerschen Vorlesungen: Manuskript der »Vorlesungen über dramatische Poesie« des politischen und philosophischen Publizisten Adam Heinrich Müller.

29. August 1826

Am Vortag hatte Charlotte von Stein ihrem alten Freund einen innig-herzlichen Glückwunsch zum Geburtstag geschickt. Das Gedicht, am 16. August geschrieben, dann gedruckt, als Dank für die Aufmerksamkeiten, die man ihm zu seinem Geburtstag erwiesen hatte. Frau von Stein bekommt auch ein solches Exemplar, begleitet von eigenhändig geschriebenen Zeilen des Verfassers. Es sind die letzten Zeilen, die Goethe an sie gerichtet hat; Frau von Stein stirbt vier Monate später.

Christiane von Goethe

17. August 1792

Judenkrämchen: mundartlich für Geschenksendung, die oft beim Handelsjuden auf der Messe gekauft wurde. Ebenso in den beiden folgenden Briefen.

10. September 1792

In Paris: Nach Paris gelangte Goethe nicht: »Der Krieg geht nicht nach Wunsch« (an Christiane, 10. Oktober 1797); die alliierte Armee befand sich bereits auf dem Rückzug.

15. August 1797

Palmyra: Goethe hatte am 13. August die Aufführung der Oper »Palmira, Prinzessin von Persien« von Antonio Salieri gesehen.

daß der Säbel, den ich mitbringe: Irrtum des Schreibers statt: daß ich den Säbel mitbringe.

11.-12. September 1797

bei Herrn Cotta: vom 7. bis 16. September. Johann Friedrich Cotta (1764-1832) wurde später zum alleinigen Verleger von Goethes Werken.

Geheimerat Voigt: Christian Gottlob von Voigt (1744-1819); wie Goethe Minister unter Herzog Carl August. Die beiden Amtskollegen achteten und vertrauten einander und wurden zu Freunden.

Herr Eisert: Der junge August von Eisert war der Lehrer von Goethes Sohn.

12.-14. Juli 1803

Kaufgelder: Goethe hatte 1798 das Freigut Ober-Rossla bei Apolda als Landsitz erworben; im Sommer 1803 verkaufte er es wieder.

Dlle Probst: Mit der Demoiselle Probst ist Wilhelmine Probst, eine Bekannte Christianes aus Weimar, gemeint.

Herr Hofrat: Schiller; Christiane spricht immer freundlich von ihm, Schiller von ihr allerdings nicht.

einen lieben Boten: August.

Silien: Silie, Kurzname einer Schauspielerin in Weimar.

Wörlitz: Der Park des fürstlichen Lustschlosses bei Dessau, 1768-1802 für den Fürsten von Anhalt-Dessau geschaffen, wurde als Sehenswürdigkeit der Gartenbaukunst bewundert. Goethe hatte die Anlagen mehrmals besucht und war von ihnen sehr beeindruckt; die Reise Christianes kam nicht zustande.

2. Juli 1808

Äugelchen: Das Wort gilt als Lieblingsausdruck in Goethes Haus- und Familiensprache und bedeutet bald die Tätigkeit des »Liebäugelns«, bald die Person, mit der man liebäugelt. Verschiedenste Abstufungen von »Äugeln« sind möglich – vom liebevollen Schauen bis zum handfesten Flirt.

Frau von Staël: Die französische Schriftstellerin (1766-1817) hielt sich Mitte Juni abermals in Weimar auf; einem Treffen in Dresden, das im Mai hätte stattfinden sollen, war Goethe ausgewichen.

Thibaut ... Voss: Anton Friedrich Justus Thibaut und Johann Heinrich Voß, der Jüngere, beide seit 1806 Professoren in Heidelberg, Jurist der eine, Philologe der andere.

das Singechor ... Kirms: Goethes »kleine Singschule« oder »Hauskapelle« bestand aus einer Sängergruppe von Mitgliedern des Weimarer Hoftheaters, die sich donnerstags bei ihm trafen, um zumeist geistliche Lieder oder Partien aus Oratorien und Messen einzustudieren. Am folgenden Sonntag traten sie vor geladenen Gästen in einem Hauskonzert auf. Diese Aktivitäten sind für die Jahre 1807 bis 1814 bezeugt. Der Weimarer Musiker Karl Eberwein hatte ab 1809 die Leitung. – Die Schauspielerin Beata Elsermann gehörte zum Theaterensemble und war mit Christiane befreundet; Hofkammerrat Franz Kirms war seit 1791 an der Leitung des Theaters beteiligt und Goethes rechte Hand in dieser Sache.

Mariannchen: Marianne von Eybenberg (gest. 1812). Die gebürtige Berlinerin zählte zu Goethes Bewunderern und verbreitete seinen Ruhm in den Salons von Wien, wo sie wohnte. Sie war eine der angenehmen, geistreichen Erscheinungen, mit denen Goethe während seiner Badeaufenthalte gerne umging.

16. Oktober 1808

Sartorius: Georg Sartorius (1765-1828), Professor der Geschichte und Staatswissenschaft in Göttingen, mit ausgeprägtem Interesse für die politischen Probleme der Gegenwart; mit Goethe freundschaftlich verbunden.

den guten August: August war an der Ruhr erkrankt.

Herrn Schmidt: wohl der Schauspieler Joseph Schmidt (geb. 1753), der dafür gesorgt haben dürfte, daß Christiane in Frankfurt Theateraufführungen besuchen konnte. Die Frankfurter Schauspieltruppe interessierte sich für Goethes Bühnenbearbeitung der erwähnten Stücke.

15. September 1809

deiner schönen Begleiterin: Caroline Ulrich (1790-1855), Christianes Gesellschafterin, die später Riemers Frau wurde. So wie Goethe in seiner zweiten Lebenshälfte Schriftliches in den meisten Fällen diktierte und nur wenige Briefe von eigener Hand schrieb, so gebrauchte Christiane für ihre Briefe nun die hübsche junge Caroline als ihren »Sekretär«.

Bändchen: »Wahlverwandtschaften«, Erster Teil. Der Brief mag hier als Beispiel dafür stehen, daß Christiane am dichterischen Werk ihres Mannes durchaus Anteil nahm: als lebenskluger Mensch von praktischer Auffassung und unverstellter Denkart.

30. März 1810

Meine Arbeiten: »Farbenlehre«.

sein heidelbergischer Aufenthalt: August hatte das Heidelberger Klima schlecht vertragen und studierte seit dem Herbst 1809 in Jena.

etwas Kümmeltürkisches: etwas Spießerhaftes, Philisterhaftes.

Frau von Knebel: Luise, geb. Rudorff, seit 1798 mit Karl von Knebel verheiratet, zuvor Kammersängerin.

deinen hübschen Sekretär: Caroline Ulrich.

23. Juli 1813

John: Ernst Karl Christian John (1788-1856), Dr. jur., Goethes Sekretär von 1812 bis 1814; nicht zu verwechseln mit dem »berühmten« Johann August Friedrich John (1794-1854), Goethes Sekretär und Schreiber (neben anderen) bis ans Lebensende des Dichters. John war ernsthaft erkrankt, so daß Goethe auf seine »adoptive rechte Hand« verzichten mußte.

Heinrichen: Augusts Diener Heinrich.

dämperich: saumselig, bummlig.

die genesenden Kinder: August, der, ebenso wie Caroline Ulrich, an Masern erkrankt war.

meine Arbeit: »Dichtung und Wahrheit«.

Dienemann: Johann Heinrich Dienemann, 1813-1816 Goethes Kutscher, in Karlsbad auch sein Diener.

26. August 1813

Das Gedicht – wir kennen es unter dem Titel »Gefunden« – erschien im Erstdruck in der Werkausgabe von 1815. Die spätere Fassung unterscheidet sich von der ersten, eigenhändig mit Bleistift geschriebenen wesentlich nur in der fünften Strophe, in welcher der Ich-und-du-, der biographische Bezug weniger betont erscheint:

Und pflanzt es wieder
Am stillen Ort;
Nun zweigt es immer
Und blüht so fort.

29. Juli 1814

Fritz Frommann: Der Buchdrucker und Verleger Karl Friedrich Ernst Frommann (1765-1837), mit Goethe zunächst geschäftlich, dann auch freundschaftlich verbunden, war im August 1806 in Frankfurt eingetroffen, als die Proklamation des Rheinbundes mit Feuerwerk und festlicher Beleuchtung gefeiert wurde.

König von Preußen: Friedrich Wilhelm III.

Carlen: Goethes Diener Carl Stadelmann (1814-1815 und 1817-1824 in seinen Diensten).

Schlossers: Frau Schöff – Rebekka Elisabeth Schlosser, gen. Margareta, mit Goethes Schwager Johann Georg Schlosser ihrerseits verschwägert; besonders mit Christian (1782-1829), dem jüngeren ihrer beiden Söhne, der den romantischen Strömungen sehr nahestand, kam Goethe lange Zeit gut aus.

Willemer: Johann Jakob von Willemer.

Mühle: Gerbermühle. Vgl. die Briefe an Marianne von Willemer.

Riesen: Johann Jakob Riese, Goethes ältester Jugendfreund, der ihn dann am 11. August in Wiesbaden besucht.

Schwalbacher Wasser: das Mineralwasser, das Goethe während seiner Kur trank; der »Himmelstrank« sollte auch Christiane zugute kommen.

24. Mai 1815

Die Nachschrift dürfte vor allem für August von Goethe bestimmt gewesen sein, der von seinem Vater das Interesse für Steine, besonders auch Versteinerungen wie die erwähnten Ammoniten und Pektiniten (das sind Kammuscheln), geerbt hatte.

27. September 1815

Boisserée: Sulpiz Boisserée (1783-1854), Kunstgelehrter und Sammler aus Köln. Boisserée, der die Vollendung des Kölner Doms veranlaßte, brachte Goethe ein liebevolleres Verständnis der mittelalterlichen Kunst bei, so daß er auch den künstlerischen Bestrebungen der jüngeren Romantik näherkam. Seit 1810 in brieflichem Kontakt mit Goethe, aus dem ein tiefer, lebenslanger Briefwechsel erwuchs, begegnete er Goethe 1811 zum ersten Mal und bewog den Dichter wohl auch, die Rheingegend zu besuchen. Boisserée war als Goethes Begleiter sein Freund und Vertrauter in diesen Wochen.

gnädigsten Herrschaften: Ludwig I. von Hessen-Darmstadt.

Paulus: Heinrich Eberhard Gottlob Paulus (1761-1851), protestantischer Theologe und Orientalist, seit 1811 Professor in Heidelberg. 1815 lernt Goethe bei ihm Arabisch.

Fr. Städel: Rosine Städel, Tochter Johann Jakob von Willemers aus erster Ehe.

Fr. v. Heygendorf: Caroline Henriette Friederike, geb. Jagemann (1777-1848), Schauspielerin und Sängerin, 1797-1828 am Weimarer Hoftheater, Geliebte des Herzogs Carl August, 1809 als Frau von Heygendorf geadelt.

Gr. Herzog: Carl August war seit dem Frühjahr 1815 Großherzog.

v. Bülow: wohl August von Goethes Studienkollege Heinrich Freiherr von Bülow.

Ulinen: Caroline Riemer, geb. Ulrich.

Kieser: Dietrich Georg Kieser; der Arzt hatte Caroline Ulrich nahegestanden, die allerdings im November 1814 Riemer geheiratet hatte.

Herr von Stein: Heinrich Friedrich Karl Reichsfreiherr vom und zum Stein (1757-1831). In seiner Begleitung unternahm Goethe im Juli 1815 die Reise von Nassau nach Köln, wo der Kölner Dom besucht wurde; der Aufsatz »Über Kunst und Altertum in den Rhein- und Maingegenden« verdankt sich zum Teil Steins Anregungen.

Riemers: das Ehepaar Riemer.

Kreiter: Friedrich Theodor David Kräuter (1790-1856), Schreiber Goethes, ab 1818 sein Privatsekretär.

Herr v. Gerning: Johann Isaak von Gerning (1767-1837), Kaufmann, Schriftsteller, Homburgischer Geschäftsträger in Frankfurt, Besitzer vielseitiger Kunstsammlungen.

Catharina Elisabeth Goethe

6. November 1776

Frau Aya: Goethes Mutter. Frau Aja heißt die Mutter der Haimonskinder, deren Geschichte auch im Hause Goethes gelesen worden war; nachweisbar seit 1774 wird Goethes Mutter im Familien- und engeren Freundeskreis öfter so genannt, und auch sich selbst bezeichnet sie mit diesem Namen.

Freund Bölling: Johann Caspar Bölling, Spezerei- und Farbwarenhändler in Frankfurt, mit Goethes Eltern befreundet.

die Expedition der letzten Session: die Akten der Conseilsitzung vom Vortag. Goethe war am 11. Juni in weimarischen Staatsdienst getreten und zum Geheimen Legationsrat mit Sitz und Stimme im Geheimen Conseil ernannt worden.

ein klein Blümlein vergiss mein nicht: der Einakter »Die Geschwister«, den Goethe eben beendet hatte.

niemand solls abschreiben: Die Ermahnung zur Diskretion richtet sich wohl vor allem an Johanna Fahlmer, die mit den Herausgebern der »Iris« (einer Vierteljahresschrift für Frauen, begründet von Wilhelm Heinse und Johann Georg Jacobi) freundschaftlich verbunden war.

28. Juni 1777

Goethe hat die Nachricht vom Tod seiner Schwester zwölf (!) Tage, bevor er sich zu diesem Brief aufraffte, erhalten. Freilich wußte er, daß seine Mutter Freunde um sich hatte (zumindest in Gedanken), die sie besser trösten konnten als er, der nie direkt auf eine tiefe Leiderfahrung reagieren kann.

des Vaters Gesundheit: Goethes Vater war den ganzen vorhergehenden Winter krank gewesen.

die Zeichnung von Krausen: unklar, welche Zeichnung von Georg Melchior Kraus hier gemeint sein könnte.

16. November 1777

die seltsame Nachricht: von der Verlobung Johann Georg Schlossers mit Johanna Fahlmer, fünf Monate nach Cornelias Tod.

Stuarts Finanz System von Lenzen: das 1769 auch auf deutsch erschienene Buch des englischen Nationalökonomen John Stuart. Goethe hatte die »Untersuchung der Grundsätze der Staatswirtschaft« von seinem früheren Freund Jakob Michael Reinhold Lenz entliehen; nun befand sich Lenz' Buch bei Schlosser in Emmendingen.

seine Schrifft über die Gesezgebung: Schlossers im gleichen Jahr erschienene Schrift »Vorschlag und Versuch einer Verbesserung des deutschen bürgerlichen Rechts ohne Abschaffung des römischen Gesetzbuches«.

Petern: Peter im Baumgarten (1765-179?), Hirtenknabe aus dem Berner Oberland, Schützling des Barons von Lindau. Mit Lindau war Goethe auf seiner ersten Schweizer Reise in freundschaftliche Beziehungen getreten. Nach Lindaus Tod (1776) übernahm Goethe die Aufgabe, für Peters Erziehung zu sorgen. Seit einem Vierteljahr lebte dieser in Weimar.

Meine Zahn und Backenwirthschafft: Goethe litt immer wieder unter Zahnproblemen.

9. August 1779

Die zunächst geheimgehaltene Schweizer Reise, zu der man am 12. September aufbrach, bedeutete das erste Wiedersehen mit den Eltern. Vom 18. bis 22. September waren Goethe, der wenige Wochen zuvor zum Geheimen Rat ernannt worden war, der Herzog und dessen Jugendfreund von Wedel zu Gast im Elternhaus des Dichters.

da an den Bergen Samariä ...: vgl. Jer. 31,5. Die entsprechende Bibelstelle hatte Goethes Mutter einst, als ihr aus Leipzig heimgekehrter Sohn schwer erkrankt war, Trost gespendet, so daß ihr der Spruch lieb wurde. Goethe wußte das.

dass der Vater die so sehnlich ... Goethes Vater konnte, krank, wie er schon lange war, die Erfolge seines Sohnes nicht genießen. Etwa einen Monat vor dem angekündigten Besuch dürfte er einen ersten Schlaganfall erlitten haben.

Mitte August 1779

das Peckin: das Peking-Zimmer, das Mittelzimmer im ersten Stock, das mit chinesischem Seidenstoff tapeziert war.

Lavor: Waschbecken.

11. August 1781

Der Devin du Village: die Operette »Le devin du village« (1752) von Rousseau. Am Abend des 12. August habe Corona Schröter »Rosseaus Lieder gesungen«, vermeldet das Tagebuch Goethes.

mit Melchiors Schrift: Melchior von Grimm, den Goethe persönlich kannte, schrieb seit 1753 gemeinsam mit Diderot und anderen literarischen Bulletins für mehrere deutsche Fürsten. Die hier genannte Schrift nimmt Bezug auf Rousseaus Operette.

Merk: Johann Heinrich Merck. Goethes Mutter hatte in ihrem Brief vom 17.-19. Juni, den ihr Sohn hier beantwortet, von einem Besuch Mercks berichtet, welcher gesagt hatte, »das dortige Infame Clima« sei Goethe »gewiss nicht zuträglich«.

dem gegenwärtigen Zustande des Vaters: Über den Vater, der im Oktober 1780 einen zweiten Schlaganfall erlitten hatte, hatte die Mutter in ihrem Juni-Brief geschrieben: »Der Vater ist ein armer Mann Cörpperliche Kräffte noch so zimmlich – aber am Geiste sehr schwach – im übrigen so zimmlich zufrieden, nur wan Ihn die langeweile plagt – dann ists gar Fatal ...« Wenige Wochen später schwinden die Geisteskräfte ganz; am 25. Mai 1782 hat das Dahinvegetieren ein Ende.

4. November 1786

eine Art Inkognito: unter dem Namen Philipp Möller, Beruf: Maler, was den Kaiserlichen Gesandten beim Heiligen Stuhl aber nicht hinderte, Goethe durch seinen deutschen Sekretär überwachen zu lassen.

die ich von Jugend auf in Kupfer sah: die Kupferstiche mit Ansichten Roms in Goethes Elternhaus.

Schreiben Sie mir bald: was Goethes Mutter am 17. November mit großer Freude, ihren Sohn in der Stadt seiner Sehnsucht zu wissen, tat. Der Brief, den dieser am sechsten Tag nach seiner Ankunft in Rom schrieb, traf am 16. November in Frankfurt ein.

1. Februar 1801

mit eigner Hand: Auch die Briefe an seine Mutter pflegte Goethe sonst zu diktieren.

Das Übel: In der ersten Hälfte des Januars 1801 machte Goethe eine lebensgefährliche Krankheit durch, vielleicht eine Gesichtsrose, vielleicht eine Entzündung von Schädelknochen, die ihn auf Monate hinaus zum Rekonvaleszenten machte und nicht ohne Folgen für die kommenden Jahre blieb.

die Affiche des Tancred: Im Juli 1800 hatte Goethe mit der Übersetzung von Voltaires Tragödie »Tancrède« (1759) begonnen. Das Stück erschien 1802 bei Cotta in Tübingen.

6. Mai 1805

So wie sich Goethes erstem »Ziehkind«, Fritz von Stein, als Dreizehnjährigem der Wunsch erfüllte, Goethes Mutter zu besuchen und Frankfurt zu sehen, durfte der legitim-illegitime fünfzehnjährige Sohn August einen Monat – den April des Jahres 1805 – bei seiner begeisterten Großmutter verbringen.

Caroline Herder

3. Dezember 1784

Bußtagsmäßiger: Der erste Freitag im Dezember war Bußtag in Weimar.

das Knochenwerk: Goethes Abhandlung »Versuch aus der vergleichenden Knochenlehre, dass der Zwischenknochen der obern Kinnlade dem Menschen mit den übrigen Tieren gemein sei«, die er im Anschluß an seine Entdeckung des Zwischenkieferknochens (März 1784) geschrieben hatte.

Übersetzung: Goethe wollte seine Abhandlung dem berühmten holländischen Anatomen Petrus Camper schicken und hatte, in der irrigen Annahme, dieser verstehe kein Deutsch, seine Arbeit ins Lateinische, die Sprache der Gelehrten, übersetzen lassen.

4. Mai 1790

Epigrammen: die »Venetianischen Epigramme«, zu denen auch das in der zweiten Hälfte des Briefes eingefügte gehört. Am 4. Mai gab es bereits hundert solcher Epigramme. Sie erschienen – ohne Namen des Verfassers – in Schillers »Musenalmanach auf das Jahr 1796«.

Der alte Zucchi: Ein Schwager der Malerin Angelika Kaufmann, der als Gelehrter in Venedig lebte.

Götze: Johann Georg Paul Goetze, Diener Goethes von 1777-1795.

Knebels Lage: Karl Ludwig von Knebel, dem der Alltag sowieso nicht leicht fiel, war mit seiner Lage unzufrieden und hatte die Absicht, die weimarischen Lande zu verlassen.

August: der zweitälteste Sohn des Ehepaars Herder.

Meyer: Johann Heinrich Meyer, den Goethe in Rom kennengelernt hatte. Ende 1791 folgt er Goethes Ruf nach Weimar.

Bury: Der Porträtmaler Friedrich Bury war in Rom Goethes Hausgenosse gewesen.

28. Mai 1790

Sutor: Goethes in Weimar zurückgebliebener Diener Christoph Erhard Sutor, der von 1776-1795 in seinen Diensten stand.

11. September 1790

des Königs: Friedrich Wilhelm II. von Preußen.

vis centripeta ... vis centrifuga: Zentripetal- und Zentrifugalkraft.

Der neue Ankömmling: der am 21. August geborene Rinaldo, das letzte Kind des Ehepaars Herder.

7. Juni 1793

dem zweiten Teile: das zweite Bändchen von Herders »Briefen zur Beförderung der Humanität« (beide 1793). Goethe hatte den

Auftrag, die beiden Bücher dem Herzog, der sie verlangt hatte, zu überreichen.

dem letzten Überfall: ein Ausfall der Franzosen in der Nacht vom 30. auf den 31. Mai.

General Kalckreuth: der Oberbefehlshaber der Belagerungsarmee.

Bürgergeneral: Das einaktige Lustspiel, das Goethe im April rasch geschrieben hatte, war am 2. Mai in Weimar aufgeführt worden. Die eigentliche Revolutionsproblematik wird darin kaum berührt.

den Propheten: Lavater, der sich auf einer Reise nach Kopenhagen befand und von dem Caroline Herder in ihrem Brief an Goethe geschrieben hatte, daß er am 31. Mai Weimar passiert habe. Goethe stand schon seit einem Jahrzehnt nicht mehr in freundschaftlichem Kontakt mit Lavater.

Dagegen hat aber auch Kant ...: im ersten Stück der im Frühjahr 1793 erschienenen Schrift »Die Religion innerhalb der Grenzen der bloßen Vernunft«, das den Titel trägt »Von der Einwohnung des bösen Prinzips neben dem guten, d. i. vom radikalen Bösen in der menschlichen Natur«.

Die Obelisken und Asterisken an Reineke: die kritischen Zeichen Herders im Manuskript des »Reineke Fuchs«, der im folgenden Jahr im Druck erscheint.

30. Oktober 1795

Punktation: Im Frühjahr 1789, als Herder einen Ruf nach Göttingen bekommen hatte und sich überlegte, Weimar zu verlassen, hatte der Herzog Goethe die Niederschrift eines Vorvertrags zugestellt, worin es unter Punkt 6 heißt: »Will ich für die Kosten des Studierens seiner Kinder u. für deren Unterkommen sorgen.«

Kinder: Die im Brief namentlich erwähnten Kinder sind die drei ältesten Söhne des Ehepaars Herder, nämlich Gottfried (1774-1806), der Medizin studierte und ab 1796 als Arzt in Weimar lebt, August (1776-1838), später Bergamtsassessor und Oberberghauptmann, und Adelbert (1779-1857), später Ökonom.

Charlotte v. Schiller

25. Juli 1795

Neun Jahre liegen zwischen dem letzten Karlsbader Aufenthalt, von wo er nach Italien aufgebrochen war, und dem jetzigen, der vom 4. Juli bis zum 8. August dauerte und Goethes quälende Nierensteinkoliken lindern sollte.

gute und liebenswürdige Menschen: nämlich besonders Frauen, »Äugelchen die Menge«, mit denen es »manchen Spaß« gibt, wie Goethe am 15. Juli an seine Frau geschrieben hatte – Friederike Brun, Rahel Levin, Marianne Meyer (spätere von Eybenberg) und andere.

18. April 1798

Brief von Humboldt: von Wilhelm von Humboldt (1767-1835) aus Paris, Anfang April 1798, dessen Freundschaft mit Schillers älteren Datums ist als die zwischen ihm und Goethe.

Faust: Zur Wiederaufnahme seines »Faust« hatte Schiller Goethe schon im Vorjahr gedrängt.

bei Ifflands Hiersein: Das zweite Gastspiel des berühmten Schauspielers und Theaterdirektors August Wilhelm Iffland (1759-1814) aus Mannheim dauerte vom 24. April bis zum 4. Mai.

das Roßlaer Gut: Goethe hatte das Gut bei Apolda erst vor kurzem, am 8. März 1798, gekauft.

Professor Thouret: Hofbaumeister aus Stuttgart, der 1798 den Schloßbau in Weimar leitete.

des Kaisers Asverus: Mit dem Hofgerichtsadvokaten, Universitätssyndikus und Gerichtsdirektor Asverus in Jena – der zum Scherz wohl auch Kaiser Asverus genannt wurde – hatte Goethe hin und wieder zu tun.

August grüßt Karln: Goethes Sohn grüßt den viereinhalbjährigen Karl, den ältesten Sohn des Ehepaars Schiller.

Richter: Johann Paul Friedrich Richter alias Jean Paul (1763-1825), der dann im Oktober definitiv nach Weimar übersiedelte.

12. Juni 1805

Schiller war am 9. Mai gestorben. Am 1. Juni, als Goethe von seiner eigenen schweren Erkrankung wieder einigermaßen hergestellt war, hatte er an seinen Freund Zelter geschrieben, mit Schiller habe er »einen Freund und in demselben die Hälfte meines Daseins« verloren.

27. April 1810

Tyrannen: vgl. Schillers im Juni 1797 geschriebene Ballade »Der Taucher«.

Gedichte: wie etwa »Das Tagebuch«, in dem der »Erzähler« zu seiner Frau unterwegs ist, aufgehalten wird, in seiner Liebessehnsucht Ersatz sucht bei dem Mädchen, das ihn im Wirtshaus, wo er übernachten muß, bedient, und wo ihn seine Potenz im Stich läßt, weil die Liebe zu seiner Frau sich nicht verdrängen läßt.

5. Mai 1810

Kaum darf ich hoffen ...: Goethe hielt sich nur ganz kurz in Weimar auf, bevor er am 16. Mai in die böhmischen Bäder aufbrach.

Frau von Humboldt: Wilhelm von Humboldts Frau Caroline, geb. von Dacheröden, Charlotte von Schillers Jugendfreundin, die aus Italien zurückkehrte.

mit dem alten Wilhelm: Der Altersroman »Wilhelm Meisters Wanderjahre« wurde erst später beendet und erschien im Jahr 1821.

wieder eine von der ersten Sorte: das »nußbraune Mädchen« der »Wanderjahre«; das »wieder« spielt auf die Ottilie der im Jahr vorher erschienenen »Wahlverwandtschaften« an.

29. September 1829

Das mir geneigtest anvertraute Manuskript: Caroline von Wolzogen hatte Goethe das Manuskript zu ihrem Buch »Schillers Leben, verfaßt aus den Erinnerungen der Familie, seinen eigenen Briefen und den Nachrichten seines Freundes Körner« zur Durchsicht geschickt; es erscheint 1830 in zwei Bänden. Goethe hatte einen Teil des von ihm durchgesehenen Manuskripts drei

Monate zuvor bereits zurückgeschickt. Mitte September hatte Caroline von Wolzogen noch einige Ergänzungen nachgeliefert, vor allem aber als Einleitung ein Porträt Schillers, dessen Verfasserin sie selbst war.

Meyern: Johann Heinrich Meyer.

Silvie v. Ziegesar

22. Juli 1808

Wie ich herüber gekommen: nämlich von Franzensbad (Franzensbrunn) zurück nach Karlsbad. Um neun Uhr abends war Goethe zur Rückreise in das etwa vierzig Kilometer entfernte Karlsbad aufgebrochen, wo er um sechs Uhr morgens eintraf und nun dem nach Franzensbad zurückkehrenden Postillon einen Brief an Silvie mitgibt.

ein armseliges Büschelchen: ein Büschelchen von Goethes eigenen Haaren als Gegengabe für Silvies Haarlocke, die er tags zuvor bekommen hatte.

in die Ferne wirkt: Goethe spielt auf seine im gleichen Jahr entstandene Ballade »Wirkung in die Ferne« an.

21. September 1808

freundlichen Tale: Goethe war auf dem Rückweg aus den böhmischen Bädern am 15. September in Drakendorf gewesen. Am gleichen Tag traf er in Jena mit seiner Frau zusammen, am 17. fuhren sie gemeinsam nach Weimar. Dort erwartete ihn die Nachricht, daß seine Mutter am 13. September gestorben war.

15. Oktober 1808

Vgl. den Brief an Christiane von Goethe vom 16. Oktober 1808. Goethe hatte am 14. Oktober das Ritterkreuz der Ehrenlegion erhalten, am 15. wurde er mit dem Sankt-Annen-Orden ausgezeichnet, am Mittag sind der berühmte französische Schauspieler Talma und Frau bei Goethe zu Gast, welche im luxuriösen Gefolge Napoleons mitreisen.

nächste Woche: Goethe war vom 20. bis zum 23. Oktober in Drakendorf.

Bettina Brentano

9. Januar 1808

Ihre Schachtel: Bettinas Weihnachtspaket, das am 3. Januar eingetroffen war, wie Goethe im Tagebuch vermerkt.

die artigen Balgenden: Putten in Elfenbeinschnitzereien auf dem zuvor erwähnten Besteck.

die gute Mutter: Goethes Mutter.

Der lieben Meline Mützchen: Bettinas um drei Jahre jüngere Schwester Meline (Magdalena) war bei Bettinas zweitem Besuch in Weimar, im November 1807, auch einige Tage dabeigewesen. Meline war eine ausgesprochene, madonnenhafte Schönheit, so daß das Mützchen, das sie Christiane zu Weihnachten schenkte, ihr wohl auch besonders gut gestanden hat.

Herrn Stollens Attention: ein von dem Wiener Schriftsteller Joseph Ludwig Stoll radiertes Blättchen, das Goethe mit einer handschriftlichen Widmung im Namen des Österreichers an Bettina gesandt hatte.

wieder was zu übersetzen: nämlich Motive und Wendungen aus Bettinas Briefen in die gebundene Rede von Sonetten, eine lyrische Form, mit der sich Goethe besonders im Winter 1807/1808 dichtend beschäftigte. Angeregt von Bettinas Brief von Ende November/Anfang Dezember 1807, waren bereits vier mit diesem in Zusammenhang stehende Sonette entstanden; zwei (oder drei) davon hatte Goethe ihr inzwischen geschickt.

22. Februar 1809

Damals schickte ich . . .: den etwas umfangreichen Brief vom 22. Juni 1808 aus Karlsbad an die »vortreffliche kleine Freundin«, die damals noch mit Sie angeredet wurde.

dein Andenken von München: Bettina hatte im Herbst 1808 ihren Wohnsitz für einige Zeit nach München verlegt.

Herr von Humboldt: Wilhelm von Humboldt war Bettina auf seiner Rückreise aus Italien im November 1808 begegnet, und im November und Dezember war er mehrere Tage zu Besuch bei Goethe in Weimar, einen halben Monat dann im Januar 1809.

Architekt von Kassel: Daniel Engelhard, der sich vom Spätherbst des Vorjahres bis Ende Januar in Weimar aufhielt und das Urbild zum jungen Architekten in den »Wahlverwandtschaften« abgab.
Gichtbrüchige und Lahme: Damit ist in erster Linie Ludwig Tieck gemeint, der im Herbst 1808 nach München gekommen war und durch sein schweres Gichtleiden zwei Jahre dort festgehalten wurde. Unter anderem las Bettina dem Kranken vor.

25. Oktober 1810
deine lieben Blätter: nicht erhalten.
meine Bekenntnisse: Es handelt sich hier um die erste ausdrückliche Erwähnung der geplanten Autobiographie in einem Brief Goethes.

11. Januar 1811
was du gelobest: Bettina hatte Goethe von ihrer Verlobung mit Achim von Arnim, am 4. Dezember 1810, geschrieben.
mit Zeltern: Bettina hatte, seit sie in Berlin wohnte, auch Umgang mit Goethes nicht nur musikalischem Freund Zelter. Da sie sich in ihrer Musikauffassung romantischer Prägung an Beethoven orientierte, sah sie in Zelter lange Zeit nur einen Philister.
guten Sachen: Notenabschriften.
musikalische Anstalt: die »kleine Singschule« oder »Hauskapelle«, die damals ins fünfte Jahr ging.
Achille: Melodramma eroico des italienischen Komponisten Ferdinando Paer (1771-1839).
Brizzi: der italienische Operntenor Antonio Brizzi.
Evangelium iuventutis: In drei Novemberbriefen hatte Bettina ausführlich über Goethes Jugend berichtet.

Ottilie v. Goethe

21. Juni 1818
Der Brief ist eine unmittelbare Antwort auf den um einiges umfangreicheren seiner Schwiegertochter vom 20. Juni.

das Schwesterchen: Ottilies jüngere Schwester, Ulrike von Pogwisch (1804-1875), die im Sommer aus Frankreich zurückkehren sollte.

die Sibyllen: Freundeskreis um Ottilie und ihre Mutter, ein Pendant zum »Musenkaffee« der jungen Frauen und vertrautesten Freundinnen Ottilies.

in der östlichen Luft: des »Westöstlichen Divan«, der sich im Druck befand, so daß bereits einige Bogen vorlagen.

die fünf Stanzen: »Urworte. Orphisch«, im Vorjahr entstanden, am 19. Juni an Ottilie geschickt, worin Goethe vom hoffnungsvoll die Welt durchdringenden Leben spricht. Ottilie will diesem Werk gleich einen Platz in ihrem »Hausaltar« von Gedichten einräumen.

der unglücklichen vierzehn Tage: seiner fiebrigen Erkältung.

der Kleine: Walther, der am 9. April zur Welt gekommen war.

die liebe Mutter: Ottilies Mutter, Henriette von Pogwisch.

12. Juni 1820

Ulriken: Ulrike von Pogwisch, auch in den folgenden Briefen.

nicht in mobilen Zuständen: vielleicht mit Bezug auf Ottilies Schwangerschaft. Am 18. September wird ihr zweiter Sohn, Wolfgang, geboren.

Die Wirtin des Fürstenkellers: Der Fürstenkeller war ein Gasthof in Jena.

Poesien, frisch ...: wohl einige der im dritten Heft »Über Kunst und Altertum« abgedruckten Gedichte, das im Herbst erscheinen sollte.

20. Juni 1820

Am Paradiese: dem Park am Ufer der Saale in Jena.

19. August 1820

Tieck und Rauch: die Bildhauer Christian Friedrich Tieck (1776-1851), Bruder des Dichters Ludwig Tieck, und Christian Daniel Rauch (1777-1857). Sie besuchen Goethe vom 16. bis zum 22. August und modellieren ihre A-tempo-Büsten. Tieck hatte bereits früher (1801) eine Goethe-Büste geschaffen, Rauch schuf später (1828-29) die Statuette »Goethe im Hausrock«.

Schultz und Schinkel: Staatsrat Christoph Ludwig Friedrich Schultz (1781-1834) und der Architekt und Maler Karl Friedrich Schinkel (1781-1841), die zusammen mit den beiden Bildhauern zu Goethe nach Jena gekommen waren. Schultz gehört zu den wichtigsten Briefpartnern des alten Goethe; Schinkel, dessen Arbeiten er schätzte, hatte die Pläne des Berliner Theaters mitgebracht – zur Eröffnung des Neuen Schauspielhauses 1821 wird Goethe einen »Prolog« schreiben.

4. August 1823

deines Königs: Friedrich Wilhelm III. von Preußen; geborene Preußin ist auch Ottilie.

Rehbein: Wilhelm Rehbein (1776-1825), seit 1816 Hofarzt in Weimar und Hausarzt der Familie Goethe.

ein Fünftes: eine (junge) Frau nämlich, in diesem Fall Ulrike von Levetzow. Zu den genaueren momentanen Lebens- und Liebesumständen Goethes vergleiche die Briefe an Ulrike von Levetzow.

Polin: die polnische Klaviervirtuosin Maria Szymanowska (1795-1831).

Des Großherzogs ... v. Helldorf: der Großherzog (»Fürst«) Carl August; Herzog von Leuchtenberg – Eugène Vicomte de Beauharnais, Stiefsohn Napoleons, Ex-Vizekönig von Italien, Herzog von Leuchtenberg und Fürst von Eichstädt; Graf St. Leu – Louis Bonaparte, Bruder Napoleons, Exkönig von Holland; v. Helldorf – der weimarische Kammerherr Carl Heinrich Anton von Helldorf.

eine Verlobung: Der Arzt Rehbein verlobte sich in Marienbad und heiratete wenig später in vierter Ehe Catty von Gravenegg in Eger.

Ulriken: v. Pogwisch – v. Levetzow.

18. und 19. August 1823

Dein Schreiben: vom 6. August, so daß Ottilie also noch nicht auf den Ulriken-verdächtigen Brief vom 4. antworten konnte.

Lord Byrons Abschied: Dem Schreiben Ottilies lag ein Brief von Lord Byron (1788-1824) bei, worin er sich für Goethes Gedicht »An Lord Byron« bedankt. Goethe hatte es am 22. Juni geschrieben, am 22. Juli erhielt es Byron aus der Hand seines jungen Freundes Sterling, der seinen Antwortbrief vom gleichen Tag nach Weimar zurückbrachte. Byron brach gerade von Livorno nach Griechenland auf, um am Befreiungskampf gegen die Türken teilzunehmen. Der englische Dichter, den Goethe sehr schätzte, starb ein dreiviertel Jahr später in Missolunhgi.

Sterling: Charles James Sterling (1804-1880), Sohn des englischen Konsuls in Genua, hatte Goethe Ende Mai in Weimar besucht und ihm Grüße seines Freundes Byron übermittelt.

ein Drittes oder Viertes: Die Anspielung auf eine neue Person, die den häuslichen Kreis erweitert, bezieht sich ebenso auf Sterling, der bei seinem Aufenthalt in Weimar besonders zu Ottilie in ein freundschaftliches Verhältnis getreten war, wie auf Ulrike v. Levetzow als mögliche neue Frau an Goethes Seite.

Madame Milder: Anna Pauline Milder-Hauptmann, Opernsängerin in Berlin.

Hummel: Johann Nepomuk Hummel (1778-1837), der seit 1819 als Hofkapellmeister in Weimar lebte, war ebenso wie Maria Szymanowska ein ausgezeichneter Klaviervirtuose.

Rat Grüner: der Magistrats- und Polizeirat Joseph Sebastian Grüner (1780-1864) in Eger, dessen Gesellschaft und Kenntnisse in Mineralogie Goethe während seiner Badeaufenthalte sehr schätzte.

pis aller: Notlösung, (Not-)Behelf.

18. Januar 1824

als wenn du da wärst: Ottilie war für mehrere Wochen nach Berlin gereist.

meines neuen Heftes: »Kunst und Altertum«.

Verfasser des Paria: Michael Beer (1800-1833), dramatischer Dichter, Bruder des Komponisten Meyerbeer. Sein Trauerspiel »Der Paria« war 1823 erschienen.

Hermann und Dorothea: »Hermann und Dorothea. Idyllisches Familiengemälde in vier Akten« nach Goethes Gedicht von Carl Friedrich Gustav Töpfer (1792-1871), im Oktober 1823 am Berliner Schauspielhaus zur Erstaufführung gebracht.

mein Berliner Theaterfreund: Moritz Graf von Brühl, Generalintendant der Königlichen Schauspiele und Königlichen Museen in Berlin.

ein Freund: Johann Peter Eckermann (1792-1854), der 1823 nach Weimar gekommen war.

die Frau Großmama: Ottilies Mutter.

deinem teuren Wirte: Georg Heinrich Ludwig Nicolovius (1767-1839), der inzwischen verwitwete Mann von Goethes ältester Nichte, seit 1808 Geheimer Oberregierungsrat und Staatsrat in Berlin. August und Ottilie hatten, im Gegensatz zu Goethe, dem seine Mutter seine »Unonklichkeit« vorhielt, die Beziehungen zu den Schlosserschen Nachkommen und ihren Familien wieder enger geknüpft.

Ulrike v. Levetzow

9. Januar 1823

Ihr holder Brief: nicht erhalten.

neuerworbener Freund: Kaspar Maria Graf von Sternberg (1761-1838), mit dessen botanischen und paläontologischen Studien Goethe seit 1820 vertraut war. Der Dichter hatte den Böhmen am 11. Juli 1822 in Marienbad persönlich kennengelernt und war über diese Bekanntschaft sehr glücklich.

9. September 1823

von Eger abzugehen: am 11. September.

Amelien: Amalie (Amélie) v. Levetzow (1806-1832), Frau v. Levetzows zweite Tochter aus erster Ehe.

den letzten Abend: den 4. September, den Goethe mit der Familie v. Levetzow verbrachte. Im Tagebuch vermerkt er: »Jugendeinzelheiten der Töchter. Amelie erschien dabei sehr verständig. Die Mängel ihrer Pensionslehrerin hervorhebend.«

Bertha: Frau v. Levetzows Tochter aus zweiter Ehe, ihre Jüngste (1808-1884).

Dem Grafen Taufkirchen: Näheres nicht bekannt. Er war gleichzeitig mit Goethe im Juli 1813 in Teplitz und im September 1823 in Karlsbad.

10. September 1823

Aus der Ferne: das sechste der an Ulrike gerichteten Gedichte. Um die Distanz zwischen Eger und Karlsbad zu überwinden, war immerhin eine mehrstündige Reise nötig, da die Orte rund vierzig Kilometer voneinander entfernt sind.

Füllhorn seiner Sendung: Als Goethe am 25. August, von Eger kommend, in Karlsbad eintraf, »war gerade ein Wagen mit Früchten und sonstigen Victualien von Graf Klebelsberg angelangt. Köstliche Feigen und Aprikosen vorgesetzt.« (Tagebucheintrag vom 25. August)

Groß-Papa: Friedrich Leberecht von Brösigke, Ulrikes Großvater, der das »Klebelsbergsche Hotel« führte, das Graf von Klebelsberg erbaut hatte. Goethe hatte bei seinen ersten beiden Aufenthalten in Marienbad dort logiert.

das Halbdutzend: Der Brief bestand aus sechs Einzelblättchen, alle umrandet und mit Goldschnitt.

die köstliche Tasse, das holde Glas: die Geburtstagsgeschenke der Levetzows.

29. August 1827

Sogleich nach Empfang ...: Frau von Levetzows Brief, dem sich Grußworte ihrer Töchter Ulrike und Bertha anschließen, war am 28. August in Karlsbad geschrieben worden und, laut Goethes Tagebuch, am 2. September in Weimar eingetroffen. Goethe hat seinen Antwortbrief, der am 9. September abgeschickt wurde, also beträchtlich vordatiert – unabsichtlich oder absichtsvoll.

die duftenden ... Kristallisationen: Anspielung auf ein aus böhmischen Mineralien und Wiener Schokolade gemischtes Geschenk mit Versen Goethes aus dem Jahr 1822.

Die sonst so genannte liebe Kleine: Bertha von Levetzow.

Der neckischen Mittleren: Amélie hatte am 20. Februar 1827 geheiratet.

Beigehendes: das gedruckte Blatt mit dem Bericht über den Besuch König Ludwigs I. von Bayern zu Goethes achtundsiebzigstem Geburtstag, eine Art Danksagungscommuniqué. Der alte Goethe sah sich mehrmals in der Situation, auf diese Art auf die große Anteilnahme an seinen Jubiläen zu reagieren.

Marianne v. Willemer

27. September 1815

Anna Rosina Magdalena, genannt Rosette (1782-1845), ist Jakob Willemers Tochter aus erster Ehe. Nach dem frühen Tod ihres Mannes – Johann Martin Städel starb 1802 – war sie wieder in ihr Elternhaus zurückgekehrt. Mit Marianne, die nur zweieinhalb Jahre jünger war, verband sie eine enge Freundschaft – dieser Brief ist also zugleich an Marianne gerichtet.

Wo war das Pergament ...: die beiden Schlußverse des Gedichts »Ja, in der Schenke hab ich auch gesessen ...«, des ersten im späteren »Schenkenbuch« des »Divan«.

Nachdem uns denn die Freunde ...: Am Morgen des 26. September hatten Willemer, Marianne und Rosine Städel Heidelberg verlassen, wo sie Goethe, der bereits am 20. dort eingetroffen war, für drei Tage besucht hatten.

Dr. Nägele: der Professor der Medizin und Direktor der Entbindungsanstalt in Heidelberg Franz Karl Nägele.

mit grundgelehrten Leuten: neben Nägele unter anderen der protestantische Theologe und Orientalist Paulus und Hofrat Creuzer, Professor der Philologie und alten Geschichte und besonders Mythenforscher. Mit Creuzer führte Goethe damals ein Gespräch über Symboldeutung und Doppelsinn.

jenes bekannte wunderliche Blatt: Ging(k)o biloba, des zweilappigen japanischen Fächerblattbaumes. Das in diesen Tagen entstandene Gedicht »Gingo biloba« steht als zwölftes im »Buch Suleika« des »Divan«.

27. Oktober 1815

Unter dem Titel »Abglanz« als fünftletztes Gedicht ins »Buch Suleika« aufgenommen, mit kaum merklichen Änderungen.

Spiegel: das »Buch Suleika«, die aus der Liebe zu Marianne erwachsenen Gedichte.

Im stillen Witwerhaus: Die Trennung von Marianne kommt einer »Verwitwung« gleich.

26. März 1819

Der verehrte Freund: Jakob Willemer. Er hatte Goethe überraschend am 25. März in Weimar besucht. Willemer befand sich auf der Durchreise nach Berlin. Dort wollte er beim König um Gnade für den Gegner seines beim Duell gefallenen Sohnes Brami (1796-1818, Willemers einzigen Sohns aus zweiter Ehe) bitten, der zu zwanzig Jahren Festungshaft verurteilt worden war.

Fragmente: Druckbogen des »Divan«, der in diesem Jahr erscheint.

26. Juli 1819

ein Wort von mir: Der Brief ist eine unmittelbare Antwort auf den Brief Mariannes vom 19. Juli aus Baden (Baden-Baden), die sich vom 9. Juli bis Mitte August dort zur Kur aufhielt. Marianne hatte um »einige Zeilen« gebeten, die Goethe sogleich schickt, dieses einzige Mal sie mit Du anredend.

der Rückkehrende vermied: Willemer kam auf seiner Rückreise von Berlin nicht wieder bei Goethe vorbei.

Hudhud: der Wiedehopf, der Liebesbote zwischen Salomon und der Königin Balkis von Saba, wie es in der orientalischen Sage heißt und der schon im Koran erwähnt wird. In dieser Bedeutung führte Goethe Hudhud in seine »Divan«-Gedichte ein, zum ersten Mal in »Gruß« (entstanden im Mai 1815), im »Buch der Liebe«. In ihrem Brief vom 19. Juli hatte Marianne von Hudhud gesprochen.

Eja! wären wir da!: die Schlußworte der letzten Strophe des mittelalterlichen, lateinisch-deutschen Weihnachtsliedes »In dulci jubilo«/»Nun singet und seid froh!«

28. August 1821

Die Datierung dieses »Sendeblattes« stimmt nicht mit der Wirklichkeit überein. Die Geschenksendung Mariannes, ein Paar Hosenträger, die sie selbst bestickt hatte, ist vom 25. August datiert. Goethe war an ebendiesem Tag von Marienbad nach Eger abgereist, hatte seinen Geburtstag auf Schloß Hartenberg verbracht, war nach Eger zurückgekehrt und von da nach Jena gefahren, wohin ihm unter anderen Geburtstagsgeschenken auch die Hosenträger geschickt wurden, wie Hans-J. Weitz berichtet, der das Blatt auf den 5. Oktober 1821 datiert. »Marienbad. Am 28. August 1821« steht also Marianne zuliebe.

einem Prälaten: Goethe hatte den Abt des Prämonstratenser-Stiftes Tepl und Begründer des Bades Marienbad am 21. August in Tepl besucht.

9. September 1823

Goethes Brief, zwei Tage vor seiner Abreise aus Böhmen geschrieben, umreißt die Zeit der Rekonvaleszenz von seiner Krankheit im Februar 1823 bis zum Ende seines letzten Kuraufenthalts, die Neigung zu Ulrike v. Levetzow nur nicht namentlich erwähnend. Einzelheiten dazu: vgl. die Briefe an Ottilie v. Goethe und an Ulrike v. Levetzow.

mit wissenschaftlichen Männern: Gemeint sind vor allem der Botaniker und Naturphilosoph Nees von Esenbeck und d'Alton, Professor der Archäologie und Kunstgeschichte und Verfasser einer »Vergleichenden Osteologie«, der erste seit 1819, der zweite seit 1818 Professor in Bonn.

mein Wandnachbar: im August und September 1810.

kenntnisreiche Männer: etwa Polizeirat Grüner in Eger, Chorherr und Gymnasialprofessor Zauper in Pilsen, der Bade- und Brunnenarzt Heidler in Marienbad.

9. Mai 1824

meine wunderliche Sendung: Unter dem – bedeutsamen – Datum des 18. Oktober hatte Goethe im Herbst 1823 Marianne ein Exemplar von Eckermanns eben erschienenem Büchlein »Beyträge zur Poesie mit besonderer Hinweisung auf Goethe« geschickt, die von einem Vers und dazu passenden Zweigen begleitet waren und an das gemeinsame dichterische Zwiegespräch erinnerten. Marianne hatte am 24. März 1824 geantwortet.

S. 279: Das Blatt mit den Verszeilen vom 18. Oktober trug oben den Vermerk »zu Seite 279«. Eckermann führt Suleikas Lied an den Westwind (»Ach! um deine feuchten Schwingen ...«) als eine der »Musterstellen« von Goethes »poetischem Verfahren« an – natürlich ohne zu wissen, daß Marianne-Suleika seine Autorin ist.

Belvedere: Zu Schloß Belvedere bei Weimar gehörte eine reiche Orangerie mit bedeutenden Gewächshäusern.

das hübsche Bild: des Römerbergs in Frankfurt.

die Hauptstelle: Willemers Wohnung, das »Haus zum Rothen Männchen«.

der Herr Burgemeister: Rosine Städels zweiter Mann, der Senator Thomas, mit dem sie seit 1819 verheiratet war. Thomas war für das Jahr 1824 zum (jüngeren) Bürgermeister gewählt worden.

wie zu jener Zeit: eine Antwort auf Mariannes Brief, als man einander unverhofft im Gedränge der Frankfurter Messe 1815 begegnet war. Marianne hatte damals einen lustigen »Sonnenmondorden« (wohl aus Pappmaché) für Goethe mitgebracht.

Ihr liebes Blatt: nicht bekannt.

15. November 1826

Mit größter Wahrscheinlichkeit wurde das Gedicht mit einem Blatt des Bryophyllum calycinum gesandt. Goethe, der sich eingehend mit dieser, auf ihren Blättern Brutknospen bildenden Pflanze beschäftigte, nannte das Bryophyllum eine »pantheistische Pflanze, das Urbild der Morphologie«.

23. Oktober 1828

die lieben Reisenden: Willemer und seine Frau waren von Anfang August bis September in Südtirol, in der Schweiz und an den oberitalienischen Seen gewesen und über Schaffhausen, Freiburg i. Br. und Heidelberg zurückgereist.

Vollmond: Nach dem Tod des Großherzogs Carl August am 14. Juni 1828 hatte sich Goethe nach Dornburg zurückgezogen und dort im südlichen der drei Schlösser, die nördlich von Jena hoch über der Saale liegen, vom 7. Juli bis zum 11. September gewohnt. Beim Vollmond aneinander zu denken, hatten sich Goethe und Marianne bei ihrem Abschied zehn Jahre früher versprochen. In Mariannes Antwortbrief zeigt sich, daß auch sie an das Versprechen gedacht hat und an jenem Tag Freiburg und das Freiburger Münster im Mondlicht glänzen sah. – Die heute gängige Druckfassung des Gedichts weist eine Änderung in der vorletzten Zeile auf.

12. Januar 1829

Goethes Brief ist die Antwort auf Mariannes ausführliches Schreiben vom 2. November 1828, dem Willemer unter dem Titel »Ein schöner Traum« eine kurze Nachschrift anfügte, die eine hübsche Vorstellung von einer gemeinsamen Reise mit Goethe gibt.

14. April 1830

Goethe hatte sich in einem seiner früheren Briefe nach dem einst geschickten Bryophyllum erkundigt. Marianne hatte die Pflanze zum Überwintern in ein Gewächshaus gegeben und nicht wieder zurückbekommen. Ihre Bitte nach einem neuen Blatt erfüllt Goethe nun und schickt gleich mehrere, wieder begleitet von Versen.

7. Juni 1831

Fäßchen Honig: Veltliner Honig, den Marianne im Februar geschickt hatte.

Der verständige gute Eckermann ...: Im März hatte Goethe die beiden Schlußbände der »Ausgabe letzter Hand« (40 Bände, 1827-1830) erhalten. In seinem Testament hatte Goethe Johann Peter Eckermann und Friedrich Wilhelm Riemer dazu bestimmt, den Abschluß der »Ausgabe letzter Hand« zu bewerkstelligen, die so – bis 1842 – auf sechzig Bände anwuchs.

mit heiterer Jugend: Das dürfte sich auf Mariannes Enkel, die Nachkommen ihres Mannes aus erster Ehe, beziehen.

die dritte Bank: die Bank der Handwerkszünfte.

Einen solchen Kalender wünscht ich ...: zur Arbeit am Vierten Teil von »Dichtung und Wahrheit«, die Goethe nach einer Unterbrechung von fünf Jahren am 9. November 1830 wiederaufgenommen hatte. – Goethes Großvater Johann Wolfgang Textor war von 1747 bis 1770 Schultheiß der Freien Reichsstadt Frankfurt gewesen. Rosines Sohn, der elfjährige Jakob Thomas, konnte Goethes Wunsch erfüllen.

10. Februar 1832

Ein solches Paket: vgl. den folgenden »Brief«.

Kleinen Römerberg: Vor Mariannes Wohnhaus war ein neuer Platz entstanden, dessen Gesamteindruck jedoch durch eine Brandmauer beeinträchtigt wurde

29. Februar 1832
Drei Wochen vor Goethes Tod gehen Mariannes eigene Briefe an den Freund in einem versiegelten Paket an sie zurück, begleitet von dem im Jahr zuvor entstandenen Gedicht. Einen Tag nach dessen Entstehung hatte Goethe im Tagebuch geschrieben: »Briefe gesondert und verbrannt. Die aufzubewahrenden eingesiegelt.«

Quellenvermerk

Nachweis der in den Titeln verwendeten Zitate:

Cornelia Schlosser:
Brief von Cornelia Schlosser an Caroline Herder, 13. Dezember 1773.

Käthchen Schönkopf:
Brief von Johann Adam Horn an Karl Ludwig Moors vom 3. Oktober 1766.

Friederike Oeser:
Briefgedicht Goethes an Friederike Oeser, 6. November 1768.

Susanna Catharina von Klettenberg:
Brief von Johann Caspar Lavater an Goethe, 14. Mai 1774.

Friederike Brion:
Aus Goethes Gedicht »Es schlug mein Herz ...«, wohl im Frühjahr 1771 entstanden.

Sophie von La Roche:
Brief von Sophie von La Roche an Christoph Martin Wieland, 9. Juni 1784.

Charlotte Kestner:
Brief Goethes an Johann Christian Kestner, 15. September 1773.

Johanna Fahlmer:
Brief Goethes an Johanna Fahlmer, etwa Ostermesse 1775.

Lili Schönemann:
Lili über ihr Verhältnis zu Goethe, referiert in einem Brief an diesen von Henriette von Beaulieu-Marconnay, geborene von Egloffstein, 3. Dezember 1830.

Auguste Gräfin zu Stolberg:
Brief von Auguste Stolberg an Goethe, 9. Dezember 1775.

Charlotte v. Stein:
Brief Goethes an Charlotte v. Stein, 6. April 1782.

Christiane v. Goethe:
Brief Christianes an Goethe, 22. Februar 1797.

Catharina Elisabeth Goethe:
Brief von Elisabeth Goethe an ihren Sohn, 27. Oktober 1807.

Caroline Herder:
Brief von Caroline Herder an ihren Mann, 20. April 1789.

Charlotte v. Schiller:
Brief Charlotte von Schillers an Goethe, 14. Dezember 1803.

Silvie v. Ziegesar:
Brief von Caroline Sartorius an Unbekannt, 27./28. Oktober 1808.

Bettina Brentano:
Brief von Bettina Brentano an Goethe, 28. November 1810.

Ottilie v. Goethe:
George Henry Calvert über seinen Besuch bei Goethe in Weimar, Ende März 1825, aufgezeichnet in seinem Buch »First Years in Europe« (1866).

Ulrike v. Levetzow:
Aus Goethes »Marienbader Elegie«, September 1823.

Marianne v. Willemer:
Brief von Marianne v. Willemer an Goethe, 16. Februar 1831.

Editorische Notiz

Für die vorliegende Auswahl von Briefen an Frauen wurden vor allem die beiden leicht erreichbaren Werkausgaben mit den entsprechenden Brief- und Ergänzungsbänden benutzt, nämlich die Hamburger Ausgabe und die Artemis-Gedenkausgabe. Beiden liegen die äußerst umfangreiche Briefsammlung der Weimarer Ausgabe und die (zum Teil kritischen) Ausgaben einzelner Korrespondenzen, zugrunde, die auch für unsere Auswahl konsultiert und in Einzelfällen berücksichtigt wurden. Die Darstellung folgt dem üblichen Gebrauch. Bei den meist eigenhändigen Briefen der frühen Jahre wurden Orthographie und Zeichensetzung bewahrt, wie sie überliefert sind; die späteren erscheinen in heutiger Schreibweise, lediglich die sparsamere Kommasetzung wurde beibehalten. In einigen wenigen Fällen stehen aufgelöste Abkürzungen oder einzelne ergänzte Wörter in eckigen Klammern. Wo die Datierung eines Briefes nicht von Goethe selbst stammt, wird das durch Kursivsetzung der entsprechenden Datums- oder Ortsangabe hervorgehoben.

Zu dieser Ausgabe

insel taschenbuch 2150: Das vorliegende Taschenbuch folgt der Ausgabe »Lieber Engel, ich bin ganz dein«. Aus Goethes Briefen an Frauen. Herausgegeben von Angelika Maass. Deutsche Verlags-Anstalt, Stuttgart 1996.

54/1/5.98

Johann Wolfgang Goethe im Insel Verlag

Gedichte 1. Mit 31 Illustrationen von Ernst Barlach. IB 1144

Gedichte 2. Mit 15 Illustrationen von Max Liebermann. IB 1145

Gedichte 3. Mit 19 Illustrationen von Hans Meid. IB 1146

Gedichte 4. Mit 20 Illustrationen von Karl Walser. IB 1147

Gedichte in einem Band. Herausgegeben von Heinz Nicolai. Leinen

Gedichte in Handschriften. Fünfzig Gedichte Goethes. Ausgewählt und erläutert von Karl Eibl. it 2175

Goethe für Gestreßte. Ausgewählte Texte. Herausgegeben von Walter Hinck. it 1900

Goethes Gedanken über Musik. Eine Sammlung aus seinen Werken, Briefen, Gesprächen und Tagebüchern. Herausgegeben von Hedwig Walwei-Wiegelmann. Mit achtundvierzig Abbildungen, erläutert von Hartmut Schmidt. it 800

Goethes Liebesgedichte. Herausgegeben von Hans Gerhard Gräf. Mit einem Nachwort von Emil Staiger. Leinen, Leder und it 275

Goethes schönste Gedichte. Herausgegeben von Jochen Schmidt. IB 1013

Hermann und Dorothea. Mit Aufsätzen von August Wilhelm Schlegel, Wilhelm von Humboldt, Georg Wilhelm Friedrich Hegel und Hermann Hettner. Mit zehn Kupfern von Catel. it 225

Hier schicke ich einen Traum. Fünfzig Geschenk- und Stammbuchblätter gezeichnet von Johann Wolfgang Goethe. Faksimile im Lichtdruck. Herausgegeben und kommentiert von Gerhard Femmel. Kassette

»Ich bin so guter Dinge«. Goethe für Kinder. Ausgewählt von Peter Härtling. Illustriert von Hans Traxler. Halbleinen

Italienische Reise. Mit vierzig Zeichnungen des Autors. Herausgegeben und mit einem Nachwort versehen von Christoph Michel. it 175 und it 2289

Tagebuch der Italienischen Reise 1786. Notizen und Briefe aus Italien. Mit Skizzen und Zeichnungen des Autors. Herausgegeben und erläutert von Christoph Michel. it 176

Die Kunst des Lebens. Aus seinen Werken, Briefen und Gesprächen zusammengestellt von Katharina Mommsen unter Mitwirkung von Elke Richter. it 2300

Das Leben, es ist gut. 100 Gedichte. Ausgewählt von Siegfried Unseld. it 2000

Die Leiden des jungen Werther. Bibliothek deutscher Erst- und Frühausgaben in originalgetreuen Wiedergaben. Herausgegeben von Bernhard Zeller. Leder

54/2/5.98

Johann Wolfgang Goethe im Insel Verlag

Die Leiden des jungen Werther. Mit einem Essay von Georg Lukács. Nachwort von Jörn Göres. Mit zeitgenössischen Illustrationen von Daniel Nikolaus Chodowiecki und anderen. Leinen, it 25 und it 2284

Lektüre für Augenblicke. Gedanken aus seinen Büchern, Briefen und Gesprächen. Auswahl und Nachwort von Gerhart Baumann. Pappband und it 1750

Märchen. Der neue Paris. Die neue Melusine. Das Märchen. Herausgegeben und erläutert von Katharina Mommsen. it 825 und it 2287

Der Mann von fünfzig Jahren. Mit einem Nachwort von Adolf Muschg. it 850

Maximen und Reflexionen. Text der Ausgabe von 1907 mit den Erläuterungen und der Einleitung Max Heckers. Nachwort von Isabella Kuhn. it 200

Mit Goethe durch den Garten. Ein Abc für Gartenfreunde, aufgeblättert von Claudia Schmölders. Mit Bildern von Hans Traxler. it 1211

Mit Goethe durch den Garten. Ein Abc für Gartenfreunde, aufgeblättert von Claudia Schmölders. it 1812

Novellen. Herausgegeben und mit einem Nachwort versehen von Katharina Mommsen. Mit Federzeichnungen von Max Liebermann. it 425

Pandora. Ein Festspiel. Illustriert von Johannes Grützke. Einmalige numerierte Auflage in tausend Exemplaren. Leinen im Schuber

Reineke Fuchs. Mit Stahlstichen nach Zeichnungen von Wilhelm Kaulbach. it 125

Das Römische Carneval. Mit den farbigen Figurinen von 1789. Mit einem Nachwort von Isabella Kuhn. IB 1155

Römische Elegien. Faksimile der Handschrift und Transkription. Mit einem Nachwort von Horst Rüdiger. IB 1010

Römische Elegien und Venezianische Epigramme. Herausgegeben von Regine Otto. it 1150

Sämtliche Balladen und Romanzen in zeitlicher Folge. Herausgegeben von Karl Eibl. it 1275

Skizzen zu einer Schilderung Winckelmanns. Mit einem Nachwort von Jochen Golz. Mit zahlreichen Abbildungen. IB 1149

Die Tafeln zur Farbenlehre und deren Erklärungen. Mit einem Nachwort von Jürgen Teller. Mit siebzehn Abbildungen. IB 1140

Venezianische Epigramme. Eigenhändige Niederschriften, Transkriptionen und Kommentar. Herausgegeben von Jochen Golz und Rosalinde Gothe. Leinen

54/3/5.98

Johann Wolfgang Goethe
im Insel Verlag

Vermischte Gedichte. Faksimile. Mit einem Kommentarband, herausgegeben von Karl-Heinz Hahn. 2 Bde. Pappband

Verweile doch. Gedichte mit Interpretationen. Herausgegeben von Marcel Reich-Ranicki. Leinen und it 1775

Die Wahlverwandtschaften. Ein Roman. Erläuterungen von Hans-J. Weitz. Mit einem Essay von Walter Benjamin. Leinen, Leder, it 1 und it 2285

West-östlicher Divan. Zwei Bände. I. Faksimile der Handschriften. II. Kommentar. Herausgegeben von Katharina Mommsen. Numerierte und auf 1000 Exemplare limitierte Auflage. Leinen im Schmuckschuber

West-östlicher Divan. Herausgegeben und erläutert von Hans-J. Weitz. Mit Essays zum ›Divan‹ von Hugo von Hofmannsthal, Oskar Loerke und Karl Krolow. Leinen, it 75 und it 2282

Wilhelm Meisters Lehrjahre. Herausgegeben von Erich Schmidt. Mit sechs Kupferstichen von Catel, sieben Musikbeispielen und Anmerkungen. Leinen, it 475 und it 2286

Wilhelm Meisters Wanderjahre oder die Entsagenden. Mit einem Nachwort von Adolf Muschg. Leinen, Leder und it 575

Übersetzungen

Rameaus Neffe. Ein Dialog von Denis Diderot. Übersetzt von Goethe. Zweisprachige Ausgabe. Mit Zeichnungen von Antoine Watteau und einem Nachwort von Horst Günther. it 1675

Briefe und Gespräche

Behalte mich ja lieb! Christianes und Goethes Ehebriefe. Auswahl und Nachwort von Sigrid Damm. Mit einem Frontispiz. IB 1190

Der Briefwechsel zwischen Schiller und Goethe. Herausgegeben von Emil Staiger. Leinen

Der Briefwechsel zwischen Schiller und Goethe. 2 Bde. Herausgegeben von Emil Staiger. Mit Illustrationen. Bildkommentar von Hans-Georg Dewitz. it 250

Geschichte meines Herzens. Briefe an Behrisch. Herausgegeben und mit einem Anhang versehen von Wilhelm Große. IB 1189

Goethes Briefe aus dem Elternhaus. Herausgegeben und mit drei Essays eingeleitet von Ernst Beutler. it 1850

Goethes Ehe in Briefen. Der Briefwechsel zwischen Goethe und Christiane Vulpius 1792-1816. Herausgegeben von Hans Gerhard Gräf. it 1625

54/4/5.98

Johann Wolfgang Goethe
im Insel Verlag

Lieber Engel, ich bin ganz dein. Goethes schönste Briefe an Frauen. Herausgegeben von Angelika Maass. Mit zahlreichen Abbildungen. it 2150

Sollst mir ewig Suleika heißen. Briefwechsel mit Marianne und Johann Jakob Willemer. Herausgegeben von Hans-J. Weitz. it 1475

Zu Goethe

Beutler, Ernst. Essays um Goethe. it 1575

Goethe. Sein Leben in Texten und Bildern. Vorwort von Adolf Muschg. Herausgegeben von Christoph Michel. Gestaltet von Willy Fleckhaus. Leinen, kartoniert und it 1000

Goethe. Seine äußere Erscheinung. Literarische und künstlerische Dokumente seiner Zeitgenossen. Zusammengetragen von Emil Schaeffer. Überprüft und ergänzt von Jörn Göres. it 2275

Bei Goethe zu Gast. Besuche in Weimar. Herausgegeben von Werner Völker. Mit zahlreichen Abbildungen. it 1725

Die Erotica und Priapea aus den Kunstsammlungen Johann Wolfgang Goethes. Herausgegeben und erläutert von Gerhard Femmel und Christoph Michel. Limitierte Ausgabe. Mit Abbildungen. Leinen

Die Erotica und Priapea aus den Kunstsammlungen Johann Wolfgang Goethes. Herausgegeben und erläutert von Gerhard Femmel und Christoph Michel. Mit 74, teilweise farbigen Abbildungen. Klappen-Broschur

Goethe aus der Nähe. Texte von Zeitgenossen. Ausgewählt und kommentiert von Eckart Kleßmann. it 1800

Goethe im zwanzigsten Jahrhundert. Spiegelungen und Deutungen. Herausgegeben von Hans Mayer. Leinen

Goethe in Leipzig 1765-1768. Bruchstücke einer Konfession, dokumentiert in Briefen und Selbstzeugnissen. Zusammengestellt von Christine Schaper. Mit 12 Holzstichen von Karl-Georg Hirsch. Pappband im Schuber.

Goethe und die Französische Revolution. Insel-Almanach auf das Jahr 1989. Herausgegeben und erläutert von Karl Otto Conrady. Kartoniert

Goethe und die Medizin. Selbstzeugnisse und Dokumente. Herausgegeben von Manfred Wenzel. Mit zahlreichen Abbildungen. it 1350

Goethe und die Religion. Aus Goethes Werken und Briefen zusammengestellt von Hans-Joachim Simm. it 2200

Goethe, unser Zeitgenosse. Über Fremdes und Eigenes. Herausgegeben von Siegfried Unseld. it 1425 und it 2290

54/5/5.98

Johann Wolfgang Goethe
im Insel Verlag

Goethes Anschauen der Welt. Schriften und Maximen zur wissenschaftlichen Methode. Herausgegeben von Ekkehart Krippendorf. Gebunden

Hesses Dank an Goethe. Betrachtungen, Rezensionen, Briefe. Mit einem Nachwort von Siegfried Unseld. it 2250

Petra Maisak/Hans-Georg Dewitz: Das Goethe-Haus Frankfurt am Main. Mit einem Vorwort von Christoph Perels und farbigen Abbildungen. it 2225

Sigrid Damm: Christiane und Goethe. Eine Recherche. Mit 10 Abbildungen. Gebunden

Siegfried Unseld: Goethe und der Gingko. Ein Baum und ein Gedicht. Mit Abbildungen. Limitierte Vorzugsausgabe in 850 Exemplaren. Leder

– Goethe und der Gingko. Ein Baum und ein Gedicht. Mit Abbildungen. IB 1188

– Goethe und seine Verleger. it 2500

Zwanzig Handzeichnungen von 1810. Ein Zyklus. Herausgegeben von Margarete Oppel. 22 Blätter. Mit einem Kommentar von etwa 100 Seiten. Mappenwerk in Kassette

Kalender

Johann Wolfgang Goethe 1999. CalenDarium

Goethe-Kalender 1999. Mit dreizehn Handzeichnungen und Betrachtungen von Johann Wolfgang Goethe

Johann Wolfgang Goethe. 250. Geburtstag. Insel-Almanach auf das Jahr 1999. Herausgegeben von Hans-Joachim Simm. Mit einem Verzeichnis der lieferbaren Goethe-Veröffentlichungen des Insel Verlags und mit einer Übersicht über die Goethe-Editionen des Deutschen Klassiker Verlags. Kartoniert

54/6/5.98

Klassische deutsche Literatur
im insel taschenbuch

Bettine von Arnim: Goethes Briefwechsel mit einem Kinde. Herausgegeben und eingeleitet von Waldemar Oehlke. Mit zeitgenössischen Abbildungen. it 767

– Die Günderode. Mit einem Essay von Christa Wolf. it 702

Ludwig Börne: Spiegelbild des Lebens. Aufsätze zur Literatur. Erweiterte Neuausgabe. Ausgewählt und eingeleitet von Marcel Reich-Ranicki. it 1578

Hermann Bote: Till Eulenspiegel. Ein kurzweiliges Buch aus dem Lande Braunschweig. Wie er sein Leben vollbracht hat. Sechsundneunzig seiner Geschichten. Herausgegeben, in die Sprache unserer Zeit übertragen und mit Anmerkungen versehen von Siegfried H. Sichtermann. Mit zeitgenössischen Illustrationen. it 336

Clemens Brentano: Rheinmärchen. In der von Guido Görres herausgegebenen Ausgabe von 1846. Mit Illustrationen von Edward Steinle. it 804

– Gedichte. Erzählungen. Briefe. Herausgegeben von Hans Magnus Enzensberger. it 557

Die Briefe von Goethes Mutter. Gesammelt und herausgegeben von Albert Körner. Mit einem Nachwort von Karl Riha. it 1550

Georg Büchner: Lenz. Erzählung. Mit Oberlins Aufzeichnungen ›Der Dichter Lenz, im Steinthale‹, ausgewählten Briefen von J. M. R. Lenz und einem Nachwort von Jürgen Schröder. it 429

– Leonce und Lena. Ein Lustspiel. Mit farbigen Illustrationen von Karl Walser und einem Nachwort von Jürgen Schröder. it 594

– Woyzeck. Nach den Handschriften neu herausgegeben und kommentiert von Henri Poschmann. it 846

Gottfried August Bürger: Wunderbare Reisen zu Wasser und zu Lande. Feldzüge und lustige Abenteuer des Freiherrn von Münchhausen, wie er dieselben bei der Flasche im Zirkel seiner Freunde selbst zu erzählen pflegt. Mit den Holzschnitten von Gustave Doré. it 207

Wilhelm Busch: Kritisch-Allzukritisches. Gedichte. Ausgewählt und mit einem Nachwort von Theo Schlee. Mit Illustrationen von Wilhelm Busch. it 52

Adelbert von Chamisso: Peter Schlemihls wundersame Geschichte. Nachwort von Thomas Mann. Illustriert von Emil Preetorius. it 27

Matthias Claudius: Der Wandsbecker Bote. Mit einem Vorwort von Peter Suhrkamp und einem Nachwort von Hermann Hesse. it 130

Annette von Droste-Hülshoff: Geistliches Jahr. Gedichte. it 1885

– Die Judenbuche. Ein Sittengemälde aus dem gebirgichten Westfalen. Mit Illustrationen von Max Unold. it 399

161/1/12.96

Klassische deutsche Literatur im insel taschenbuch

Annette von Droste-Hülshoff: Sämtliche Erzählungen. Herausgegeben von Manfred Häckel. it 1521

– Sämtliche Gedichte. Mit einem Nachwort von Ricarda Huch. it 1092

Marie von Ebner-Eschenbach: Dorf- und Schloßgeschichten. Mit einem Nachwort von Joseph Peter Strelka. it 1272

Johann Peter Eckermann: Gespräche mit Goethe in den letzten Jahren seines Lebens. 2 Bde. Herausgegeben von Fritz Bergemann. it 500

Joseph von Eichendorff: Aus dem Leben eines Taugenichts. Mit Illustrationen von Adolf Schrödter und einem Nachwort von Ansgar Hillach. it 202

– Gedichte. Mit Zeichnungen von Otto Ubbelohde. Herausgegeben von Traude Dienel. it 255

– Gedichte. In chronologischer Folge herausgegeben von Hartwig Schultz. it 1060

– Novellen und Gedichte. Ausgewählt und eingeleitet von Hermann Hesse. it 360

Theodor Fontane: Briefe an Georg Friedlaender. Herausgegeben und mit einem Nachwort versehen von Walter Hettche. it 1565

– Cécile. Mit einem Nachwort von Walter Müller-Seidel. it 689

– Effi Briest. Mit 21 Lithographien von Max Liebermann. it 138 und Großdruck. it 2340

– Frau Jenny Treibel oder ›Wo sich Herz zum Herzen findt‹. Roman. Mit einem Nachwort von Richard Brinkmann. it 746

– Grete Minde. Mit einem Nachwort von Peter Demetz. it 1157

– Herr von Ribbeck auf Ribbeck. Gedichte und Balladen. Herausgegeben von Gottfried Honnefelder. it 1446

– Irrungen, Wirrungen. Mit einem Nachwort von Walther Killy. it 771

– Jenseit des Tweed. Bilder und Briefe aus Schottland. Mit zahlreichen Abbildungen und einem Nachwort herausgegeben von Otto Drude. it 1066

– Kriegsgefangen. Erlebnisse 1870. Herausgegeben von Otto Drude. Mit zahlreichen Abbildungen. it 1437

– Mathilde Möhring. Mit einem Nachwort von Peter Demetz. it 1107

– Meine Kinderjahre. Autobiographischer Roman. Mit einem Nachwort von Otto Drude. it 705

– Die Poggenpuhls. Roman. it 1271

– Schach von Wuthenow. Erzählung aus der Zeit des Regiments Gendarmes. Mit einem Nachwort von Benno von Wiese. it 816

– Ein Sommer in London. Mit einem Nachwort von Harald Raykowski. it 1723

161/2/12.96

Klassische deutsche Literatur im insel taschenbuch

Theodor Fontane: Ein Sommer in London. Mit einem Nachwort von Harald Raykowski. it 1723
– Der Stechlin. Mit einem Nachwort von Walter Müller-Seidel. it 152
– Stine. Roman. Mit einem Nachwort von Peter Demetz. it 899
– Unwiederbringlich. Roman. it 1593
– Vor dem Sturm. Roman, aus dem Winter 1812 auf 13. Mit einem Nachwort von Hugo Aust. it 583

Georg Forster: Reise um die Welt. Herausgegeben und mit einem Nachwort von Gerhard Steiner. it 757

Johann Wolfgang Goethe: Erotische Gedichte. Gedichte, Skizzen und Fragmente. Herausgegeben von Andreas Ammer. it 1225
– Faust. Erster Teil. Nachwort von Jörn Göres. Illustrationen von Eugène Delacroix. it 50
– Faust. Zweiter Teil. Mit Federzeichnungen von Max Beckmann. Mit einem Nachwort zum Text von Jörn Göres und zu den Zeichnungen von Friedhelm Fischer. it 100
– Gedichte. Sämtliche Gedichte in zeitlicher Folge. Herausgegeben von Heinz Nicolai. it 1400
– Hermann und Dorothea. Mit Aufsätzen von August Wilhelm Schlegel, Wilhelm von Humboldt, Georg Wilhelm Friedrich Hegel und Hermann Hettner. Mit zehn Kupfern von Catel. it 225
– Italienische Reise. Mit vierzig Zeichnungen des Autors. Herausgegeben und mit einem Nachwort versehen von Christoph Michel. it 175
– Tagebuch der Italienischen Reise 1786. Notizen und Briefe aus Italien. Mit Skizzen und Zeichnungen des Autors. Herausgegeben und erläutert von Christoph Michel. it 176
– Die Leiden des jungen Werther. Mit einem Essay von Georg Lukács und einem Nachwort von Jörn Göres. Mit zeitgenössischen Illustrationen von Daniel Nikolaus Chodowiecki und anderen. it 25
– Märchen. Der neue Paris. Die neue Melusine. Das Märchen. Herausgegeben und erläutert von Katharina Mommsen. it 825
– Der Mann von funfzig Jahren. Mit einem Nachwort von Adolf Muschg. it 850
– Maximen und Reflexionen. Text der Ausgabe von 1907 mit den Erläuterungen und der Einleitung Max Heckers. Nachwort von Isabella Kuhn. it 200
– Novellen. Herausgegeben und mit einem Nachwort versehen von Katharina Mommsen. Mit Federzeichnungen von Max Liebermann. it 425

161/3/12.96

Klassische deutsche Literatur
im insel taschenbuch

Johann Wolfgang Goethe: Rameaus Neffe. Ein Dialog von Denis Diderot. Übersetzt von Goethe. Zweisprachige Ausgabe. Mit Zeichnungen von Antoine Watteau und einem Nachwort von Horst Günther. it 1675

– Reineke Fuchs. Mit Stahlstichen nach Zeichnungen von Wilhelm Kaulbach. it 125

– Römische Elegien und Venezianische Epigramme. Herausgegeben von Regine Otto. it 1150

– Sollst mir ewig Suleika heißen. Briefwechsel mit Marianne und Johann Jakob Willemer. Herausgegeben von Hans-J. Weitz. it 1475

– Verweile doch. 111 Gedichte mit Interpretationen. Herausgegeben von Marcel Reich-Ranicki. it 1775

– Die Wahlverwandtschaften. Ein Roman. Erläuterungen von Hans-J. Weitz. Mit einem Essay von Walter Benjamin. it 1 und it 1639

– West-östlicher Divan. Mit Essays zum ›Divan‹ von Hugo von Hofmannsthal, Oskar Loerke und Karl Krolow. Herausgegeben und mit Erläuterungen versehen von Hans-J. Weitz. it 75

– Wilhelm Meisters Lehrjahre. Herausgegeben von Erich Schmitt. Mit sechs Kupferstichen von Catel, sieben Musikbeispielen und Anmerkungen. it 475

– Wilhelm Meisters Wanderjahre oder die Entsagenden. Mit einem Nachwort von Adolf Muschg. it 575

Goethe für junge Leser. Mit einem Vorwort und allerlei Kommentaren und Zwischenreden des Herausgebers Jörg Drews. it 1825

Goethes Briefe an Charlotte von Stein. 3 Bde. in Kassette. Herausgegeben von Julius Petersen. it 1125

Goethes Gedanken über Musik. Eine Sammlung aus seinen Werken, Briefen, Gesprächen und Tagebüchern. Herausgegeben von Hedwig Walwei-Wiegelmann. Mit achtundvierzig Abbildungen, erläutert von Hartmut Schmidt. it 800

Goethes Liebesgedichte. Herausgegeben von Hans Gerhard Gräf mit einem Nachwort von Emil Staiger. it 275

Der Briefwechsel zwischen Schiller und Goethe. 2 Bde. Herausgegeben von Emil Staiger. Mit Illustrationen. Bildkommentar von Hans-Georg Dewitz. it 250

Johann Wolfgang Goethe / Friedrich von Schiller: Sämtliche Balladen und Romanzen in zeitlicher Folge. Herausgegeben von Karl Eibl. it 1275M

Manfred Wenzel: Goethe und die Medizin. Selbstzeugnisse und Dokumente. Herausgegeben von Manfred Wenzel. Mit zahlreichen Abbildungen. it 1350

161/4/12.96

Klassische deutsche Literatur im insel taschenbuch

Jeremias Gotthelf: Die schwarze Spinne. Mit Illustrationen von Renate Sendler-Peters. it 991

Hans Jakob Christoffel von Grimmelshausen: Der abenteuerliche Simplicissimus. Mit Zeichnungen von Fritz Kredel. it 739

Grimms Märchen, wie sie nicht im Buche stehen. Herausgegeben und erläutert von Heinz Rölleke. it 1551

Karoline von Günderode: Gedichte. Herausgegeben von Franz Josef Görtz. it 809

Johann Christian Günther: Die Gedichte. Herausgegeben von Franz-Heinrich Hackel. it 1702

Wilhelm Hauff: Märchen. Erster Band. Herausgegeben von Bernhard Zeller. Mit Illustrationen von Theodor Weber, Theodor Hosemann und Ludwig Burger. it 216

Johann Peter Hebel: Kalendergeschichten. Ausgewählt und mit einem Nachwort von Ernst Bloch. Mit neunzehn Holzschnitten von Ludwig Richter. it 17

– Schatzkästlein des rheinischen Hausfreundes. Nachdruck der Ausgabe von 1811 sowie sämtliche Kalendergeschichten aus dem »Rheinländischen Hausfreund« der Jahre 1808-1819. Herausgegeben und mit einem Nachwort versehen von Jan Knopf. it 719

Heinrich Heine: Buch der Lieder. Mit zeitgenössischen Illustrationen und einem Nachwort von E. Galley. it 33

– Deutschland. Ein Wintermärchen. Mit einem Nachwort von Joseph Peter Strelka. Anhang mit Bibliographie und einer Zeittafel. it 723

– Gedichte aus Liebe. In einer Auswahl von Thomas Brasch. it 1444

– Italien. Mit farbigen Illustrationen von Paul Scheurich. it 1072

– Neue Gedichte. it 1055

– Der Rabbi von Bacherach. Ein Fragment. Mit Illustrationen von Max Liebermann und einem Nachwort von Joseph A. Kruse. it 811

– Reisebilder. Mit einem Nachwort von Joseph A. Kruse und zeitgenössischen Illustrationen. it 444

– Romanzero. Mit einem Nachwort von Joseph A. Kruse und zeitgenössischen Illustrationen. it 538

Johann Gottfried Herder: Lesebuch. Zum 250. Geburtstag. Herausgegeben von Siegfried Hartmut Sunnus. Mit zahlreichen Abbildungen. it 1609

Friedrich Hölderlin: Gedichte. Herausgegeben und mit Erläuterungen versehen von Jochen Schmidt. it 781

– Hyperion oder Der Eremit in Griechenland. Herausgegeben und mit einem Nachwort versehen von Jochen Schmidt. it 365

161/5/12.96

Klassische deutsche Literatur
im insel taschenbuch

Friedrich Hölderlin: Die schönsten Gedichte. Ausgewählt und mit einem Nachwort versehen von Jochen Schmidt. it 1508

Hölderlin. Chronik seines Lebens mit ausgewählten Bildnissen. Herausgegeben von Adolf Beck. it 83

E. T. A. Hoffmann: Die Abenteuer der Silvester-Nacht. Mit farbigen Illustrationen von Monika Wurmdobler. it 798

– Die Elixiere des Teufels. Mit Illustrationen von Hugo Steiner-Prag. it 304

– Das Fräulein von Scuderi. Erzählung aus dem Zeitalter Ludwig des Vierzehnten. Mit Illustrationen von Lutz Siebert. it 410

– Die Geheimnisse. Mit einem Nachwort von Eckart Kleßmann. Mit farbigen Illustrationen von Knut V. Neumann. it 1852

– Der goldne Topf. Ein Märchen aus der neuen Zeit. Mit 13 Illustrationen von Karl Thylmann. Herausgegeben und mit einem Nachwort von Jochen Schmidt. it 570

– Lebensansichten des Katers Murr nebst fragmentarischer Biographie des Kapellmeisters Johannes Kreisler in zufälligen Makulaturblättern. Mit Illustrationen von Maximilian Liebenwein. Mit Anmerkungen. it 168

– Nachtstücke. Mit einem Nachwort von Lothar Pikulik und Illustrationen von Renate Sendler-Peters. it 589

– Nußknacker und Mausekönig. Mit farbigen Illustrationen von Monika Wurmdobler. it 879

– Der Sandmann. Mit Illustrationen von Hugo Steiner-Prag und einem Nachwort von Jochen Schmidt. it 934

– Spukgeschichten. Mit farbigen Illustrationen von Monika Wurmdobler. it 1880

Alexander von Humboldt: Über das Universum. Die Kosmos-Vorträge 1827/28 in der Berliner Singakademie. Herausgegeben von Jürgen Hamel und Klaus-Harro Tiemann. it 1540

Jean Paul: Flegeljahre. Eine Biographie. Mit einem Nachwort von Hermann Meyer. it 873

– Leben des vergnügten Schulmeisterlein Maria Wutz in Auenthal. Eine Art Idylle. Mit einem Nachwort von Peter Bichsel. it 1685

– Siebenkäs. Blumen-, Frucht- und Dornenstücke oder Ehestand, Tod und Hochzeit des Armenadvokaten F. St. Siebenkäs im Reichsmarktflecken Kuhschnappel. Mit einem Nachwort von Hermann Hesse. it 980

– Titan. Mit einem Nachwort von Ralph-Rainer Wuthenow. it 671

Das kalte Herz. Und andere Texte der Romantik. Mit einem Essay von Manfred Frank. it 330

161/6/12.96